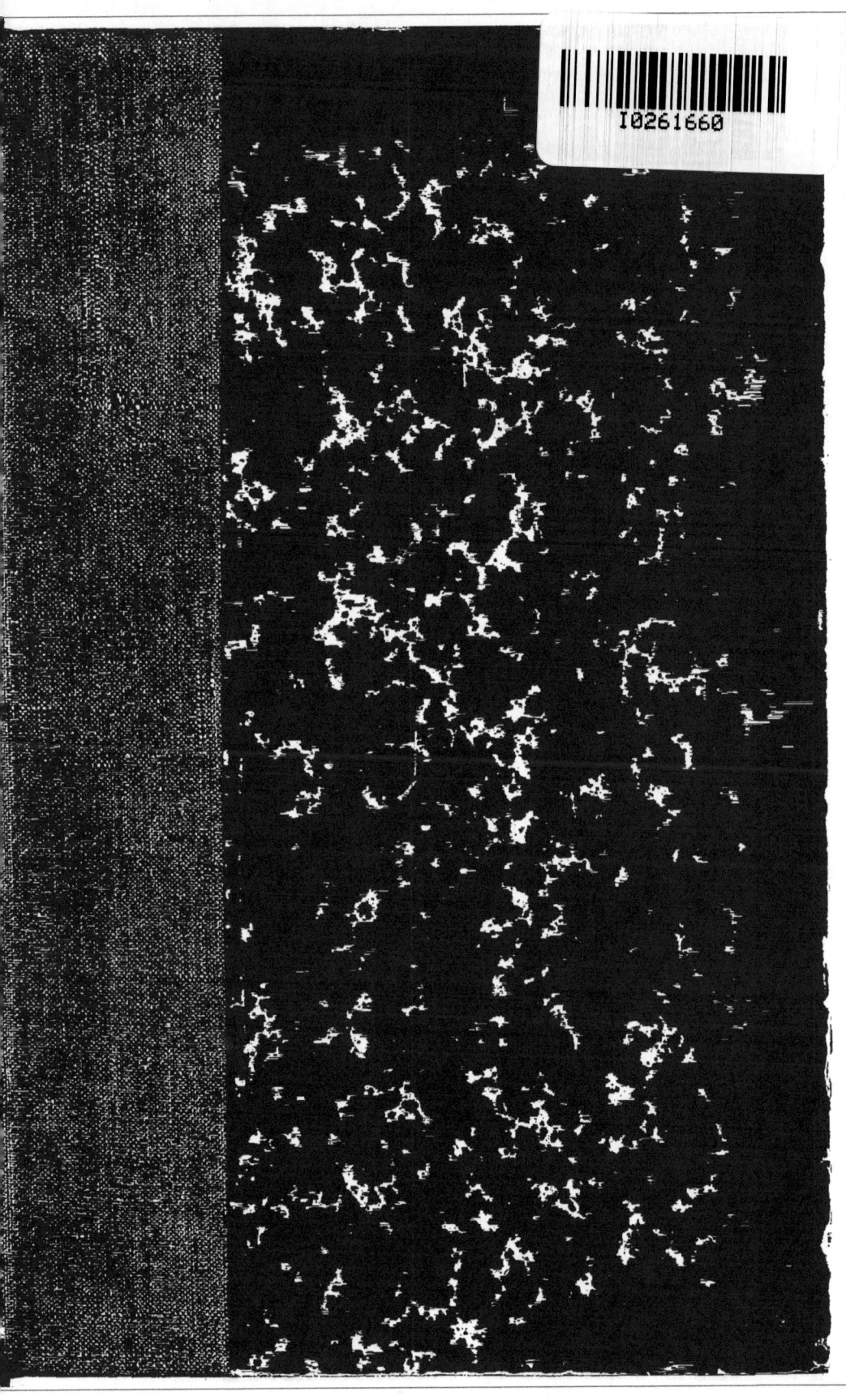

Lieutenant-Colonel **SAUZEY**

DE MUNICH A VILNA

A L'ÉTAT-MAJOR
DU CORPS BAVAROIS DE LA GRANDE ARMÉE

En 1812

D'APRÈS LES « PAPIERS DU GÉNÉRAL D'ALBIGNAC »

OUVRAGE ILLUSTRÉ DE 9 GRAVURES
ET DE 9 PLANCHES HORS-TEXTE

PARIS
LIBRAIRIE MILITAIRE R. CHAPELOT ET Cⁱᵉ
IMPRIMEURS-ÉDITEURS
30, Rue et Passage Dauphine, 30

1911

DE MUNICH A VILNA

Lieutenant-Colonel SAUZEY

DE MUNICH A VILNA

A L'ÉTAT-MAJOR
DU CORPS BAVAROIS DE LA GRANDE ARMÉE

En 1812

D'APRÈS LES « PAPIERS DU GÉNÉRAL D'ALBIGNAC »

OUVRAGE ILLUSTRÉ DE 9 GRAVURES
ET DE 9 PLANCHES HORS-TEXTE

PARIS

LIBRAIRIE MILITAIRE R. CHAPELOT et Cie

IMPRIMEURS-ÉDITEURS

30, Rue et Passage Dauphine, 30

1911

AVANT-PROPOS

Les papiers du général d'Albignac, — qui fut chef d'état-major de Gouvion Saint-Cyr, commandant le Corps bavarois de la Grande Armée pendant la campagne de 1812, — contiennent une correspondance importante, inédite jusqu'ici, adressée à cet officier par les chefs des grandes unités et les directeurs des services principaux de ce corps d'armée ; ces lettres jettent une lumière très vive sur le fonctionnement d'un état-major et sur la vie des troupes au début de cette mémorable guerre de Russie, qui devait se terminer d'une façon si tragique ; elles s'enchaînent suffisamment et émanent de personnalités assez qualifiées pour nous permettre de suivre le Corps bavarois dans ses marches et ses cantonnements depuis son départ de Bavière jusqu'au moment où il franchit le Niémen, depuis le commencement des mouvements de concentration de la Grande Armée jusqu'à la déclaration de la guerre et aux premières opérations : période moins étudiée que celle de la guerre elle-même, mais qui cependant est remplie pour nous d'enseignements et de leçons ; c'est, en quelque sorte, un lever de rideau dont les personnages principaux vont d'abord se faire connaître, avant de jouer leurs rôles dans la grande tragédie à laquelle ils seront mêlés.

Comme chef d'état-major d'un corps d'armée, d'Albignac communiquait personnellement, pour tous les détails de service, avec les généraux commandant les divisions, avec les commandants de la cavalerie et de l'artillerie, avec les ordonnateurs et commissaires des guerres, avec les autorités civiles des pays traversés par les troupes, enfin avec l'état-major de l'armée à laquelle son propre corps était rattaché : tâche incessante, souvent ardue, infiniment variée, — mais dont on comprend facilement tout le passionnant intérêt, en songeant que le rôle d'un chef d'état-major est de dégager son général de toutes les affaires courantes du service journalier, de lui éviter tout le bruit et le tracas des mille détails qu'il a mission de régler, pour lui soumettre seulement les questions d'ordre général qui sont attribution propre du commandement et pour lesquelles celui qui a la charge de la direction a le privilège de la responsabilité.

Comment toute cette correspondance privée, latérale à la correspondance officielle qu'elle complète et éclaire d'une manière saisissante, a-t-elle pu échapper à la destruction? Les archives de la Grande Armée de 1812 ont disparu en grande partie dans les catastrophes de la retraite, et les cosaques ont entretenu bien des feux de bivouac avec d'inestimables papiers trouvés dans nos fourgons abandonnés.......... La chose peut s'expliquer en considérant que le Corps bavarois fut destiné, avec le 2ᵉ et le 10ᵉ corps, à opérer sur la gauche de la grande masse de l'armée pendant que Napoléon marchait sur Moscou, et dirigé sur Polotsk où il séjourna longtemps après sa victoire du mois d'août; les pertes qu'il éprouva, soit par le feu, soit surtout par les maladies, amenèrent peu à peu sa disparition presque totale : et la poignée de Bavarois demeurés sous les armes ne correspondant plus à l'encadrement d'une grande unité,

Gouvion Saint-Cyr alla faire soigner ses blessures, laissant le général de Wrède à la tête des survivants, et n'eut plus besoin, pour un corps d'armée réduit à quelques centaines de combattants, des services de son chef d'état-major : celui-ci put donc, pendant que les communications étaient libres encore, faire évacuer sur l'arrière ses papiers militaires avec les malades et les blessés transportables, avec les gradés en surnombre que la diminution des effectifs rendait disponibles. C'est de la sorte que ces correspondances ont pu nous parvenir, ainsi que les très précieuses situations périodiques des divisions bavaroises, qui servirent à d'Albignac pendant toute cette partie de la campagne à établir les « situations du 6e Corps » qu'il devait transmettre à dates fixes au Major général de la Grande Armée.

D'Albignac, entre autres qualités, avait certainement celle de garder avec soin tous ses papiers... Ses archives foisonnent de documents curieux, aussi bien sur l'époque où il avait le portefeuille de la Guerre auprès de Jérôme roi de Westphalie, que sur celle de la deuxième Restauration où il fut secrétaire général du Ministère de la Guerre et commandant l'Ecole de Saint-Cyr : les minutes, les projets d'instruction, les mémoires, les états les plus divers s'y mêlent aux lettres qu'il recevait et sur lesquelles bien souvent il inscrivait de sa main quelque réflexion piquante ou le sommaire d'une réponse qui était rarement banale....

Avant de commencer à faire défiler sous les yeux du lecteur les lettres si vécues des officiers bavarois dans leurs marches de l'Elbe à l'Oder, de l'Oder à la Vistule et de la Vistule au Niémen, — avant de parler des misères et des privations dont souffrit l'armée en Pologne jusqu'au moment où elle pénétra sur le territoire russe, il convient de jeter un coup d'œil sur les principaux correspondants de d'Albignac, et d'abord sur d'Albignac lui-même.

Issu d'une vieille famille d'épée, Maurice-François de Castelnau, comte d'Albignac, né au château de Triadou (Lozère) le 15 février 1775, fut page de Louis XVI et émigra avec son père en 1791 ; il servit à l'armée des Princes comme aide de camp du comte de Montboissier, son oncle, puis comme maître à la 2ᵉ Compagnie Noble (13 janvier 1793) ; il entre ensuite comme cadet au régiment de Choiseul (25 avril 1794), passe lieutenant en 1795 aux Hussards de Salm-Kirburg et quitte ce corps en décembre de la même année. Rentré en France à la paix, son ardeur militaire et sa passion pour les armes ne lui font pas supporter d'assister en simple spectateur aux triomphes de nos armées nationales : il s'engage comme simple cavalier en août 1806 dans le corps nouvellement créé des Gendarmes d'ordonnance, y devient brigadier (31 octobre), sous-officier (1ᵉʳ novembre) et officier en 1807, après la campagne de Prusse. Passé au 5ᵉ Cuirassiers comme lieutenant (16 juillet 1807), il entre le 18 novembre de la même année au service westphalien en qualité d'aide de camp du roi Jérôme et sa carrière va devenir rapide : Jérôme, à qui il plaît, le fait coup sur coup lieutenant-colonel (21 novembre 1807), membre du Conseil d'Etat (21 janvier 1808), colonel (9 février 1808), général de brigade (28 juillet 1808), chevalier de la Couronne, grand-écuyer, ministre de la Guerre et comte de Ried (3 mai 1810). Employé en 1809 contre le corps de partisans de Schill, d'Albignac se brouille avec le roi de Westphalie qu'il quitte en septembre 1810. Mais Gouvion Saint-Cyr le prend en 1812 comme adjudant-commandant (colonel) pour en faire le chef d'état-major du 6ᵉ corps composé de l'armée bavaroise : c'est dans cet emploi que nous le voyons jusqu'à la deuxième bataille de Polotsk, près laquelle il est attaché à l'état-major du Prince Eugène, le Corps bavarois étant presque complètement anéanti. Chargé en 1813 du commandement du département du Gard, il y organise la 4ᵉ division de réserve; en demi-solde à la première Restauration, il rejoint le maréchal Gouvion Saint-Cyr et va retrouver Louis XVIII à Gand

MAURICE D'ALBIGNAC
Chef d'état-major du 6ᵉ Corps de la Grande Armée en 1812.
(D'après le portrait appartenant au comte de Chansiergues.)

quand Napoléon revient de l'île d'Elbe. A la deuxième Restauration, il reçoit les épaulettes de maréchal de camp, les fonctions de secrétaire général du Ministère de la Guerre (10 juillet 1815), le commandement de l'École militaire de Saint-Cyr (1818 à 1821); enfin, il est nommé lieutenant général (15 octobre 1821) et meurt à Paris le 21 janvier 1824 (1).

---

(1) Le nom de d'Albignac est encore porté par les descendants de son frère. Sa sœur épousa en l'an XIII Ignace-Louis comte de Chansiergues-Ornano, né à Guastalla en 1775; les papiers du général font partie des archives de la famille de Chansiergues, à qui nous offrons ici tous nos remerciements pour l'empressement avec lequel elle a bien voulu faciliter nos recherches.

Esprit très net, indépendant et réfléchi, d'Albignac montra dans ses multiples fonctions des qualités d'ordre, de décision et de vigueur qui le firent grandement apprécier de ceux auprès de qui il servit : mais sa franchise était souvent un peu brutale : « excellent cœur, sous des dehors très brusques », dit de lui le colonel de Comeau qui put l'apprécier à l'œuvre (1) : nous trouvons dans ce trait de caractère l'explication de sa brouille avec le roi de Westphalie qui ne lui garda pas rancune, d'ailleurs, puisque d'Albignac lors de son passage à Cassel, en 1813, était invité par Jérôme à l'accompagner à cheval à une revue des troupes westphaliennes dans lesquelles l'ancien Ministre de la Guerre était demeuré très populaire.

Nous avons de d'Albignac, outre une narration très complète des opérations contre Schill en 1809 (à l'appui de laquelle figurent de curieuses lettres du roi Jérôme et du général Gratien dont le *Bulletin de la Réunion des officiers de Lyon* a fait connaître une partie en 1907), une relation des affaires de Polotsk en 1812 qui a été publiée en entier dans un récent ouvrage (2), des notes typiques sur l'épuration de l'armée en 1815 et de volumineux dossiers sur la réorganisation de l'École de Saint-Cyr.

Voilà donc le personnage principal auquel s'adressent les lettres, les rapports particuliers, les comptes rendus personnels, les demandes, les explications, les plaintes sans nombre, qui vont au chef d'état-major comme l'eau va à la rivière... Son zèle, son application, sa volonté de bien faire ressortent de la tonalité même de la correspondance qui lui est adressée : Gouvion Saint-Cyr apprécia justement ces qualités

---

(1) Comeau, *Souvenirs des Guerres d'Allemagne*, p. 446.
(2) *Nos alliés les Bavarois*, par le Lieutenant-Colonel Sauzey, appendice V, p. 389.

dans les conditions difficiles faites au Corps bavarois pendant les marches et les cantonnements dans le grand duché de Varsovie; il considéra d'Albignac comme un auxiliaire dont il eut assez à se louer pour le rappeler auprès de lui quand les événements de 1815 l'amenèrent au Ministère de la Guerre.

Le maréchal Gouvion Saint-Cyr avait l'expérience de

Le Général Gouvion Saint-Cyr
Commandant le 6ᵉ Corps de la Grande Armée (Armée Bavaroise) en 1812.
(D'après le médaillon de David d'Angers.)

la guerre et des hommes; il n'embrassa la carrière des armes qu'à l'âge de 28 ans en s'engageant en 1792 au 1ᵉʳ bataillon des Chasseurs républicains : deux ans après, il était général de division. Après ce début brillant, malgré ses fait d'armes au siège de Mayence en 1795, son commandement de l'armée de Rome en 1798, sa participation à la victoire d'Hohenlinden en 1800, son ambassade à Madrid en 1801, il ne fut pas fait maréchal en 1804, année où il reçut seulement le titre et la charge de Colonel-général des Cuirassiers. Après la campagne de Prusse, l'Empereur l'envoie en Catalogne où il prend

Rosas; en 1812, on lui donne le commandement du Corps bavarois, mais sans le bâton de maréchal... Son caractère déjà difficile s'aigrit de ce qu'il considérait comme une injustice à son égard... Aussi, pendant les opérations combinées des 2e et 6e corps sous Polotsk, ne manquait-il pas de répondre à Oudinot sous les ordres de qui il se trouvait placé, lorsque ce dernier le consultait et lui demandait son avis : « Votre avis est le bon, Monsieur le maréchal ; — je ne suis pas maréchal, vous devez avoir raison, Monsieur le maréchal... » Bref, quand le commandement lui échut par suite de la blessure d'Oudinot, il prit de telles mesures, si judicieuses, si habiles, que la brillante victoire de Polotsk lui valut enfin ce bâton qu'il attendait depuis si longtemps et qu'il devait, — en grande partie, — au courage des Bavarois du 6e corps. La défense de Dresde en 1813 demeure une des pages les plus honorables de sa vie militaire : on sait que les clauses de la capitulation stipulant que la garnison rentrerait librement en France furent violées par Schwarzenberg et que les troupes de Dresde demeurèrent prisonnières... Gouvion Saint-Cyr se rallia au gouvernement de la Restauration avec un empressement que sa longue attente du maréchalat fait un peu excuser; il en fût récompensé par le portefeuille de la Guerre et nous savons qu'il appela aussitôt près de lui d'Albignac, son ancien et précieux collaborateur à l'état-major du Corps bavarois en 1812.

Cet état-major du 6e corps avait une allure très particulière, vu la qualité et les origines des principaux généraux et officiers qui le composaient.

La 19e division (1re division bavaroise) avait pour commandant le vieux et brave général Deroy, le doyen et l'honneur de l'armée bavaroise. Bernard Erasme comte de Deroy, né à Manheim en 1743, était entré à 7 ans dans la carrière militaire; lieutenant-général en 1792, il bataille contre la France jusqu'en 1801 ; la Bavière étant devenue alliée de Napoléon en 1805, Deroy est envoyé à la conquête du Tyrol où il est grièvement blessé ; en 1806, il conduit sa division aux sièges des forteresses prussiennes de Silésie, et le roi Maximilien-Joseph l'ap-

Le Général DEROY
Commandant la 19e division du 6e Corps en 1812.

pelle après la paix de Tilsitt à la direction des finances de la Bavière. En 1809, il se distingue à Abensberg et dans la campagne du Tyrol. Malgré son grand âge — il avait 70 ans — il voulut exercer encore un commandement pendant la guerre contre la Russie. Très brave, aimé des soldats parce qu'il les aimait lui-même, le général Deroy, avec les qualités de son rang, avait en 1812 les défauts de son âge : un peu lent, de cette lenteur allemande qui est dans le tempérament d'outre-Rhin, ne parlant pas bien le français, obligé souvent de faire traduire un ordre ou une lettre, il oubliait parfois une dépêche dans sa poche et s'en excusait en disant n'avoir plus sa tête de 20 ans... Ses yeux étaient indulgemment fermés sur les pilleries et les réquisitions abusives de ses troupes : il fallait bien vivre, après tout, et l'Empereur n'aurait pas eu de soldats au jour de la bataille, si on les avait laissé mourir de faim avant les combats... A la bataille de Polotsk, le 18 août, après avoir lancé une première brigade sur les Russes couverts par une formidable artillerie, il tomba frappé d'une balle en amenant lui-même au feu la brigade de son vieil ami Sibein, et ses dernières paroles furent l'ordre de faire avancer rapidement ses troupes de réserve; cette mort glorieuse en plein triomphe couronna héroïquement la plus pure et la plus honorable carrière: le général Deroy emporta les regrets unanimes de ses troupes, de son prince et des Français qui rendaient pleine justice à son beau caractère de soldat et à son parfait loyalisme d'allié. L'Empereur Napoléon lui avait conféré le grand-cordon de la Légion d'Honneur et dota sa veuve comme celle d'un général français.

La 2ᵉ division bavaroise (20ᵉ de la Grande Armée) était commandée par le général de Wrède : ce dernier, né près d'Heidelberg en 1767, prit du service en 1792 dans les troupes palatines, était colonel en 1795 et chef en 1799 d'un corps franc dans l'armée de l'archiduc Charles. C'est contre la France qu'il fait ses premières armes; il est avec les Autrichiens à Hohenlinden; en 1805, quand la Bavière devient notre alliée, Wrède est général et commande une division bavaroise sous Bernadotte, contre les Autrichiens, ses amis de la veille

— et du lendemain. Le général Ameil, qui ne l'aime pas, l'accuse formellement d'avoir favorisé devant Munich la retraite du général Kienmayer, d'avoir vendu à Iglau d'immenses magasins ennemis qui ne lui appartenaient pas, mérité la réputation d'un fanfaron, d'un voleur, d'un homme déloyal et surtout d'un allié suspect. Wrède, malade, prit part seulement à la fin de la campagne de 1806-1807 contre la Prusse et la Russie : il ne

Le Général de Wrède
Commandant la 20ᵉ division du 6ᵉ Corps en 1812.

rejoignit l'armée que pour la brillante affaire de Pultusk. En 1809, il se distingue contre les Autrichiens à Landshut, se fait battre par eux à Neumarkt où il paye généreusement de sa personne, lutte dans le Tyrol et participe avec sa division à la bataille de Wagram où il est blessé. En 1812, c'est lui qui assume le commandement des Bavarois après la mort de Deroy et qui, se séparant du 2ᵉ corps, reste immobile devant Vilna jusqu'au moment où il vient former sous les ordres de Ney l'arrière-garde de la Grande Armée dans sa retraite sur le Niémen. Après avoir en 1813 signé avec l'Autriche le pacte de Ried qui fait passer l'armée bavaroise dans les rangs des coalisés, il est battu et grièvement blessé à Hanau; il fait pourtant la campagne contre la France, reçoit le titre de prince, le grade de feld-maréchal et prend part aux travaux du congrès de Vienne en 1815. Il meurt à Ellingen en 1838.

D'après les très nombreuses lettres du général de Wrède qui sont consignées dans cet ouvrage, on peut se faire une idée de ses qualités militaires — qui étaient indéniables : au souci permanent des besoins de ses troupes, à l'habitude des décisions rapides et intelligentes, à une obstination constante d'atteindre le but poursuivi, il joint un savoir-faire qu'il aime à bien mettre en relief; il s'encense volontiers, se complimente de son adresse à sortir des difficultés et se plaît à proclamer les bons offices qu'il peut rendre aux corps voisins, ou même à la division de son camarade le général Deroy, ce « vieux papa, — comme il l'appelle, — pour lequel il est toujours prêt à tout faire »... Maniant bien la langue française, habile courtisan et adroit diplomate, il avait su plaire à Napoléon. Quand le système politique de la Confédération du Rhin s'écroula en 1813, Wrède joua un rôle important : son action politique fut plus brillante alors que son intervention militaire : il s'aperçut, à Hanau, que « tout n'est pas fleur dans la trahison, » comme l'écrit durement un de ses contemporains ; et Napoléon lui-même, à l'école duquel il venait de passer huit années, dit le soir de cette bataille : « Ce pauvre de Wrède! Je l'ai fait comte, mais je n'ai jamais pu en faire un général!.... » Il a bénéficié de l'auréole prêtée par nos ennemis aux transfuges qui leur montraient la « manière française » ou celle de l'Empereur : Moreau, Bernadotte, Jomini..... Mais, dans cet ordre d'idées, il ne faut pas oublier que des soldats à qui l'on demande des actes politiques ne peuvent pas être jugés en soldats : les variations de principes des gouvernements imposent malheureusement aux chefs d'armée une ligne de conduite compliquée que l'on peut discuter; le devoir militaire, lui, est droit et simple : c'est le seul qui échappe, par cela même, à toute dissertation.

De Wrède avait en 1812, comme chef d'état-major de sa division, le colonel baron de Comeau, dont la vie militaire est un roman aussi étrange que captivant. Sébastien-Joseph de Comeau de Charry, né en 1771 en Bourgogne d'une famille de vieille noblesse militaire, entre en 1786 au Corps royal d'artillerie, devient lieutenant au régiment de Metz, connaît Bonaparte comme camarade et émigre en 1791; il rejoint bientôt l'armée de Condé avec d'autres officiers d'artillerie, y sert sans interruption jusqu'en 1800 et se fait distinguer dans maintes affaires, notamment dans celle du pont de Constance en 1799 à laquelle il est blessé. L'électeur palatin Maximilien-Joseph voulant faire de son armée une force imposante qui permette à la Bavière non seulement de sauvegarder son indépendance mais encore de faire apprécier son alliance, avait appelé à lui au moment du licenciement de l'armée de Condé un certain nombre d'officiers, et particulièrement d'officiers d'artillerie : Comeau entra donc en 1800 dans l'armée bavaroise comme capitaine; il y demeura jusqu'en 1814 — avec l'assentiment de Napoléon qui lui avait fait promettre de ne jamais servir contre la France. Il fut, avec les autres artilleurs condéens passés au service de Maximilien — le vieux général de Manson, les deux de Colonge et Zoller — un des réorganisateurs de l'artillerie bavaroise qui devint bientôt une des meilleures de l'Europe. Comeau fait la campagne de 1805, celle de 1807 où il est décoré à Heilsberg pour les services signalés qu'il a rendus dans cette journée comme attaché au quartier général de l'Empereur; il assiste aux grandes batailles de 1809, Eckmühl, Essling, Wagram, — et part en 1812 comme chef d'état-major de de Wrède. Gravement blessé le 18 août à la victoire de Polotsk par un boulet qui lui fracasse la jambe droite, il demeure prisonnier des Russes lorsque ces derniers s'emparent de la ville en octobre; transporté à Saint-Pétersbourg, il ne rentre en Allemagne qu'en 1814 et donne alors sa démission de colonel et chambellan du roi de Bavière; revenu en France, il refuse à Louis XVIII le poste de directeur d'artillerie à Grenoble et se retire dans ses foyers où il se consacre à sa famille et rédige ses intéressants *Souvenirs des Guerres d'Allemagne*, qui comptent parmi les mémoires les plus documentés, les plus philosophiques et les plus attachants écrits sur les opérations militaires et la politique de la période révolutionnaire et impériale.

Au moment de l'invasion de la Bavière par les Autrichiens en 1805, quand l'Électeur entra dans l'alliance française et réunit son armée à la nôtre, Lauriston, aide de camp de l'Empereur et lui-même officier d'artillerie, dit au prince bavarois : « Vous avez Manson, les deux Colonge, de Zoller et Comeau; vous êtes plus riche que nous en proportion. J'ai reconnu la vieille école dans tout ce que vos parcs nous ont montré. Quelle joie ce sera pour l'Empereur quand il entendra mon rapport!..... (1)

Sauf le général de Manson mort en 1809 comme directeur de l'arsenal de Munich, les autres artilleurs condéens de l'armée bavaroise prirent une part des plus honorables à la guerre contre la Russie. Le colonel baron de Colonge, l'aîné des deux frères, commandait l'artillerie du Corps bavarois; grièvement blessé à

---

(1) Comeau, *Souvenirs des Guerres d'Allemagne* p. 203.

Polotsk de plusieurs coups de sabre à la tête au milieu de l'état-major de Gouvion Saint-Cyr dans la charge de la cavalerie ennemie qui rompit un instant nos lignes, il tomba aux mains des Russes pendant qu'on l'évacuait sur la Vistule et mourut en 1814 des suites de ses blessures. Le baron de Zoller commandait comme lieutenant-colonel l'artillerie de la division de Wrède; c'était un canonnier de haut mérite qui rendit pendant la campagne et la retraite les services les plus signalés; il mourut en 1849, âgé de 76 ans, comblé de grades et d'honneurs par la Bavière, sa patrie d'adoption. Quant au chevalier de Colonge, le jeune frère du baron, « officier d'artillerie modeste, simple, froid, instruit et capable pour tout ce qu'on lui confiait, mais n'allant jamais un pas au delà, il avait pour la campagne de 1812 bien attelé à Munich l'artillerie bavaroise, l'avait bien approvisionnée de munitions et pourvue de bons ouvriers formés et outillés par ses soins »(1); il resta aussi en Bavière et légua en mourant, en 1837, une partie de sa petite fortune pour l'éducation des enfants des artilleurs bavarois.

Les brigades de cavalerie bavaroise, — six beaux régiments de chevau-légers, — étaient sous les ordres des généraux Seydewitz et Preysing; nous verrons, dans la correspondance de ces derniers, quelles difficultés ils eurent à vaincre pour assurer la subsistance de leurs escadrons dans les mauvais cantonnements de la Pologne où régnait une si extrême pénurie de fourrages et d'avoine que les chaumes des toits durent servir souvent à l'alimentation des chevaux....

Cette question de l'alimentation, aussi bien pour les chevaux que pour les hommes, reste la préoccupation dominante des chefs de tous grades pendant les débuts

---

(1) Comeau, *Souvenirs des Guerres d'Allemagne*, p. 446.

de la guerre de 1812. Ce n'était plus une petite armée de 30.000 ou de 50.000 hommes qu'il s'agissait de faire vivre, d'abord pendant une marche de plusieurs mois en pays amis ou alliés, puis durant la période de concentration sur les frontières ennemies : la Grande Armée de 1812, poussant ses énormes vagues humaines de l'Elbe à l'Oder, de l'Oder à la Vistule et de la Vistule au Niémen, représentait un peuple entier sous les armes, peuple qu'il fallait alimenter et dont les régions traversées étaient incapables d'assurer la subsistance avec leurs seuls moyens. Aussi le rôle de l'administration militaire fut-il écrasant : la constitution de magasins d'approvisionnements sur les lignes de marche des corps d'armée, la construction des fours de campagne dans les centres de cantonnements, les prescriptions les plus draconiennes pour économiser les denrées en magasins et n'y toucher que si le pays ne pouvait fournir les distributions requises, le soin d'organiser les transports de blé, de farine, de bœufs, — les moyens de transports eux-mêmes réclamés (faute de moyens militaires) aux populations des territoires traversés par les troupes : tout fut prévu, combiné, ordonné ; et, comme toujours, la réalisation du plan donna mille déboires, les ressources escomptées manquèrent, les magasins se remplirent mal, les transports devinrent souvent impossibles. Aussi les troupes, pour ne pas mourir, eurent recours à des réquisitions répétées qui ruinaient leur zone de marche et laissaient la misère derrière elles pour les corps qui les suivaient. Les doléances des autorités civiles font ressortir les difficultés de cette période, et le découragement des préfets et sous-préfets du grand duché de Varsovie remplacera bientôt leur patriotique bonne volonté du début.

Si les services administratifs fonctionnaient à peu près normalement dans les corps français, il n'en était plus de même dans les corps alliés ; et dans le 6ᵉ corps en particulier la tâche des ordonnateurs et commissaires des guerres bavarois fut au-dessus de leur force et de leurs moyens. On voulut renforcer leur service en y détachant des fonctionnaires français : ce fut peine inutile ; l'excellent agent prêté à Gouvion Saint-Cyr dut renoncer à sa mission et quitter le Corps bavarois, après avoir mis en relief les points fâcheux de l'organisation du service et proposé quelques mesures pour y remédier.

Dans une région peu riche par elle-même et ruinée par la présence prolongée d'une énorme armée, là où les agents bavarois avaient été insuffisants, les agents français restèrent impuissants. La conclusion toute naturelle fut que la maraude s'établit, et l'autorité militaire — malgré le rappel des sanctions pénales les plus sévères — dut fermer les yeux ou ne sévir que pour la forme ; l'Empereur n'infligea-t-il pas en effet « deux heures d'arrêts » au général Subervie pour les désordres et les pillages qui s'étaient produits dans la brigade de cavalerie sous ses ordres…. Un général wurtembergois fut frappé de la même punition pour un motif analogue.

Chose assez singulière à constater, pendant les marches interminables des colonnes de la Grande Armée jusqu'au Niémen et particulièrement pendant celles du Corps bavarois, malgré la longueur de la route, les mauvais cantonnements, les bivouacs dans des pays pauvres et misérables, — la santé et la bonne humeur se maintiennent ; le soldat arrive à vivre, souvent avec peine, mais sans trop souffrir ; l'imprévu de son existence, l'idée du gîte toujours nouveau qu'il va atteindre, son insouciance naturelle le soutiennent ; le physique demeure bon, le moral excellent : peu de malades, presque pas de déserteurs. Si la neige et la pluie accompagnent l'armée bavaroise pendant sa traversée de la Saxe et y rendent plus pénibles les marches dans des chemins détestables du reste en toutes saisons, « le soldat est bien reçu, bien séché et bien nourri chez les bons Saxons » (1) et résiste à ces fatigues.

Aussi les étapes se font-elles facilement jusqu'aux frontières russes; d'ailleurs, leur allure n'est pas excessive. Les chevaux, eux, sont plus à plaindre : ils ont pâti dans leur alimentation; leur déchet est sensible, et le commandant du 6ᵉ corps d'armée, à une revue de sa cavalerie, constate que chaque brigade n'a guère que l'effectif d'un régiment; cette cavalerie, pourtant, est encore assez belle et de si bonne apparence que Napoléon l'enlève au 6ᵉ corps et la donne à Murat qui l'entraîne vers Moscou. Quand les opérations commenceront et qu'un effort sérieux sera demandé aux Bavarois dans la marche sur Vilna, seuls les meilleurs éléments du 6ᵉ corps pourront suivre; le reste arrivera quand il pourra...

Le moral des officiers et des troupes reste donc intact après les jours difficiles du début de la guerre: le vieux Deroy, quand il apprend la marche rapide de la Grande Armée après le passage du Niémen et reçoit l'ordre d'arriver en ligne avec la plus grande diligence, ne craint qu'une chose, c'est que « si S. M. l'Empereur marche ainsi au pas accéléré, il ne puisse le rejoindre assez tôt pour participer à ses victoires... »

L'étude détaillée du commencement de cette guerre de 1812 inspire d'intéressantes comparaisons. Une campagne moderne, évidemment, sur le même théâtre d'opérations et en partant des mêmes bases, nécessiterait une préparation toute différente et présenterait un tout autre caractère. Un immense parcours comme celui du Rhin

---

(1) *Mémoires de Gouvion Saint-Cyr*, III, p. 25.

à la frontière russe ne serait plus couvert par étapes, mais des lignes distinctes de transport par voies ferrées emporteraient parallèlement les corps d'armée dans la zone de concentration ; là, toujours grâce aux réseaux des chemins de fer, d'innombrables trains auraient déversé d'avance les approvisionnements prévus jusqu'à l'entrée en campagne ; enfin, les opérations une fois commencées, chaque corps continuerait à recevoir journellement de l'arrière ses éléments de vie et de combat, et y renverrait ses déchets ; se déroulant derrière l'armée en marche, la voie ferrée en est actuellement l'indispensable instrument nourricier. Trains de ravitaillements et trains d'évacuations, réserves de munitions sur wagons et trains sanitaires, stations halte-repas, stations magasins, stations arsenaux... Et tout le personnel particulier destiné à la mise en œuvre de ces nombreux organes, commissions variées des services de l'arrière, commandements et troupes spéciales chargés de la garde et de l'exploitation des réseaux... C'est toute une machinerie nouvelle, caractéristique de la guerre moderne, qu aurait fort surpris et émerveillé nos anciens ; mais si leur tâche avait ses énormes difficultés et ses inévitables lenteurs, elle avait également ses combinaisons et ses habiletés. Songe-t-on que l'artillerie ne manqua jamais de munitions pendant la guerre de 1812 ? Et se représente-t-on la somme d'efforts nécessaires pour faire arriver à Moscou, sur route et par étapes, un boulet et une charge de poudre à canon ?

Les questions d'administration tiendront donc une place importante dans les lettres et les instructions qui ont été recueillies parmi les papiers du général d'Albignac, parce que tout ce qui concernait les ravitaillements et surtout les vivres était la principale préoccupation du commandement. Nous verrons les chefs toujours soucieux de faire vivre leurs troupes le mieux possible, et n'épargnant rien — pas même des mesures un peu arbitraires — pour y arriver.

La correspondance sera présentée dans l'ordre chronologique; sa trame générale est assez serrée pour qu'il reste peu à ajouter dans le but de coudre ensemble et de mieux ajuster les différents documents qui jalonnent l'histoire de la période étudiée.

Nous prendrons le Corps bavarois au départ de ses cantonnements de concentration en Bavière, au milieu du mois de mars 1812; nous le suivrons jusqu'à la revue que l'Empereur en passa devant Vilna le 14 juillet, avant de l'envoyer sur Polotsk, où nos alliés bavarois devaient cueillir — pour le lion palatin comme pour les aigles françaises — une moisson de lauriers si généreusement arrosés de leur sang.

DE MUNICH A VILNA

CHAPITRE I

MARCHES VERS L'ELBE ET L'ODER

(Février-Mars 1812)

Les deux divisions du 6ᵉ corps quittent la Bavière. — Ordre de bataille du Corps bavarois. — Marches vers l'Elbe et de l'Elbe à l'Oder.

Au début de l'année 1812, tout faisait prévoir une rupture prochaine avec la Russie et les préparatifs militaires commençaient en France et en Allemagne.

Le 25 janvier, un ordre royal mit l'armée bavaroise sur le pied de guerre et prescrivit l'achat immédiat de 2.000 chevaux pour compléter les effectifs; deux divisions sont immédiatement organisées pour être tenues à la disposition de Napoléon, comme contingent fédéral prévu par l'acte de la Confédération du Rhin.

L'état militaire de la Bavière s'était considérablement modifié depuis que Maximilien-Joseph présidait aux destinées de ce pays : ce prince, en effet, résolu à constituer une véritable armée nationale, avait remplacé les misérables contingents fournis jusqu'alors par les cercles palatins à l'armée d'Empire par des troupes nombreuses que les subsides de l'Angleterre lui permirent de lever et d'entretenir; son alliance avec la France avait fait échapper la Bavière aux convoitises de l'Autriche et les régiments bavarois s'étaient aguerris au contact et à l'exemple des vieilles bandes de la Grande

Armée : les Bavarois luttèrent d'abord assez crânement contre les Autrichiens en 1805, contre les Prussiens et les Russes en 1806 et 1807; ils firent merveille contre les Impériaux en 1809. Les accroissements territoriaux de la Bavière, justifiés par son loyalisme à l'égard de la France, ayant amené pour le roi Maximilien une augmentation importante de ressources, lui donnèrent en même temps une plus grande facilité de recrutement pour son armée. Aussi, grâce à la modification apportée le 29 avril 1811 à l'ancienne ordonnance de 1807 sur la conscription, la Bavière pouvait dorénavant mettre sur pied une armée active de 46.000 soldats et une garde nationale de 40.000 hommes destinée à compléter les troupes en campagne au moment d'une mobilisation.

En 1812, l'infanterie bavaroise se compose de 12 régiments de ligne à 3 bataillons, et de 6 bataillons légers; le régiment d'infanterie compte 2 bataillons de guerre à 6 compagnies (dont 1 de grenadiers, 4 de fusiliers et 1 de tirailleurs) et 1 bataillon de réserve; la force totale d'un régiment de ligne s'élève à 2.436 hommes. Les bataillons légers ont 4 compagnies de guerre et 2 de réserve.

Six régiments de chevau-légers constituent la cavalerie bavaroise : ils sont à 3 divisions de 2 escadrons, et 1 escadron de réserve; ils comportent chacun 1.068 cavaliers et 875 chevaux. L'artillerie, partagée en 4 bataillons de 5 compagnies, comprend 2.055 canonniers; enfin, les 4 divisions du train forment un ensemble de 1.222 hommes, 220 chevaux de selle et 694 chevaux de trait.

Une grande partie des troupes bavaroises alors en service avait participé avec éclat aux dernières campagnes de l'Empire; les soldats étaient solides, les officiers expérimentés, et leur « napoléonisme » n'était pas encore altéré par les épreuves de l'adversité et la propagande du Tugendbund. La protection de la France ne pesait pas alors à nos alliés de la Confédération du Rhin, et nul d'entre eux ne songeait à déchirer le pacte de 1806 qui avait constitué en Allemagne, à la place d'une « poussière de peuples », des États solides, compacts et indépendants. Lorsque les Allemands rompirent dans la suite le lien qui les attachait à la France, ils ne trouvèrent pas cette liberté politique qu'ils ambitionnaient, et, en rejetant leur protecteur français, ils n'arrivèrent qu'à se donner un autre maître.

Le 10 février 1812, les troupes bavaroises quittent leurs garnisons respectives et sont rapprochées des frontières de la Saxe : la cavalerie est placée en avant, le parc d'artillerie se forme à Fürth près de Nuremberg et l'infanterie de chacune des deux divisions est groupée dans des cantonnements rapprochés.

Le général Gouvion Saint-Cyr a été désigné par l'Empereur comme chef du corps d'armée formé par les Bavarois : il reçoit le 21 février l'ordre d'être rendu à Munich du 1er au 5 mars pour y voir le roi Maximilien et doit aussitôt après se rendre à Bamberg afin d'y prendre possession de son commandement.

C'est à Munich que lui parvient une première collection d'imprimés de « situation de quinzaine » destinés aux comptes rendus qu'il va avoir à expédier périodiquement au Ministre de la Guerre et au Major général.

MINISTÈRE DE LA GUERRE

3ᵉ DIVISION

BUREAU DU
MOUVEMENT DES TROUPES

Nota. — Les réponses doivent indiquer le bureau d'où les lettres sont parties, et être directement adressées à S. E. le Ministre de la Guerre.

Paris, le 26 février 1812.

Le Chef de la 3ᵉ Division du Ministère de la Guerre, à M. le Général Gouvion Saint-Cyr Commandant le Corps Bavarois à Munich.

Général,

Le Ministre me charge de vous adresser, ci-joint, vingt exemplaires imprimés pour vous mettre à portée de faire parvenir régulièrement à Son Excellence, ainsi qu'à Son Altesse Sérénissime le prince de Wagram et de Neuchâtel, Major général de la Grande Armée, l'état exact et détaillé de la situation de toutes les troupes bavaroises employées sous vos ordres, aux époques des 1er et 15 de chaque mois.

Je vous prie, Général, de recevoir l'assurance de ma considération la plus distinguée.

GÉRARD.

Aux premiers jours de mars, l'Empereur a arrêté l'ordre de bataille de l'armée, le numéro des corps d'armée et en a désigné les chefs d'état-major.

2e DIVISION

BUREAU
DES
ÉTATS-MAJORS

LETTRES DE SERVICE

Napoléon, Empereur des Français, Roi d'Italie, Protecteur de la Confédération du Rhin et Médiateur de la Confédération Suisse.

Ayant à nommer un Adjudant-Commandant, pour être employé en cette qualité et remplir les fonctions de Chef d'état-major du Corps Bavarois, a fait choix de M. l'Adjudant-Commandant d'Albignac.

Il est en conséquence ordonné aux Officiers généraux, aux Officiers d'état-major, à ceux de l'Artillerie et du Génie, aux Inspecteurs aux revues, aux Commissaires ordonnateurs et ordinaires des guerres, aux Commandants des corps et à tous autres qu'il appartiendra, de le reconnaître et faire reconnaître en ladite qualité par ceux étant à leurs ordres.

Fait à Paris, le 3 mars 1812.

Le Ministre de la Guerre,
DUC DE FELTRE.

A M. le Général Comte Gouvion Saint-Cyr, Commandant le Corps d'Armée Bavarois.

Paris, le 8 mars 1812.

L'Empereur a réglé définitivement, Monsieur le Général Gouvion Saint-Cyr, la dénomination et le classement des différents corps et divisions composant la Grande Armée, et, d'après les dispositions prescrites à cet égard, le Corps d'Armée Bavarois prendra le nom de 6e Corps de la Grande Armée; la 1re Division portera le n° 19 et la 2e Division le n 20.

Le Prince de Wagram et de Neuchâtel, Major général,
ALEXANDRE.

Toute l'armée va s'ébranler vers l'Est, dessinant trois grandes masses : à gauche, les 1er, 2e et 3e corps commandés par Davout, Oudinot et Ney, avec les 1er et 2e corps de la réserve de cavalerie sous Nansouty et Montbrun; au centre, la Garde Impériale, le 4e corps (armée d'Italie), le 6e corps (Bavarois), avec le 3e de cavalerie sous Grouchy; à droite, les 5e, 7e et 8e corps (Polonais, Saxons et Westphaliens), et le 4e de cavalerie aux ordres de Latour-Maubourg.

L'Allemagne, que va traverser la Grande Armée, a été divisée en 4 grands territoires pour l'administration et le commandement militaire :

1. — Du Rhin à l'Elbe ;
2. — De l'Elbe à l'Oder : Quartier général à Magdebourg ;
3. — De l'Oder à la Vistule : Quartier général à Berlin ;
4. — De la Vistule à la frontière russe : Quartier général à Posen.

Dans cette immense région, des lignes d'étapes sont arrêtées ; sur chacune d'elles, un hôpital est organisé de 5 en 5 marches environ ; en outre, des hôpitaux importants s'établissent à Brandenbourg, Berlin, Custrin, Stettin, Bromberg, Posen, Glogau, Marienwerder, Marienburg, Danzig. Le grand duché de Varsovie — qui relève du roi de Saxe — approvisionne par avance Posen, Varsovie et les points d'étapes de son territoire. La Prusse, notre alliée provisoire, constitue à Thorn d'énormes magasins de grains, de farines, de biscuits, de riz ; aucune voiture des équipages militaires ne franchira à vide l'Oder : toutes recevront, où elles passent ce fleuve, un chargement de farines ou de biscuits. Le quartier général de chaque corps d'armée est muni d'un bureau de poste pour assurer les communications avec le quartier général de l'armée et les corps d'armée voisins.

Saint-Cyr a été avisé, le 29 février, que le mouvement des troupes bavaroises sur Glogau devrait commencer le 10 mars; déjà la division Deroy (19ᵉ division) est concentrée aux environs de Bayreuth, et la division de Wrède (20ᵉ division) à Bamberg et dans la région voisine. Le Corps Bavarois présente la composition suivante :

NOTE SUR LA COMPOSITION DU 6ᵉ CORPS

19ᵉ DIVISION.

Général de division : Le général d'infanterie de DEROY.
Généraux de brigade : De SIBEIN.
Comte RECHBERG.
Baron RAGLOWICH.
Comte de SEYDEWITZ (brigade de cavalerie).

20ᵉ DIVISION.

Général de division : Le général de cavalerie Comte de WRÈDE.
Généraux de brigade : Comte MINUCCI.
Comte BECKERS.
VINCENTI.
Comte PREYSING (cavalerie).

Chaque brigade d'infanterie est composée de deux régiments de ligne et d'un bataillon d'infanterie légère, par conséquent, il y a 5 bataillons par brigade et 15 bataillons par division; cependant, le 13ᵉ régiment de ligne qui appartient à la 19ᵉ division étant détaché à Danzig, cette division n'a avec elle en ce moment que 13 bataillons.

Chaque brigade de cavalerie comprend 3 régiments.

Chaque division mène avec elle 5 batteries, dont 2 d'artillerie légère, 2 de 6 de ligne et 1 de 12.

COMPOSITION DU CORPS BAVAROIS

QUARTIER GÉNÉRAL (1)

Commandant en chef : comte Gouvion Saint-Cyr, général de division et colonel-général des cuirassiers.
Chef d'état-major général : adjudant-commandant d'Albignac.
Aides de camp : capitaines de Chartier, Gilly, Mailli (2).
Commandant l'artillerie : colonel bavarois baron de Colonge.
Commandant du train : major van Douwe (3).
Ordonnateur en chef : Böhm.
Commissaire des guerres : Foresti.

19ᵉ DIVISION (4).

Commandant : général d'infanterie de Deroy.
Aides de camp : major de Hartling, lieutenant de Dobeneck (puis lieutenant Muller).
Chef d'état-major : N.
Adjoints : major baron de Gravenreuth, capitaine baron de Volderndorff (puis lieutenant baron de Schleitheim).
Commandant l'artillerie : lieutenant-colonel Lamey.
Adjoints : lieutenant Wolf ; au parc, major Peters ; au train, capitaine Ziegler.
Commandant le génie : capitaine Edlinger.
Adjoints : lieutenant Hoffmann, lieutenant de Schleitheim (passé adjoint à l'état-major de la division), lieutenant de Kern.
Sous-inspecteur aux revues : N.
Commissaire des guerres : Grunthaler ; 1 sous-commissaire et 7 employés.
Auditeur de la division : Sieben.
Un secrétaire du général.
Un chirurgien-major de la division.
1ʳᵉ Brigade. — Général de Sibein.
    Aide de camp,   Lieutenant de Groppen.
    Auditeur,   Christmann.
    1ᵉʳ Bataillon léger,   Lieutenant-colonel de Gedoni.
    1ᵉʳ Régiment de ligne, Colonel baron Stroehl.
        Major baron de Gronegg.
    9ᵉ Régiment de ligne, Colonel de la Motte.
        Major comte d'Ysenburg.

---

(1) Situation au 15 avril.
(2) Ce dernier n'a pas rejoint encore le 15 avril à Posen.
(3) Le capitaine van Douwe, avancé major, prend le commandement du train du 6ᵉ Corps le 15 mai.
(4) Situation au 26 mars.

2º *Brigade*. — Général de RAGLOWICH
    Aide de camp, Capitaine baron de NEUBECK.
    Auditeur   SONNENMAYER.
    3ᵉ Bataillon léger, Lieutenant-colonel de BERNCLAU.
    4ᵉ Régiment de ligne, Colonel de ZOLLER.
            Major de ZOLLER.
    10ᵉ Régiment de ligne, Colonel comte de PREYSING.
            Major de BULLINGEN.
3ᵉ *Brigade*. — Général de RECHBERG (en son absence, lieutenant-colonel de LAROCHE).
    Aide de camp, Lieutenant WEBER.
    Auditeur,   N.
    6ᵉ Bataillon léger, Major PALM.
    8ᵉ Régiment de ligne, Lieutenant-colonel HAUSSMANN.
            Major DE STORCHENAU.
    13ᵉ Régiment de ligne (à Danzig).
Brigade de Cavalerie. — Général comte de SEYDEWITZ.
    Aide de camp, Lieutenant SPENGEL.
    Auditeur,   STRIGLER.
    1ᵉʳ Régiment de chevau-légers. Colonel comte de WITTGENSTEIN.
            Major de WEISSE.
    3ᵉ Régiment de chevau-légers. Colonel d'ELBRACHT.
            Major KRACHT.
    6ᵉ Régiment de chevau-légers, Colonel DIETZ.
            Major WINKLER.
Artillerie et Train. — Lieutenant-colonel LAMEY.
    1ʳᵉ Batterie légère, Capitaine VAN DOUWE.
    3ᵉ Batterie légère, Capitaine HALDER.
    11ᵉ Batterie,   Capitaine BRACK.
    2ᵉ Batterie   (à Danzig).
    6ᵉ batterie (de 12) Capitaine ROIS.

20ᵉ DIVISION (1)

Commandant : général de cavalerie comte de WRÈDE.
Aides de camp : major PALM, capitaine BESSERER.
Chef d'état-major : lieutenant-colonel baron de COMEAU (2).
Adjoints : major baron de DEUX-PONTS, capitaine baron HORN.
Corps du Génie : capitaine HAZZI, lieutenant baron IMHOF, lieutenant ZEAR.
Officiers d'ordonnance : capitaine baron GUMPENBERG, capitaine prince de TAXIS, lieutenant prince d'OETTINGEN, lieutenant baron MENZING.
Commissaire ordonnateur : BÖHM (jusqu'au 25 avril).

---

(1) Situation au 27 mars.
(2) En congé : rejoint le 19 mai.

FAC-SIMILE DES SIGNATURES :

1. — Du major Gravenreuth, chef provisoire de l'état-major de la 19ᵉ division.
2. — Du lieutenant-colonel Hertling, chef d'état-major de la 19ᵉ division.
3. — Du général Raglowich, commandant la 2ᵉ brigade de la 19ᵉ division.
4. — Du général de Rechberg, — la 3ᵉ — —
5. — Du colonel de Stroehl, commandant le Régiment du Roi (1ʳᵉ brigade de la 19ᵉ division)
6. — Du général de Seydewitz, commandant la 21ᵉ brigade de cavalerie (19ᵉ division)

Commissaires des guerres : AMANN, et 9 adjoints.
Service de santé : 8 officiers de santé, et 18 sous-aides chirurgiens(1).
Artillerie : lieutenant-colonel baron de ZOLLER.
Adjoints : lieutenant DANNER (2); — au Parc, major TAUSCH (2). Un quartier maître, 2 aides-chirurgiens, 1 porte-drapeau, 1 maréchal expert, 1 tambour-major, 7 fourriers, 7 maréchaux-ferrants, 6 selliers.

1re Brigade. — Général major comte MINUCCI.

Aide de camp,	Lieutenant de LEISTNER.
2e Bataillon léger,	Lieutenant-colonel WREDEN.
2e Régiment de ligne,	Colonel comte SPAUER.
	Major comte TATTENBACH.
6e Régiment de ligne,	Colonel de ROI.
	Major BACH.

2e Brigade. — Général major de VINCENTI.

Aide de camp,	Lieutenant de REGISTER.
4e Bataillon léger,	Lieutenant-colonel THEOBALD.
3e Régiment de ligne,	Colonel comte de WALDKIRCH.
	Major baron WEINBACH.
7e Régiment de ligne,	Colonel baron MAILLOT DE LA TREILLE.
	Major WERNDLE.

3e Brigade. — Général major comte BECKERS.

Aide de camp,	Baron HANCKE (puis, le 24 mai, MICHELS).
5e Bataillon léger,	L^t-colonel comte BUTTLER.
5e Régiment de ligne,	Colonel baron de HABERMANN.
	Major baron de SCHERER.
11e Régiment de ligne,	Colonel baron DALWIG.
	Major HAYDER.

Brigade de Cavalerie. — Général major comte PREYSING.

Aide de camp,	Lieutenant HERMANN.
2e Régiment de chevau-légers,	Colonel baron BOURSCHEIDT.
4e Régiment de chevau-légers,	Colonel comte SEYSSEL.
	Major de ZANDT, Major BIBER.
5e Régiment de chevau-légers,	Major GADDUM.
	Major RITTMANN.

Artillerie. — Lieutenant-colonel de ZOLLER.

2e Batterie légère,	Capitaine GOTTHARD.

---

(1) Au 15 avril, le personnel sanitaire de la division est le suivant :
    2 médecins chefs.
    1 chirurgien chef.
    28 aides et sous-aides.
(2) Situation au 15 avril.

FAC-SIMILE DES SIGNATURES :

1. — Du major Palm, 1ᵉʳ aide de camp du général de Wrède, faisant fonction de chef d'état-major de la 20ᵉ division.
2. — Du colonel de Comeau, chef d'état-major de la 20ᵉ division.
3. — Du général Beckers, commandant la 3ᵉ brigade de la 20ᵉ division.
4. — Du lieutenant-colonel de Zoller, commandant l'artillerie de la 20ᵉ division.
5. — Du capitaine de Wœlderndorff, de l'état-major de la 20ᵉ division.

4ᵉ Batterie légère,	Capitaine baron GRAFENREUTH.
4ᵉ Batterie à pied,	Capitaine comte BERCHEM.
5ᵉ Batterie à pied,	Capitaine HOFSTETTEN,
8ᵉ Batterie à pied,	Capitaine ULMER (1).

C'était un total de 30 bataillons, 24 escadrons et 60 canons que la Bavière rangeait sous nos drapeaux. Les batteries se composaient de 6 pièces (4 pièces de 6 ou de 12 et 2 obusiers de 7). Dans ces chiffres sont compris les 2 bataillons du 13ᵉ régiment de ligne et 2 pièces de la 2ᵉ batterie à pied, qui sont détachés à Danzig et entrent dans la compositon du 10ᵉ corps aux ordres du maréchal Macdonald. Encadrées par 863 officiers, les deux divisions bavaroises sont commandées par des chefs que les campagnes précédentes ont déjà mis en relief. Le général Gouvion Saint-Cyr les dirige le 10 mars sur Glogau, en exécution des ordres de l'Empereur et d'après les instructions du Major général.

Rapport du Major général à l'Empereur (2).

Paris, 11 mars 1812.

Sire,

Le ministre de Votre Majesté à Munich a reçu les ordres que j'avais expédiés le 29 février pour le départ du corps d'armée bavarois.

Le roi a aussitôt donné tous les ordres nécessaires et le corps bavarois se sera mis en marche le 10 pour se rendre à Glogau. Les troupes bavaroises sont pourvues de souliers de la manière qui avait été prescrite et le roi a donné l'assurance au ministre de Votre Majesté que rien ne manquerait non plus de tout ce qui concerne les approvisionnements de l'artillerie et les équipages pour les vivres que de l'armée doit avoir avec elle.

Le général Gouvion Saint-Cyr est arrivé à Munich au moment du départ de la lettre du ministre de Votre Majesté. Il en est parti le 6 pour rejoindre en toute diligence le Corps Bavarois à Bamberg, d'où il doit me rendre compte des dispositions qu'il aura prescrites pour le mouvement de ce corps sur Glogau.

ALEXANDRE.

---

(1) Situation des brigades de la 20ᵉ division à la date du 15 avril.
(2) Colonel Margueron, *Campagne de Russie*, t. IV, p. 434.

Le rapport suivant du maréchal Berthier à l'Empereur nous donne l'itinéraire complet de chacune des divisions du 6ᵉ corps jusqu'à Glogau, où elles arrivent du 28 au 30 mars.

Rapport du Major général à l'Empereur (1).

Paris, 19 mars 1812.

Sire,

Je reçois à l'instant une dépêche de M. le général Gouvion Saint-Cyr datée de Bayreuth, le 10 mars.

Le Corps bavarois a commencé son mouvement le 10 mars, conformément aux ordres de Votre Majesté, pour se rendre à Glogau.

Le roi de Saxe a consenti à ce que ce corps passât par Dresde, et le ministre de Votre Majesté près de ce souverain a envoyé au général Saint-Cyr l'itinéraire arrêté à la Cour de Saxe. Le général Saint-Cyr a demandé qu'il y fût fait quelques changements dont l'objet est de faire suivre à la division de Wrède, de Dresde à Glogau, une autre route que la division Deroy, afin qu'elles arrivent en même temps et non successivement à Glogau par une même route, ce qui allongerait le mouvement; il pense que ces changements seront approuvés et voici en conséquence l'itinéraire des deux divisions bavaroises :

19ᵉ DIVISION (GÉNÉRAL DEROY).			20ᵉ DIVISION (GÉNÉRAL DE WRÈDE)		
10 mars	à	Münchberg,	10 mars	à	Staffelstein,
11	—	Hoff,	11	—	Kronach,
12	—	Plauen.	12	—	Steinwiesen,
13	—	Zwickau,	13	—	Lobenstein,
14	—	Chemnitz,	14	—	Schleiz,
15	—	— séjour,	15	—	— séjour,
16	—	Freyberg,	16	—	Auma
17	—	Dresde,	17	—	Gera,
18	—	Bichofswerda.	18	—	Altenburg,
19	—	— séjour,	19	—	— séjour,
20	—	Bautzen,	20	—	Rochlitz,
21	—	Löbau,	21	—	Nossen,
22	—	Görlitz,	22	—	Meissen,
23	—	— séjour,	23	—	— séjour,
24	—	Lauban,	24	—	Königsbrück,
25	—	Buntzlau,	25	—	Hoyerswerda,
26	—	Haynau,	26	—	Muskau,
27	—	Polckwitz, qui est la dernière journée avant Glogau.	27	—	Sorau.
			28	—	Sprottau, qui n'est qu'à deux journées de Glogau.

---

(1) Colonel Margueron, *Campagne de Russie*, t. IV. p. 489.

Ainsi, le Corps bavarois doit être rendu à Glogau du 28 au 30 de ce mois. Le général Saint-Cyr n'avait pu voir encore en détail le Corps bavarois, mais il annonce que le peu qu'il a vu lui a paru très bien, armement, habillement, équipement, et que les chefs se louent de la bonne disposition des troupes. Il me mande que le parc d'artillerie ne peut suivre immédiatement parce qu'on n'avait pas encore eu le temps de réunir le nombre de chevaux nécessaires, mais qu'on s'en occupe avec beaucoup d'activité et qu'il espère que ce parc, dont il pressera le départ le plus possible, pourra suivre d'assez près le mouvement du corps d'armée.

Le ministre de la guerre du roi de Saxe m'exprime la reconnaissance du roi pour l'attention que Votre Majesté avait eue de faire passer ou non le Corps bavarois par Dresde; le ministre de Votre Majesté à Dresde m'écrit dans le même sens, et par une seconde lettre que je joins ici, il parle de la pénurie d'avoine qu'on éprouve dans le grand duché de Varsovie, par suite de la mauvaise récolte de l'année dernière, et des difficultés que pourrait y rencontrer le service des vivres pour les corps nombreux qui seraient destinés à entrer dans le duché; le roi a fait, soit en défendant la sortie (des grains), soit en organisant mieux l'administration de cette partie, des dispositions qui tendent à diminuer ces inconvénients.

ALEXANDRE.

Napoléon, désireux de montrer des égards aux princes de la Confédération, a voulu épargner au roi de Saxe le passage par Dresde des deux divisions bavaroises : celle de Deroy seule traversera la capitale saxonne. D'autre part, il écrit au Prince Eugène (1) « qu'il est indécent que la route militaire du 4e corps (formé par l'armée d'Italie) passe par Munich, que cela gêne le roi de Bavière, et qu'il faut la faire passer par Augsbourg, Nuremberg, Donauwerth, et de là sur Glogau, — où doit être le dépôt commun des 4e et 6e corps. »

En cours de route, le général Deroy demande la réglementation des piquets d'escorte affectés aux quartiers généraux et aux services administratifs du corps bavarois; il réclame que celui du général Gouvion Saint-Cyr soit pris de moitié dans chacune des deux divisions :

---

(1) *L'Empereur au Prince Eugène*, Paris, 19 mars 1812.

Le Général d'infanterie de Deroy à M. le baron de Colonge, Chef provisoire de l'Etat-Major Général du Corps d'armée bavarois.

Zwikau, ce 13 mars 1812.

Monsieur le Colonel,

J'ai donné l'ordre à M. le Général brigadier de cavalerie Comte de Seydewitz de commander un lieutenant et 20 hommes de cavalerie pris dans un des trois régiments pour M. le Général de division colonel général des Cuirassiers Comte Gouvion de Saint-Cyr, qui pourront être relevés par la suite, vu que le piquet de 50 hommes qui m'est annoncé, pour moi et les officiers d'Etat-Major attachés à moi n'est pas arrivé et ne nous joindra probablement pas de sitôt ; comme cependant il viendra un piquet à M. le Général de Wrède comme à moi, ainsi il me serait très agréable si M. le Général de division Comte Gouvion de Saint-Cyr veut prendre le piquet qu'il désire avoir avec soi en partie égale des deux corps, vu que ces piquets doivent être fournis par les ordonnances de MM. les brigadiers et autres officiers de l'Etat-Major ; comme aussi je ne puis refuser deux cavaliers au Commissaire des guerres attaché à la Division, si donc le piquet pour M. le Général devait être fourni sur celui qui me viendra, il ne me resterait pas assez de cavaliers pour faire le service qui peut avoir lieu ; toutefois cela se fera comme M. le Général l'ordonnera.

J'ai l'honneur, Monsieur le Colonel, de vous assurer de la plus parfaite considération.

Le Général d'infanterie.
DE DEROY.

Le rapport du Major général à l'Empereur en date du 19 mars faisait déjà prévoir la disette des fourrages dans le grand duché de Varsovie ; aussi, le maréchal Davout, commandant le 1ᵉʳ corps, sous la haute autorité duquel le Corps bavarois se trouvait provisoirement placé, règle-t-il à partir du 20 mars la quotité des rations de fourrages à consommer dans la région sous ses ordres.

COPIE

1ᵉʳ CORPS
DE LA
GRANDE ARMÉE

État-Major Général

Au quartier général, à Stettin, le 17 mars 1812.

Ordre du jour.

M. le Maréchal, Commandant en Chef, instruit que la rareté des fourrages dans les pays occupés par l'armée rend le service très difficile, ordonne que les rations de fourrages seront jusqu'à nouvel ordre et à compter du 20 de ce mois fixées de la manière suivante :

Pour les chevaux de carabiniers, cuirassiers, dragons et autres assimilés :
    13 livres de foin au lieu de 14.
    8 livres de paille au lieu de 10.
    3/4 boisseau d'avoine au lieu de 2/3.

Pour les chevaux de chasseurs, hussards et autres assimilés :
    9 livres de foin au lieu de 10.
    8 livres de paille au lieu de 10.
    3/4 boisseau d'avoine au lieu de 2/3.

Train d'artillerie, génie, équipages militaires et autres assimilés :
    9 livres de foin au lieu de 14.
    6 livres de paille au lieu de 8.
    1 boisseau d'avoine au lieu de 3/4.

Par ordre de M. le Maréchal
Le Général Chef d'État-Major
Signé : L. ROMEUF.

EXTRAIT *de la situation des troupes composant la 19ᵉ Division de la Grande Armée, à l'époque du 26 mars 1812.*

QUARTIER GÉNÉRAL	Buntzlau
1ʳᵉ BRIGADE	QUARTIER GÉNÉRAL Buntzlau
1ᵉʳ Régiment de ligne	Buntzlau
9ᵉ Régiment de ligne	Ottendorf
1ᵉʳ Bataillon d'infanterie légère	Thomaswalde
2ᵉ BRIGADE	QUARTIER GÉNÉRAL Bautzen
4ᵉ Régiment de ligne	Bautzen
10ᵉ Régiment de ligne	Bautzen
3ᵉ Bataillon d'infanterie légère	Bautzen
3ᵉ BRIGADE	QUARTIER GÉNÉRAL Lauban
8ᵉ Régiment de ligne	Lauban
13ᵉ Régiment de ligne	(détaché à Danzig)
6ᵉ Bataillon d'infanterie légère	Naumburg
BRIGADE DE CAVALERIE	QUARTIER GÉNÉRAL Haynau
1ᵉʳ Régiment de chevau-légers	Haynau
3ᵉ Régiment de chevau-légers	Bärsdorf
6ᵉ Régiment de chevau-légers	Sabitz
ARTILLERIE	QUARTIER GÉNÉRAL DU PARC Löbau

EFFECTIFS

		PRÉSENTS	DÉTACHÉS	AUX HÔPITAUX
Infanterie	Officiers	271	2	4
	Hommes	9.874	30	206
	Chevaux d'officiers	78	2 (1)	1
Cavalerie	Officiers	59	1	
	Hommes	1.462	45	7
	Chevaux d'officiers	181	2	
	— de troupe	1.468	47 (2)	
Artillerie	Officiers	13	12	
	Hommes	218	269 (3)	5
	Chevaux d'officiers	10	4	
Train	Officiers	3	1	
	Hommes	164	4	3
	Chevaux d'officiers	4	2	
	— de troupe	43	8	
	— du Train	223	10	

Matériel de l'artillerie.

Pièces de 6 .... 16 (2 pièces de 6 sont à Danzig).
Pièces de 12 4
Obusiers de 7 10
Caissons pour les pièces de 6.... 21 (2 sont à Danzig).

---

(1) Les détachés de l'infanterie sont auprès du Commissaire des guerres (2 à 6 hommes par corps), ou à l'hôpital de Dresde comme garde-malades des officiers ou des soldats qui y sont demeurés.
Il y a dans chaque régiment de ligne une cinquantaine, et dans chaque bataillon léger ou régiment de cavalerie une trentaine d'officiers, sous-officiers ou soldats qui ne sont pas compris dans la force des régiments ou bataillons, parce qu'ils ne sont pas combattants en ligne : quartiers-maîtres, chirurgiens, fourriers, musiciens, etc.
Le lieutenant-colonel Laroche commande provisoirement la 3ᵉ brigade.
(2) Tous les détachés de la cavalerie sont au dépôt des chevaux malades.
(3) La deuxième batterie à pied est détachée à Danzig.

Caissons nommés Wurstwagen pour les pièces de 6..........	8
Caissons pour les pièces de 12...	10
Caissons pour les obusiers de 7.	23
Wurstwagen pour les obusiers de 7........................	4
Caissons d'infanterie............	43 (2 sont à Danzig).
Caissons de cavalerie...........	4
Forges.......................	6
Voitures à charbon.............	6
Fourgons	6
Voitures pour les équipages.....	2
Ambulance...................	1
Voitures pour les outils.......	2
Voitures pour les harnais......	2
Affûts de réserve..............	6 (dont 1 de 12, 3 de 6 et 2 pour obusiers de 7).
Autres fourgons...............	5

Munitions.

Cartouches à boulets de 6	2.530
Cartouches à mitraille de 6...............	740
Cartouches à boulets de 12................	592
Cartouches à mitraille de 12...............	196
Cartouches à obus de 7...................	1.526
Cartouches à mitraille de 7...............	390
Cartouches d'infanterie...................	642.600
Cartouches de cavalerie { pour carabines..	24.192
{ pour pistolets...	48.384
Pierres à feu pour l'infanterie............	90.000
Pierres à feu pour la cavalerie............	8.000

(Situation signée par le Major GRAVENREUTH).

De Munich à Vilna. Pl. 1

EMPLACEMENTS DES DEUX DIVISIONS DU 6ᵉ CORPS DE LA GRANDE ARMÉE

d'après les situations établies à l'époque du { 26 Mars 1812 pour la 19ᵉ Division
27 Mars 1812 pour la 20ᵉ Division

19ᵉ Division
- ★ Quartier général de Division.
- État-Major de Brigade d'Inf.ᵗᵉ
- _ id _ de Cavalerie.
- _ id _ de l'Artillerie.
- Reg.ᵗ, Bat.ᵒⁿ d'Infanterie.
- Bataillon léger.
- Reg.ᵗ de Chevau-légers.
- Artillerie.
- Train.

━━ 20ᵉ Division (en marche)

Echelle 1/750.000ᵉ

EXTRAIT *de la situation sommaire de la 20ᵉ division
à la date du 27 mars.*

Quartier général de la division : BAUTZEN.
Toutes les brigades et l'artillerie sont portées « en marche ».

EFFECTIFS

		PRÉ-SENTS	DÉTA-CHÉS	HOPI-TAUX	NON COM-BAT-TANTS
1ʳᵉ brigade	Officiers	100	»	3	10
	Hommes	3.805	»	67	90
	Chevaux	34	»	»	»
2ᵉ brigade	Officiers	101	»	2	9
	Hommes	3.856	»	90	110
	Chevaux	31	»	»	»
3ᵉ brigade	Officiers	102	»	1	9
	Hommes	3.878	»	27	103
	Chevaux	33	»	»	»
Brigade de cavalerie	Officiers	59	»	1	11
	Hommes	1.450	18	3	66
	Chevaux	1.471	42	»	»
Artillerie, Train Train du parc. Train des équipages.	Officiers	30	»	»	2
	Hommes	1.077	»	7	30
	Chevaux	1.081 (¹)	»	»	»

(Situation signée par le Général de WRÈDE).

L'Empereur n'attend pas que le Corps bavarois soit arrivé sur l'Oder pour lui donner de nouvelles instructions : il écrit le 21 mars au Major général :

...Vous donnerez l'ordre au général Gouvion St-Cyr de commencer à faire partir les Bavarois le 5 avril pour se rendre à Posen et de maintenir la meilleure discipline parmi ces troupes. Il placera la cavalerie

---

(1) Sur le chiffre des chevaux du train, 74 sont présents, le reste doit arriver successivement.

dans la direction de Thorn, dans les lieux où elle pourra vivre le plus facilement, et son infanterie en colonne depuis Posen jusqu'à Gnesen.

Instruisez de ce mouvement le prince d'Eckmühl afin qu'il donne ordre à la division Desaix de se rendre à Thorn et d'avoir évacué le 12, ou au plus tard le 13, Gnesen, puisque la tête des Bavarois doit occuper cette ville et la queue Posen (1).

Trois jours après (le 24 mars), le Major général reçoit les indications de l'Empereur pour l'embrigadement des

Le maréchal Berthier, Major Général de la Grande Armée en 1812.

régiments de la cavalerie alliée : deux régiments de chevau-légers bavarois, avec un régiment de chevau-légers saxons, formeront sous les ordres du général Dommanget la 3ᵉ brigade de la 3ᵉ division de cavalerie du général Kellermann, et cette brigade portera le n° 17; les quatre autres régiments de chevau-légers bavarois resteront attachés au 6ᵉ corps, en 2 brigades numérotées 21 et 22 (2). Dès le lendemain 25 mars, Berthier rend compte à l'Empereur que le général Dommanget a reçu l'ordre de se rendre à Glogau et lui demande sur quel

---

(1) *L'Empereur au Major général*, Paris, 21 mars 1812.
(2) *L'Empereur au Major général*, Paris, 24 mars 1812.

point doivent se réunir les deux régiments bavarois qui vont entrer dans la composition de sa brigade (1); le 26, Napoléon prescrit que le régiment de chevau-légers saxons restera à Glogau; le général Dommanget l'y prendra et le mènera à Posen « où il réunira les deux régiments bavarois pour former ainsi la 17ᵉ brigade » (2). — Le ponctuel Berthier peut rendre compte dès le 27 mars de l'exécution des intentions de l'Empereur : « Je viens, — écrit-il à ce dernier — de donner des ordres pour la formation de la 17ᵉ brigade de cavalerie légère qui sera la 3ᵉ brigade attachée à la division légère du général Kellermann... La 17ᵉ brigade sera formée à Posen et commandée par le général Dommanget... à qui j'ai ordonné de se rendre à Posen où le général Saint-Cyr mettra sous ses ordres les deux régiments de chevau-légers bavarois qui doivent compléter sa brigade (avec le régiment de chevau-légers saxons du prince Albert)... Les quatre régiments de cavalerie bavaroise qui restent au 6ᵉ corps seront formés, sous les numéros 21 et 22, en deux brigades attachées à ce corps » (3).

C'est ainsi que les 1ᵉʳ et 2ᵉ chevau-légers bavarois furent enlevés au 6ᵉ corps et placés dans le 3ᵉ corps de réserve de cavalerie commandé par Grouchy : ces régiments suivirent la fortune de Murat, se distinguèrent à la Moscowa, allèrent à Moscou et disparurent dans les désastres de la retraite, entre la Bérésina et le Niémen.

Ce même jour, 27 mars, le Major général adressait aux commandants des corps d'armée, avec une carte d'Allemagne et l'itinéraire des routes d'étapes entre la Grande Armée, la France et l'Italie, des exemplaires de la carte de Russie qu'il les priait « de garder dans leur

---

(1) *Rapport du Major général à l'Empereur*, Paris, 25 mars 1812.
(2) *L'Empereur au Major général*, Paris, 26 mars 1812.
(3) *Rapport du Major général à l'Empereur*, Paris, 27 mars 1812.

portefeuille », pour le moment où l'on aurait à s'en servir..
Même recommandation accompagnait l'envoi d'un chiffre pour la correspondance, avec indication de prendre toutes les mesures utiles pour que ce chiffre ne puisse pas être copié.

Les troupes en marche pour la prochaine campagne ne sont pas les seules qui préoccupent l'Empereur : il écrit le 29 mars au duc de Bassano, ministre des relations extérieures, que les ministres de France près des cours de Bavière, de Wurtemberg et de Bade doivent agir sur ces gouvernements pour que la tranquillité règne à l'intérieur et que le Tyrol soit contenu : des contingents doivent donc exister sous les armes dans chacun de ces États. Il fait savoir en même temps au Major général « que les Bavarois surtout doivent donner des états précis sur les troupes restant disponibles en Bavière contre le Tyrol » (1).

Après avoir déterminé la quotité des rations de vivres des troupes du 1ᵉʳ corps, Davout fit demander à Saint-Cyr s'il voulait mettre les Bavarois sur le même pied comme distributions :

A M. le Colonel d'Albignac, Chef d'État-Major du 6ᵉ Corps de la Grande Armée, à Glogau.

Glogau, le 30 mars 1812.

Monsieur le Colonel,

Mon chef me fait savoir dans l'instant que, d'après un tarif approuvé par Son Altesse le Prince d'Eckmühl, la ration des vivres pour les soldats faisant partie du corps d'armée sous les ordres de Son Altesse a été fixée de la manière suivante :

Savoir :
    28 onces de pain
    10 — de viande
    2 — de riz
    4 — de légumes secs
    1/30 livre de sel

---

(1) *L'Empereur au Major général*, Paris, 29 mars 1812.

1 litre de bière, ou
1/16 de litre d'eau-de-vie, ou
1/20 de litre de vinaigre

et je reçois l'ordre de prier Son Excellence M. le Général commandant en chef le 6ᵉ corps de vouloir bien déclarer s'il lui plaît que les soldats du 6ᵉ corps soient traités de la même manière.

Quoique les soldats sont nourris chez leurs hôtes, pourtant si M. le Général commandant en chef approuvait de son côté la fixation susdite d'une ration des vivres, il ferait alors terminer à ce que chacun aurait à demander de son hôte, ce qui pourra lever beaucoup de contestations. Ce qui regarde MM. les officiers, il a été terminé par S. A. le Prince d'Eckmühl relativement à son corps d'armée que MM. les généraux de chaque grade vivent à leurs frais sans même toucher des rations de vivres, et que MM. les autres officiers reçoivent le nombre des rations des vivres qui leur est dû, d'après les règlements et composé comme il suit :

24 onces de pain
8 — de viande
1 — de riz, ou
2 — de légumes secs
1/30 de litre de sel

par le moyen de quoi ils soignent leurs ménages. On me charge de demander la résolution de Son Excellence M. le Général commandant, si c'est sa volonté que les mêmes principes établis par Son Altesse le Prince d'Eckmühl doivent être suivis relativement au 6ᵉ corps. Dans ce cas cependant, comme tous les officiers de l'armée qui ont droit à des rations ne les peuvent toucher dans le magasin de Glogau, qui est jusqu'à présent seul dans l'arrondissement ; et comme il est indispensable que la plupart de ces Messieurs vivent chez leurs hôtes, il serait nécessaire de fixer d'après le nombre des rations qui sont dues à MM. les officiers selon leurs grades, ce que chacun aurait à demander de son hôte.

Pour remplir les ordres que j'ai reçus de mon chef, j'ai l'honneur de vous prier de vouloir bien faire part à Son Excellence M. le Général commandant du contenu de ma lettre, de demander sa décision, et de me la communiquer le plus tôt possible.

J'ai l'honneur de vous assurer, Monsieur le Colonel, de ma haute considération.

KRUG.

Cette correspondance montre tout le souci des généraux français pour la bonne alimentation des troupes sous leurs ordres.

CHAPITRE II

DE L'ODER A LA VISTULE

(Avril 1812)

Les Bavarois devaient se reposer jusqu'au 5 avril à Glogau où leurs premières colonnes arrivaient le 1er avril ; mais, à peine parvenues en ce point, il fallut que deux brigades fussent poussées au delà de la ville pour faire place aux troupes de plusieurs autres corps d'armée qui vinrent se croiser à Glogau « dans une confusion telle — dit Gouvion Saint-Cyr — que je puis assurer n'avoir de ma vie rien vu de pareil » (1).

En effet, le 2 avril, Régnier débouchait à Glogau avec le corps d'armée saxon et fut surpris d'y trouver les Bavarois : son étonnement augmenta encore, en voyant arriver des officiers westphaliens chargés d'y faire le logement du roi Jérôme, de sa cour et de son corps d'armée. Déjà les autorités prussiennes ne savaient où donner de la tête pour trouver logements et subsistances, quand on apprit l'approche du 4e corps (Armée d'Italie) qui talonnait les Bavarois.... Le désarroi toucha à son paroxysme, lorsque survint un officier prussien annonçant le passage de troupes de cette nation qui se rendaient de Berlin à Breslau, en exécution des dispositions du récent traité conclu entre la France et la Prusse,

---

(1) *Mémoires de Gouvion Saint-Cyr*, t. III, p. 26.

— et lorsqu'un aide de camp du maréchal Ney arriva à son tour avec la mission d'étendre jusqu'à Glogau et à ses environs la zone des cantonnements du 3ᵉ corps...

Tout cet encombrement, que le Major général aurait dû éviter, prit fin grâce aux mesures de Davout qui invita certains corps à ralentir leur marche et imposa à certains autres des marches forcées; « il n'en résulta, — ajoute Saint-Cyr — qu'un excès de fatigues qui aurait pu être évité aux troupes, et de la gêne pour les habitants; l'imprévoyance du Major général ne fut pas même aperçue au delà du rayon de l'armée ».

GRANDE ARMÉE
—
1ᵉʳ CORPS

Le Général Romeuf à M. le Chef d'état-major du Corps de troupes bavaroises commandé en chef par M. le Général Gouvion Saint-Cyr.

Stettin, le 2 avril 1812.

Monsieur le Chef d'état-major,

J'ai l'honneur de vous adresser, ci-joint, extrait d'une lettre que le préfet de Posen m'a écrite relativement à l'arrivée le même jour du Corps de troupes bavaroises commandé par M. le général Gouvion Saint-Cyr et de celui des troupes saxonnes sous les ordres de M. le général Regnier, dans les gîtes de *Franstadt* et de *Schmigel*.

M. le Maréchal prince d'Eckmühl a désiré que je vous communiquasse cette lettre, pour que vous la mettiez sous les yeux de M. le général Saint-Cyr; Son Excellence pense en son particulier qu'il n'y aurait aucun inconvénient à ce que M. le général Gouvion Saint-Cyr retardât de deux jours la marche de ses troupes, parce que malgré ce retard elles arriveraient encore à Posen en même temps que les troupes du 1ᵉʳ corps sur la Vistule.

Recevez les assurances de ma considération distinguée.

Le Général Chef de l'état-major général,
ROMEUF.

EXTRAIT *d'une lettre de M. le Préfet du Département de Posen à M. le Général Chef d'Etat-Major Général du 1ᵉʳ corps d'armée.*

Posen, le 31 mars 1812.

Monsieur le Général,

Je viens de recevoir dans la nuit dernière votre lettre du 28 mars, dans laquelle vous m'annoncez, Monsieur le Général, l'arrivée d'un corps de 25.000 hommes par Glogau, indépendamment de ces troupes qui entrent le 1er avril dans le département de Posen du côté de Landsberg, Friedberg et Driesen.

Il faut que j'observe à vous, Monsieur le Général, que l'entrée du dernier corps de 25.000 hommes subira des difficultés extrêmes, car d'après l'état ci-joint, les colonnes des troupes saxonnes entreront également le même jour à Franstadt, première place du duché de Varsovie ; il est naturel qu'il est impossible qu'une si grande quantité de troupes puisse être logée dans des petits endroits et que les fourrages et vivres soient de sitôt préparés, vu que les passages de troupes saxonnes absorbent tous les moyens de transport, et que par cette raison, il me manquera des moyens de rassembler des vivres et les fourrages nécessaires.

Quand le jour d'entrée du corps de 25.000 Français est déterminé pour le 5 avril, il se heurtera non seulement à Franstadt avec les colonnes saxonnes, mais encore à Schmigel, qui est sur la route de Franstadt à Posen.

Il est dans cet état des choses, de mon devoir de vous observer, Monsieur le Général, s'il ne sera d'une nécessité absolue de retarder au moins de 48 heures l'entrée du corps de 25.000 hommes, pour qu'ils puissent alors être pourvus de tout le nécessaire et principalement des moyens de transport, qui, dans des pareils passages, ne sont que trop absorbés.

Comme vous ne m'avez pas fait l'honneur, Monsieur le Général, de m'indiquer les étapes que ce corps de 25.000 hommes va tenir, je crois de mon devoir de les proposer de la manière suivante :

De Franstadt à Schmiegel 7 lieues
De Schmigel à Czempin.. 6 —
Du Czempin à Posen..... 8 —

en faisant ces journées, le corps arriverait plus tôt à sa destination dans les environs de Posen, si l'entrée de Glogau à Franstadt serait retardée de 48 heures. Je ferai tout mon possible pour faire des approvisionnements nécessaires dans ces gîtes.

Pour extrait conforme
Le Général Chef de l'état-major général.

La lettre suivante montre l'attachement que l'on gardait pour d'Albignac dans l'armée westphalienne, depuis qu'il avait exercé auprès du roi Jérôme les fonctions de Ministre de la guerre.

Mon Général,

J'ai fait demander bien des fois de vos nouvelles à Degourgne-Monboissier ; mais soit oubli ou paresse de sa part, je n'ai pu parvenir à m'en faire donner. J'aurais été bien surpris que vous laissassiez passer cette campagne sans y prendre part ; cependant toutes les personnes qui ont passé par Magdebourg n'ont pu me dire si vous aviez repris du service et je commençais à en désespérer, quand votre lettre est venue me tirer d'inquiétude. Elle m'a fait le plus grand plaisir quoique je ne puisse vous cacher que j'ai été bien peiné de voir qu'on ne vous avait pas donné le grade de général, que beaucoup de ceux qui le portent n'ont pas mérité autant que vous. Il y a tout lieu d'espérer cependant qu'on vous rendra justice puisque vous remplissez des fonctions qui le sont ordinairement par un général.

Je me réjouirai, je vous assure, mon Général, aussitôt que j'apprendrai votre nomination.

J'ai eu plusieurs fois occasion de m'entretenir de vous avec des militaires westphaliens; j'ai vu avec plaisir qu'ils vous rendaient justice, qu'ils vous regrettent et désirent que vous veniez reprendre le portefeuille. Ils prétendent ne devoir le lustre qu'ils ont qu'à votre Ministère.

Je me rappelle toujours avec reconnaissance, mon Général, des bontés que vous avez eues pour moi et j'aurais bien désiré pouvoir aller faire la guerre sous vos ordres; mais il paraît que j'irai au 1ᵉʳ corps. Le Prince d'Eckmühl a eu la bonté de demander pour moi le grade de chef de bataillon pour l'un des régiments de son corps. J'attends tous les jours le résultat de cette demande.

J'espère, mon Général, que vous ne laisserez plus aussi longtemps notre Général sans lui donner de vos nouvelles. Nous désirons tous connaître votre destinée.

Je vous prie d'agréer, mon Général, l'assurance de mes sentiments respectueux et de mon sincère attachement.

Votre dévoué serviteur,

D'AUVILLER

Magdebourg, le 10 avril 1812.

Le 6ᵉ corps se remit ensuite en marche les 5 et 6 avril et se porta sur Posen où ses colonnes commencèrent à arriver le 10 avril. Il s'établit au delà de cette ville, la tête à Gnesen, la queue à Posen; la 19ᵉ division à droite de la route de Thorn avec son quartier général à Czerniejewo, et la 20ᵉ division à gauche de cette route, dans les villages évacués par le 1ᵉʳ corps, son quartier général à Owinsko. C'est dans cette position qu'il attendit l'ordre de marcher sur la Vistule et qu'il fut rejoint par le complément de ses voitures d'artillerie et d'équipages : celles-ci, au moment où le 6ᵉ corps partit de Bavière, n'ayant pas reçu encore leur complet de chevaux, étaient demeurées en arrière : tous ces équipages arrivèrent dans les cantonnements en avant de Posen en assez mauvais état ; l'oubli de prévoir les sommes nécessaires à la ferrure des chevaux en cours de route avait amené la ruine d'un grand nombre de ces derniers.

L'Empereur a fixé le dépôt du 6e corps sur l'Oder à Glogau et ordonné « que tout ce qui se dirige sur ce corps passera à Glogau » ; sur la Vistule, c'est Thorn qui doit être la place de dépôt commune au 4e et au 6e corps (1).

Les recommandations les plus expresses ont été adressées aux différents états-majors sur la façon de faire vivre les troupes dans les pays alliés ; de leur côté, les fonctionnaires du grand duché de Varsovie ont aussi pris leurs précautions pour que les troupes de passage touchent les distributions réglementaires, sans léser les populations qu'ils administrent.

(En allemand dans l'original.)

COMMUNICATION

Le Préfet du Département de Posen.

Des malentendus pouvant se produire entre les soldats et les habitants au cours du passage des troupes alliées dans notre département, soit que les premiers exigent de ces derniers plus qu'il n'est prescrit, soit que les habitants, par ignorance des prescriptions, donnent aux soldats moins qu'il ne leur revient, le Préfet a décidé de porter ce qui suit à la connaissance de tous, afin de prévenir toute discorde.

Conformément aux ordres de Sa Majesté l'Empereur des Français, Roi d'Italie, etc..., les troupes françaises aussi bien que les troupes alliées doivent tirer leurs vivres et les fourrages des magasins du pays, pendant leur passage, et dans les proportions indiquées ci-après :

Spécification :

Les militaires devant recevoir complètement des magasins, d'après ce tarif, les vivres et les fourrages de toute nature, les habitants ne doivent aux soldats que le logement, suivant leur rang, le feu et la

---

(1) *L'Empereur au Major général*, Saint-Cloud, le 10 avril 1812.

lumière, et la facilité de faire cuire leurs rations. C'est là tout ce que, en droit, le soldat peut exiger; faire davantage pour lui dépend simplement de la bonne disposition du propriétaire; à ce point de vue, le Préfet se sent porté de demander d'autant plus que le soldat a besoin qu'on lui allège ses fatigues.

Au surplus, le Préfet engage instamment les habitants à être attentifs à ce que les rations livrées aux soldats par les employés des magasins ne soient pas amoindries par escroquerie, afin de ne pas donner aux soldats l'occasion de réclamer ce qui leur manquerait.

Les propriétaires de biens que les troupes traversent peuvent s'adresser aux magasins avec les bons reçus des militaires et obtenir des vivres et des fourrages d'après le susdit tarif; de cette manière, ils se protègeront contre toute perte de ce qui leur appartient.

Posen, le 12 avril 1812.

Le Commissaire Rubmer à M. le Général Saint-Cyr, commandant en chef les troupes bavaroises.

GRANDE ARMÉE

SUBSISTANCES

N° 27

Posen, le 14 avril 1812.

Mon Général,

J'ai l'honneur de vous envoyer copie de la lettre de M. l'Intendant général relative à la manière dont les troupes doivent vivre dans les pays alliés; elle n'est pas très positive pour le grand duché de Varsovie et j'en ai demandé l'explication à M. l'Intendant général.

J'ai l'honneur de vous saluer, mon Général, avec le plus profond respect.

Le Commissaire ordonnateur,
RUBMER.

Berlin, le 3 avril 1812.

S. A. le Prince Major général m'a transmis, Monsieur, un ordre de l'Empereur sur la manière dont doivent vivre, à l'armée, MM. les généraux et officiers.

Il résulte de cet ordre que MM. les officiers généraux et les colonels doivent vivre avec leurs appointements et leur traitement extraordinaire, et que MM. les chefs de bataillon, capitaines, lieutenants et sous-lieutenants peuvent avoir place à la table de leurs hôtes, dans le pays où cela est d'usage en Allemagne, sans pouvoir exiger que leurs domestiques soient nourris.

Sa Majesté défend expressément qu'aucun officier, sous prétexte qu'il a droit à la table de son hôte, en exige la moindre indemnité s'il ne lui convenait pas de profiter de cet usage.

L'Empereur ordonne que les troupes se conduisent dans les pays amis et alliés de la même manière que lorsqu'elles voyagent en France, ne devant rien exiger au delà de ce que la loi leur accorde.

Veuillez bien, Monsieur, donner connaissance de ces dispositions à MM. les commissaires des guerres employés sous vos ordres, ainsi qu'à MM. les Chefs des divers services administratifs et veiller à leur exécution.

Le Général de division, Conseiller d'Etat, Intendant génèra',
Comte DUMAS.

Pour copie conforme :
Le Comimssaire ordonnateur,
RUBMER.

RÉSUMÉ DE LA SITUATION DU 6ᵉ CORPS VERS LE MILIEU D'AVRIL.

19ᵉ DIVISION, commandée par le général Deroy : quartier général à Czerniejewo.

Infanterie : officiers, 293; soldats, 10.429.

Artillerie et train : officiers 19; sous-officiers et soldats, 663; chevaux de trait et d'officiers, 305.

(On doit observer que les chevaux du train d'artillerie arrivent successivement tous les jours par détachements et qu'il en rentrera encore 434 et même plus — L'état de quinzaine n'étant pas encore parvenu, on ne peut donner un état certain).

Cavalerie : deux régiments : officiers 46, sous-officiers et chevau-légers 1.011, chevaux de troupe et d'officiers; 1.138.

20ᵉ DIVISION, commandée par le général Wrède : quartier général à Owinsko.

Infanterie : officiers, 308; sous-officiers et soldats, 11.015.

Artillerie et train ; officiers, 27; sous-officiers et soldats 1.038; chevaux d'officiers, train et troupe, 823.

Cavalerie : officiers, 40; sous-officiers et soldats, 979; chevaux de troupe et d'officiers, 1.070.

EXTRAIT *de la situation de la 20ᵉ Division à l'époque du 15 avril 1812.*

Quartier général à Owinsko. État-Major : Le lieutenant de chevau-légers baron Esbeck commande le piquet du quartier général composé de 53 chevau-légers (1 officier, 53 hommes, 3 chevaux d'officiers et 53 chevaux de troupe).

CHAPITRE II

EFFECTIFS

		PRÉSENTS	DÉTA-CHÉS	AUX HO-PITAUX
1re Brigade. Q. G. à Rogowo.	Officiers	100		3
— — —	Hommes	3.729	4	139
2e Brigade. Q. G. à Grylewo.	Officiers	100		2
— — —	Hommes	3.763		142
3e Brigade. Q. G. à Posen.	Officiers	99		4
— — —	Hommes	3.794		110
Brigade de cav. Q. G. à Zierniki..	Officiers	39	1	
— — —	Hommes	938	29	12
Chevaux d'officiers.		103	2	
Chevaux de troupe...		938	39	
Total, infanterie et cavalerie.	Officiers	339		
— —	Troupe.	12.277		
Artillerie et Train.	Officiers	27		
— —	Troupe.	1.013	10	15
Chevaux d'officiers.		19		
Chevaux de troupe...		75		
Chevaux de trait.....		612	17	

Outre les combattants, il se trouve encore dans la division 5 auditeurs, 6 chirurgiens-majors, 17 aides-chirurgiens, 20 sous-aides, 10 quartiers-maîtres, 98 fourriers, 137 musiciens, 18 maréchaux-ferrants et selliers, 7 armuriers, 12 prévôts et 10 écrivains. Comme il n'y a pas de colonne pour les chevaux malades, ils se trouvent dans la colonne des détachés. Parmi les combattants de l'artillerie, il se trouve 7 fourriers, 7 maréchaux-ferrants et 6 selliers.

Depuis le 1er avril, la division a perdu 7 déserteurs, 6 hommes renvoyés au dépôt, 1 homme mort et 3 chevaux crevés (au 5e chevau-légers).

EXTRAIT *de la situation de la 19e Division à l'époque du 15 avril 1812.*

Quartier général à Czerniejewo. État-Major : 12 officiers, 28 hommes, 40 chevaux d'officiers, 22 chevaux de troupe, 12 chevaux de trait. Plusieurs chevaux manquent aux officiers.

Services : Commissaire ordonnateur, commissaire des guerres,

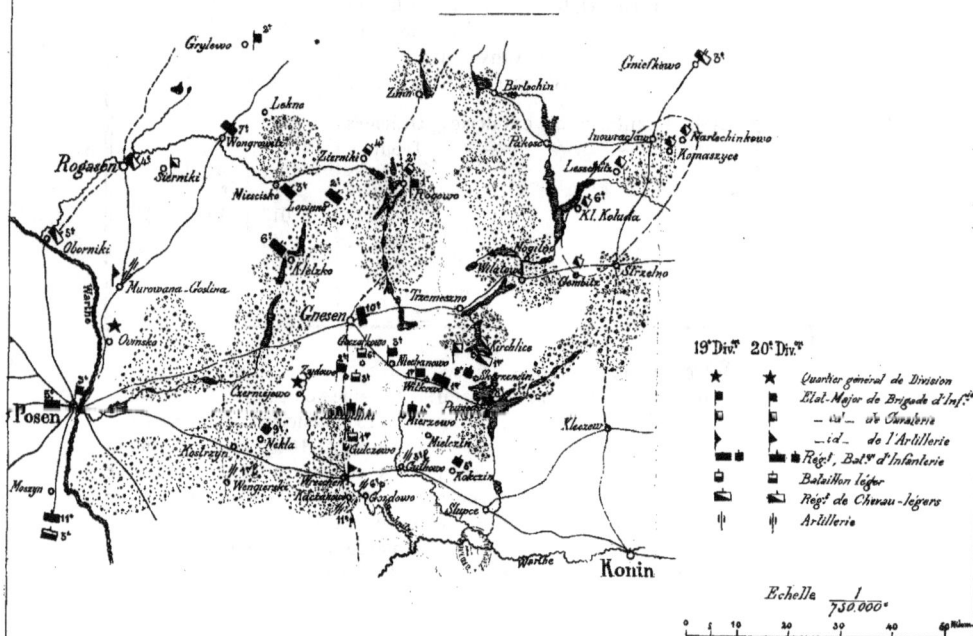

employés divers : 13 officiers, 22 hommes, 20 chevaux d'officiers, 43 chevaux de trait.
Total du quartier général : 25 officiers, 50 hommes, 60 chevaux d'officiers, 22 de troupe, 55 de trait.

EFFECTIFS

	PRÉSENTS	DÉTACHÉS	AUX HOPITAUX
1re Brigade. Q. G. à Witkowo. Officiers.	108		4
— — Hommes.	3.890	16	122
2e Brigade. Q. G. à Zydowo.. Officiers.	110	1	
— — Hommes.	3.886	14	92
3e Brigade. Q. G. à Niekanowo. Officiers.	61	4	3
— — Hommes.	2.334	21	33
Total pour l'infanterie : Officiers.......	279		
— — Hommes	10.110		
Brigade de Cav. : Q. G. à Slupce. Officiers.	44	2	
Hommes.	963	38	9
Chevaux d'officiers.........	123	6	
Chevaux de troupe.........	970	39	
Artillerie. Officiers................	14	2	
— Hommes................	307	64	13

Les hommes détachés dans les brigades d'infanteries, le sont auprès du Commissaire des guerres, au train, à l'hôpital de Dresde comme gardes-malades; dans la brigade de cavalerie, ils sont à Bautzen et Haynau aux dépôts de chevaux malades.
La division a reçu de Bavière, depuis le 1er avril, 484 hommes et 316 chevaux (dont 123 hommes et 231 chevaux du train).

Saint-Cyr rend compte le 15 avril au Major général de l'emplacement du 6e corps et signale en même temps que ses troupes souffrent d'une grande pénurie de moyens de transport, leurs équipages les rejoignant en mauvais état et les voitures à vivres demandées au gouvernement bavarois n'arrivant pas :

Le Comte Gouvion Saint-Cyr, Commandant le 6e corps, au Major Général, à Paris.

Posen, le 15 avril 1812.

Monseigneur, le 6e corps a pris la position que Votre Altesse a désignée. Il est placé, la tête à Gnesen, la queue à Posen, la 19e division à droite de la route de Thorn et la 20e à gauche. La dislocation des cantonnements a été faite de concert avec le Préfet de Posen, pour lui faciliter le moyen de faire vivre les différentes espèces de troupes, selon les ressources du pays ou des magasins. L'état de situation que l'on fait en ce moment et qui parviendra à Votre Altesse le plus tôt possible lui fera connaître la répartition exacte des cantonnements que le 6e corps occupe. Son Altesse y verra que plusieurs portions de voitures d'artillerie, qui n'étaient point parties faute de chevaux au moment du départ de la Bavière, ont rejoint maintenant et que, pour peu que l'on s'arrête, nous espérons recevoir aussi les chevaux qui doivent mener les caissons d'équipages des officiers, d'ambulance, des régiments, etc. Un convoi de 172 chevaux, destiné pour cet objet, est à quelques marches de Posen, mais comme on a précipité sa marche, les chevaux arriveront en mauvais état; on m'assure qu'ils ont beaucoup souffert en route, faute d'argent pour le ferrage. Nous n'avons point encore de nouvelles des charrettes que Votre Altesse a demandées au gouvernement bavarois pour transporter les vivres à la suite des corps. J'ai remis à la disposition de M. le général Dommanget les deux régiments de chevau-légers qui doivent faire partie de sa brigade.

Je suis déjà prévenu par M. le duc d'Auerstaedt que le 6e corps se portera sur Plock où l'on va former des magasins; aussitôt que l'ordre sera arrivé, nous nous mettrons en mesure de l'exécuter.

Comte Gouvion Saint-Cyr.

En marge de ce compte rendu, on lit l'annotation suivante :

« Fait rapport à l'Empereur le 30 avril » (1).

Extrait *de la minute de la situation des troupes du 6e corps à l'époque du 15 avril 1812.*

	PRÉSENTS	DÉTACHÉS	AUX HOPITAUX	EN JUGEMENT
Infanterie : Officiers.	538	5	16	
(28 bataillons). Troupe..	21.396	56	658	2
Cavalerie : Officiers.	83	3		
(16 escadrons). Troupe..	1.901	67	21	
Chevaux d'officiers.....	226	8		
Chevaux de trait.......	1.908	78		

(1) Communication de M. le colonel Margueron.

	PRÉSENTS		DÉTACHÉS		AUX HOPITAUX	
	ART.	TRAIN	ART.	TRAIN	ART.	TRAIN
Artillerie (Officiers....	34	11	2			
et Train (Troupe.....	779	818	64	26	21	10
Chevaux d'officiers.....	19	14				
Chevaux de troupe......	74	76				
Chevaux de trait.......	356	698				

Pièces d'artillerie :   8 pièces de 12
                       30 pièces de 6
                       20 obusiers.
Munitions : Cartouches à boulet de 12 .... 1.184
        —   —   de 6................ 5.060
        —   à balles de 12................ 312
        —   —   de 6................ 1.480
    Boîtes à balles   de 12... 68
        —   — d'obusiers............... 632
    Obus chargés.......................... 3 052
    Cartouches d'infanterie................. 1.285.200
        —   de cavalerie (pour carabines)... 48.384
        —   —   (pour pistolets).... 96.768
    Pierres pour fusils...................... 180.000
        —   pour pistolets.......... .... 16.000

Note sur les chevaux d'artillerie de la 1re division (général Deroy).

L'effectif réel des chevaux au rapport du 1er avril n'aurait dû être que de 290 : le surplus de 434 chevaux était idéal et était composé de chevaux absents et qui devaient rejoindre au premier jour. Ils n'auraient pas dû être comptés. On a été induit en cette erreur par les rapports de l'artillerie. Elle est partie de Bavière à la hâte, sans savoir ce qui partait et ce qui devait suivre. Dans ce moment-ci même, la séparation des chevaux de troupe, de trait, de réserve, n'a pu être faite. Le commandant général de l'artillerie l'ignore lui-même, et les rapports des différentes divisions ne se ressemblent ni par le mode, ni par les résultats.

Cette question des chevaux de selle et de trait de l'artillerie ne fut définitivement réglée qu'après la revue passée dans les deux divisions par le colonel de Colonge commandant l'artillerie du 6e corps : les résultats de cette revue sont mentionnés dans les trois pièces qui suivent et dont la dernière donne la très curieuse répartition des voitures, chevaux et soldats du train qui ne comptent ni aux batteries, ni au parc d'artillerie du 6e corps :

ÉTAT DES CHEVAUX DE SELLE ET DE TR.

	EFFECTIF PRÉSENT			TOT
	Chevaux de selle d'officiers d'artillerie et du train.	Chevaux de selle des sous-officiers d'artillerie et du train.	Chevaux de trait.	Total des chevaux
A l'état-major consistant en 1 lieutenant-colonel, 1 major, 1 adjudant-major, 1 quartier-maître, 1 chirurgien.	9	»	10	1
A la batterie légère de Vandouwe..............	11	16	100	12
A la batterie légère de Halter.................	9	16	101	12
A la batterie de 12 de Roys...................	5	2	108	11
A la batterie de 6 de Brak	5	1	68	7
Au parc. — 2 pièces de 6, 2 obusiers, 9 caissons, 1 forge de campagne. 1 voiture à charbon, 1 voiture de menus achats. En tout, 16 voitures de la batterie de Danzig.	»	»	64	6
Aux caissons, et autres voitures du parc	2	5	237	24
Total.......	41	40	688	769

OBS)

Il ne se trouve que 59 chevaux de selle sur l'état de revue que j'ai passé hi aux officiers pendant la guerre, il convient d'ajouter ici ceux qu'ils possèdent sents fournis par le roi, forment la somme totale de 81 chevaux de selle présents de l'armée; en tout 84.

L'ARTILLERIE DE LA 19ᵉ DIVISION

	ABSENTS		TOTAL	OBSERVATIONS
de l'armée.	Chevaux de trait détachés dans l'arrondissement de l'armée.	Chevaux malades hors l'arrondissement de l'armée.	Total de l'effectif.	
»	»	»	19	
1	6	»	134	6 chevaux de trait attelés au fourgon du général en chef, 1 cheval de selle monté par l'ordonnance du commandant général de l'artillerie.
»	»	4	130	4 chevaux de trait restés malades à Bautzen.
»	»	»	115	
1	»	2	77	1 cheval de selle monté par le vaguemestre du quartier général, 2 chevaux de trait restés malades à Bautzen.
»	»	2	66	2 chevaux de trait restés malades à Bautzen.
1	68	9	322	
3	74	17	863	1 cheval de selle monté par l'adjudant du commandant de l'artillerie, 60 chevaux de trait attelés à 13 caissons d'infanterie et 2 de cavalerie lesquels ont été donnés aux régiments, 4 chevaux de trait attelés à une voiture d'outils à pionniers sont au quartier général de M. le général Deroy, 4 chevaux de trait attelés à la voiture du commandant de l'artillerie du 6ᵉ corps et 9 chevaux de trait restés malades à Bautzen.

TIONS
is n'ayant passé en revue que les chevaux de selle que le roi de Bavière fournit
pre et dont le nombre s'élève à 22, lesquels étant ajoutés aux 59 chevaux pré-
tillerie de la 19ᵉ division et de 3 chevaux de selle détachés dans l'arrondissement

Posen, le 22 avril 1812,
Le Colonel commandant l'artillerie du 6ᵉ corps
ESPIARD DE COLONGE.

CHAPITRE II

ÉTAT

des voitures, chevaux, et soldats du train qui n'appartiennent ni aux batteries, ni au parc d'artillerie du 6ᵉ corps, et qui par conséquent devraient être portés dans les états de situation des différentes branches du corps d'armée auxquelles ils sont attachés.

		VOITURES		Chevaux	Soldats du train
Chez MM. les généraux de division et de brigade	fourgons	14 à 4 chevaux		56	28
	chapelles	8 à 2	—	16	8
	Total...	22 voitures		72	36
Aux commissariats des deux divisions	caisses militaires	2 à 4 chevaux		8	4
	fourgons	4 à 4	—	16	8
	voitures à bottes et souliers	40 à 2	—	80	40
	Total...	46 voitures		104	52
Aux 30 bataillons d'infanterie	voitures d'équipage	30 à 4 chevaux		120	60
	voitures d'ambulance	30 à 2	—	60	30
	Total...	60 voitures		180	90
Aux 6 régiments de cavalerie	forges de campagne	6 à 4 chevaux		24	12
	voitures à charbon	6 à 4	—	24	12
	voitures d'équipage	6 à 4	—	24	12
	voitures d'ambulance	6 à 2	—	12	6
	Total...	24 voitures		84	42
A l'ambulance du corps d'armée	voitures d'ambulance	6 à 4 chevaux		24	12
	fourgons	10 à 4	—	40	20
	Total...	16 voitures		64	32
Au dépôt des chevaux malades	forges de campagne	2 à 4 chevaux		8	4
	voitures à charbon	2 à 4	—	8	4
	fourgons	6 à 4	—	24	12
	Total...	10 voitures		40	20

RÉCAPITULATION

	VOITURES	Chevaux	Soldats du train
Chez MM. les généraux du 6ᵉ corps.	22	72	36
Aux commissariats	46	104	52
Aux 30 bataillons d'infanterie	60	180	90
Aux 6 régiments de cavalerie	24	84	42
A l'ambulance	16	64	32
Au dépôt des chevaux malades	10	40	20
Total général...	178	544	272

GRANDE ARMÉE

6ᵉ CORPS

PLACE DE POSEN

État de mouvement des différents détachements, militaires isolés et reconvalescents, qui depuis le 22 ont passé par ici.

	INFANTERIE		CAVALERIE		ARTILLERIE			TRAIN			TOTALITÉ		
	Officiers	Sous-Officiers et Soldats	Officiers	Sous-Officiers et Soldats	Chevaux	Officiers	Sous-Officiers et Soldats	Chevaux	Officiers	Sous-Officiers et Soldats	Chevaux	Officiers	Sous-Officiers et Soldats	Chevaux
Arrivée :	4	115	»	4	2	»	5	16	1	13	26	5	137	44
Départ :	2	31	»	2	1	»	(1)		1	13	26	3	96	27
Déduction faite, il est resté ici												2	41	17

(1) Poste de l'armée.

Posen, ce 23 avril 1812.

FORESTI,
Commissaire des Guerres
attaché au Quartier général
du 6ᵉ Corps d'Armée.

Sur la situation-rapport du 15 avril, le général Gouvion Saint-Cyr avait rendu compte dans les termes suivants de l'état sanitaire des troupes bavaroises :

Posen, 16 avril 1812.

« Les maladies deviennent plus fréquentes; les malades sortis
« trop tôt des hôpitaux de Glogau rentrent successivement en partie
« dans ceux de Posen. Ils ont été renvoyés de Glogau par les autorités
« supérieures apparemment pour faire place aux troupes de l'armée
« d'Italie ».

Le séjour du 6ᵉ corps dans ses cantonnements en avant de Posen ne lui profita guère, d'après ce que nous en dit Gouvion Saint-Cyr : la paille de couchage manquait totalement, les magasins n'étaient pas suffisamment approvisionnés à ce moment, — enfin, les pauvres paysans de la Pologne qui logeaient les Bavarois ne pouvaient pas fournir à leurs hôtes les moyens de subsistance qui leur manquaient à eux-mêmes, pour suppléer à l'exiguïté des rations réglementaires souvent en retard à l'heure du besoin. De plus, les Polo-

Le maréchal Davout
Commandant le 1ᵉʳ corps de la Grande Armée en 1812.
(d'après une estampe de l'époque).

nais détestaient les Allemands « à un point dont on ne peut se faire d'idée »; aussi y eut-il des rixes, des plaintes; mais ces petits désordres furent bientôt apaisés « par l'excellente discipline qui régnait dans les troupes bavaroises et qu'y maintenaient leurs officiers. »

Le 6ᵉ corps, d'ailleurs, ne demeura pas longtemps dans le pays de Posen : en exécution des indications données dès le 15 avril par l'Empereur au Major général, le maréchal Davout devait, « s'il n'y avait rien de nouveau, » donner ordre au général Saint-Cyr de se porter sur Plock avec le Corps bavarois en opérant son mouvement du 20 au 26 ; arrivé à Plock, Saint-Cyr cantonnerait ses troupes à un ou deux jours de cette ville, où il établirait un pont de bateaux sur la Vistule et ferait réunir ses magasins (1).

Le manque de fourrage obligeant à diminuer les rations des chevaux et à supprimer la paille de couchage des soldats, les habitants furent tenus de fournir de la paille aux troupes de passage ainsi qu'aux chevaux cantonnés.

GRANDE ARMÉE

FOURRAGES

Arrondissement de Posen.

Nous, Général de division, commandant les pays situés entre l'Oder et la Vistule,

Vu le rapport que nous a fait M. le Préfet,

Considérant que la paille est extrêmement rare dans le département de Posen et districts environnants, qu'il importe essentiellement de ménager le peu qu'il en reste dans les magasins et qu'il devient à cet effet indispensable de réduire la ration dans cet arrondissement, arrêtons :

ARTICLE 1er.

Il ne sera point délivré de paille aux troupes de passage ; elle leur sera fournie par l'habitant.

ARTICLE 2.

Il n'en sera point également délivré pour les chevaux stationnés ou cantonnés dans les villages et autres endroits où il n'y a pas de magasin établi ; les habitants seront tenus de la fournir.

ARTICLE 3.

Les rations de paille qui seront distribuées dans les magasins sont réduites à 5 l. poids de marc l'une.

ARTICLE 4.

La paille que les habitants sont tenus de fournir aux chevaux de passage et à ceux cantonnés sera à raison de 8 livres par chaque cheval.

Le présent arrêté aura son exécution à compter du 27 avril ; il sera, à la diligence de M. le Préfet, envoyé dans tous les gîtes d'étape,

---

(1) *L'Empereur au Major général*, Saint-Cloud, 15 avril 1812.

et connaissance en sera donnée à tous les habitants, afin qu'ils aient à s'y conformer.

Le Commissaire ordonnateur de l'arrondissement en surveillera l'exécution en ce qui le concerne.

Il sera communiqué à MM. les Maréchaux et les Généraux commandant en chef les troupes, lors de leur entrée dans l'arrondissement, et ils sont priés de vouloir bien donner les ordres nécessaires pour l'adoption de cette mesure commandée par la nécessité et la pénurie bien constatée.

Fait à Posen, le 25 avril 1812.
Le Général de division commandant les pays entre l'Oder et la Vistule.
DESSOLLE.

Berthier avait soumis à l'Empereur des projets d'ordres de mouvement : celui-ci les lui renvoya le 18 avril, en lui écrivant :

« Vous pouvez expédier cette nuit, puisqu'il n'y a pas de temps à perdre : j'y ai fait quelques diverses corrections... »

Dès le lendemain, le Major général rendait compte de l'exécution des mesures prescrites :

Rapport du Major général à l'Empereur.

Paris, 19 avril 1812.

Sire, j'ai l'honneur de rendre compte à Votre Majesté que je viens d'expédier les ordres que j'avais soumis à son approbation, savoir :

. . . .

5° Au général Gouvion Saint-Cyr, commandant le 6ᵉ corps (bavarois), de partir du 24 au 26 avril de Posen, avec son corps d'armée, pour se rendre à Plock ; il pourra y arriver du 3 au 5 mai ; de s'occuper à son arrivée de faire établir un pont sur la Vistule et d'y établir des magasins ; de cantonner son corps d'armée à une journée sur la droite de la Vistule sans que sa cavalerie puisse aller à plus d'une demi-journée (1) et de ne faire aucune patrouille qui puisse inquiéter les Russes ; de tirer des vivres de la Grande Pologne ; d'envoyer son itinéraire au Prince d'Eckmühl. Je l'ai prévenu qu'il aura à sa droite le Roi de Westphalie dont la gauche est appuyée à Modlin ; qu'il aura à sa gauche le corps du Prince d'Eckmühl dont il doit prendre les ordres en cas d'événements inattendus ; que les corps des ducs de Reggio et d'Elchingen arriveront dans les quinze premiers jours de mai à Marienwerder et Thorn et que le 4ᵉ corps va partir de Glogau pour se porter tout entier sur Plock.. . . . .

---

(1) Le 30 avril, l'Empereur signala au Major général des erreurs sur son livre d'ordres ; il déclara notamment que ce n'était pas « à plus d'une demi-journée », mais à « trois journées de la Vistule » qu'il avait dit.

La situation des deux divisions bavaroises était la suivante au moment de leur départ pour Plock :

EXTRAIT *de la situation de la 20ᵉ Division
à l'époque du 25 avril 1812.*

QUARTIER GÉNÉRAL : OWINSKO		PRÉSENTS	DÉTA-CHÉS	AUX HÔPI-TAUX
1ʳᵉ Brigade. Q. G. à Rogowo.	Officiers.	102		1
	Troupe..	3.729	5	120
2ᵉ Brigade. Q.G. à Strebrnagora.	Officiers.	100		
	Troupe..	3.780		124
3ᵉ Brigade. Q. G. à Posen.	Officiers.	101		
	Troupe..	3.815		90
Brigade de Cav. Q. G. à Zierniki.	Officiers	39	1	
	Troupe.	938	29	10
	Chevaux d'officiers..	98	3	
	Chevaux de troupe...	939	38	

		PRÉSENTS		DÉTACHÉS		AUX HOPITAUX	
ARTILLERIE. Q. G. : LANG-GOSLIN		ART.	TRIN	ART.	TRAIN	RT.	TRAIN
	Officiers..	19	7	1			
	Troupe...	406	490	62	10	7	8
	Chevaux d'officiers..	42	8				
	Chevaux de troupe ..		33	2			
	Chevaux de trait.....		758		27		

Non-combattants dans la division : 9 chirurgiens-majors, 38 aides- et sous-aides, 10 quartiers-maîtres, 98 fourriers, 134 musiciens, 13 prévôts, 8 armuriers, 18 maréchaux-ferrants, 8 selliers.

A l'artillerie : 1 quartier-maître, 2 aides-chirurgiens, 1 maréchal-expert, 1 tambour-major, 5 fourriers ne sont pas compris dans les combattants.

Au train : 3 fourriers, 6 selliers, 5 maréchaux. Les 62 chevaux de troupe de l'artillerie portés " détachés " sont à la réserve à Lang-Goslin.

Augmentation : 4 hommes arrivés de Bavière, 56 chevaux du train arrivés de Bavière.

CHAPITRE II

Diminution : 7 déserteurs, 1 homme mort, 68 hommes renvoyés au dépôt (dont 55 du train).

Total de la Division : Officiers.......... 368
Troupe........... 13.158
Chevaux d'officiers 430
Chevaux de troupe 1.014
Chevaux de trait... 788

EXTRAIT *de la situation de la 19ᵉ Division à l'époque du 26 avril 1812.*

QUARTIER GÉNÉRAL : CZERNIEJEWO		PRÉSENTS	DÉTA-CHÉS	AUX HOPI-TAUX
1ʳᵉ Brigade. Q. G. à Witkowo.	Officiers.	109		4
— —	Troupe..	3.874	15	122
2ᵉ Brigade. Q. G. à Zydowo.	Officiers.	110		1
— —	Troupe..	3.876	11	92
3ᵉ Brigade. Q. G. à Niechanowo.	Officiers.	62	4	3
— —	Troupe..	2.294	16	77
Total.	Officiers.	281		
—	Troupe..	10.044		
Brigade de Cavalerie :	Officiers.	45	1	
— —	Troupe..	979	27	7
	Chevaux d'officiers.	133	2	
	Chevaux de troupe.	981	28	

Cantonnements: 3ₑ chevau-légers, Trzemeszno, Wilatowo, Mogilno, Kwieciszewo..

6ᵉ chevau-légers, Koschuty, Pjotrowice, Mlodojewo, Zénin, Graboszewo.

		PRÉSENTS		DÉTACHÉS		AUX HOPITAUX	
		ART.	TRAIN	ART.	TRAIN	ART.	TRAIN
Artillerie.	Officiers	14	5	2			
—	Troupe	304	406	64	56	10	3
—	Chevaux d'officiers..	23	7	2	4		
—	Chevaux de troupe .		38		4		
—	Chevaux de trait ...		665		99		

De Munich à Vilna Pl. 3

EMPLACEMENTS DES DEUX DIVISIONS DU 6ᵉ CORPS DE LA GRANDE ARMÉE

d'après les situations établies à l'époque du { 26 Avril 1812 pour la 19ᵉ Division / 25 Avril 1812 pour la 20ᵉ Division

19ᵉ Div.ⁿ	20ᵉ Div.ⁿ	
★	★	Quartier Général de Division
		Etat-Major de Brigade d'Inf.ᵉ
		— id — de Cavalerie
		— id — de l'Artillerie
		Rég.ᵗ, Bat.ⁿ d'Infanterie
		Bataillon léger
		Rég.ᵗ de Chevau-légers
		Artillerie
○	○	Train
⊙	⊙	Parc d'Artillerie

Echelle $\frac{1}{750.000^e}$

Augmentation : un caisson de wurst de réserve arrivé de Munich ; 176 hommes et 321 chevaux arrivés de Bavière depuis le 15 avril.

Diminution : 31 hommes renvoyés en arrière, au parc ; déserteurs, 5 ; morts, 3 ; chevaux renvoyés au parc, 49 ; chevaux crevés, 3.

Total des présents de la division :

Officiers..............	345
Troupe................	11.733
Chevaux d'officiers...	290
Chevaux de troupe....	1.019
Chevaux de trait......	665

La région de la Vistule menaçait d'être plus pauvre encore que celle de la Wartha : une situation du 6ᵉ corps, en date du 30 avril, signale en effet que « les magasins de Plock sont sans approvisionnements, et qu'il n'y a ni un boisseau d'avoine, ni une botte de foin à donner aux chevaux... »

La question d'alimentation, pour les hommes comme pour les chevaux, va donc être la préoccupation constante du commandement pendant la période qui va suivre ; nous verrons avec quelles difficultés de toutes natures elle fut traitée, et comment les troupes arrivèrent à ne pas mourir de faim.

Mais, si les troupes vivaient mal, les bureaux du Ministère continuaient à fonctionner d'une manière impeccable, et le colonel d'Albignac recevait la lettre suivante :

MINISTÈRE DE LA GUERRE

3ᵉ DIVISION

BUREAU DU
MOUVEMENT DES TROUPES

Nota. — Les réponses doivent indiquer le bureau d'où les lettres sont parties, et être directement adressées à S. E. le Ministre de la Guerre.

Paris, le 29 avril 1812.

Le Chef de la 3ᵉ division du Ministère de la Guerre à M. le Chef de l'État-Major général du 6ᵉ Corps de la Grande Armée.

Monsieur,

Le Ministre me charge de vous adresser, ci-joint, 20 exemplaires imprimés pour vous mettre à portée de faire parvenir régulièrement à Son Excellence, les 1ᵉʳ et 15 de chaque mois, l'état exact et détaillé de la situation de toutes les troupes employées au 6ᵉ corps de la Grande Armée.

Je vous prie, Monsieur, de recevoir l'assurance de ma parfaite considération.

GÉRARD.

CHAPITRE III

LES CANTONNEMENTS SUR LA VISTULE
ET LA MARCHE VERS LE NIÉMEN

(Mai 1812)

Le 30 avril, un ordre de l'Empereur au prince Eugène, vice-roi d'Italie et chef du 4ᵉ corps, lui prescrit d'être rendu le 6 mai à Glogau, et du 6 au 12 mai à Plock. Le prince aura sous ses ordres les 4ᵉ et 6ᵉ corps d'armée et le 3ᵉ corps de la réserve de cavalerie. Il fera cantonner ses troupes sur les deux rives de la Vistule, étendra sa droite jusqu'à Modlin et poussera des postes de cavalerie jusqu'à quatre ou cinq journées de Plock.

Le 6ᵉ corps passe donc des mains de Davout à celles du prince Eugène ; rappelons ici que le 3ᵉ corps de cavalerie commandé par Grouchy comprend, dans la division de cavalerie légère du général Chastel, les 1ᵉʳ et 2ᵉ régiments de chevau-légers bavarois placés à la brigade Dommanget.

C'est donc par l'intermédiaire de l'état-major du 4ᵉ corps que les ordres de Napoléon vont désormais parvenir à Gouvion Saint-Cyr, et c'est à cet état-major que seront adressées toutes les demandes et que parviendront tous les rapports des Bavarois.

Davout (1ᵉʳ corps) est aussitôt informé par le Major général que les ducs d'Elchingen et de Reggio (3ᵉ et 2ᵉ corps) seront avant le 15 mai sur Thorn et Marienwerder, et que le 4ᵉ corps et les Bavarois atteindront Plock au même moment (1).

Itinéraire du 4ᵉ Corps de la Grande Armée pour se rendre à Kalisz.

		CAVALE-RIE LÉGÈRE	13ᵉ DIVISION	14ᵉ DIVISION	15ᵉ DIVISION	GARDE ROYALE	PARC D'AR-TILLERIE	OBSER-VATIONS
1ᵉʳ	Mai	Rawicz	»	»	»	»	»	
2	»	Kobylin	Rawicz	»	»	»	»	
3	»	Ostrowo	Kobylin	Rawicz	»	»	»	
4	»	Kalisz	Ostrowo	Kobylin	Rawicz	»	»	
5	»	»	Kalisz	Ostrowo	Kobylin	Rawicz	»	
6	»	»	»	Séjour	Séjour	Séjour	»	
7	»	»	»	Kalisz	Ostrowo	Kobylin	Rawicz	
8	»	»	»	»	Kalisz	Ostrowo	Kobylin	
9	»	»	»	»	»	Kalisz	Ostrowo	
10	»	»	»	»	»	»	Kalisz	

Route de poste de Plock à Königsberg.

De Plock à Sierps.....................	5 milles
De Sierps à Biézun.....................	2 1/2
De Biézun à Szrensk....................	2
De Szrensk à Mlawa.....................	3
De Mlawa à Niedenburg en Prusse.......	4
De Niedenburg à Hohenstein.............	4
De Hohenstein à Guttstadt..............	6
De Guttstadt à Heilsberg...............	4
De Heilsberg à Brandenburg.............	4
De Brandenburg à Königsberg...........	4
	38 1/2

Route de traverse de Plock à Königsberg.

De Plock à Racionz.....................	5 milles
De Racionz à Mlawa.....................	5
De Mlawa à Niedenburg..................	3
De Niedenburg à Allenstein.............	4
De Allenstein à Heilsberg..............	3
De Heilsberg à Deutsch-Eylau...........	3
De Deutsch-Eylau au village de Mülhausen.	2
De Mülhausen à Königsberg..............	4
	29 milles

---

(1) *Le Major général au Prince d'Eckmuhl*, Paris, 1ᵉʳ mai 1812.

Route de Plock à Grodno.

De Plock à Plonsk	7 milles
De Plonsk à Nowemiasto	2 1/2
De Nowemiasto à Nasielsk	2
De Nasielsk à Pultusk	3
De Pultusk à Rozan	4
De Rozan à Ostrolenka	4
D'Ostrolenka à Miastkowo	2 1/2
De Miastkowo à Lomza	4
De Lomza à Rudki	4
De Rudki à Tykoczyn	3
De Tykoczyn à Bialystok	3
De Bialystok à Wasilkov	3
De Wasilkov à Buksztel	3
De Buksztel à Kuznica	3
De Kuznica à Nowidwor	3
De Nowidwor à Grodno	3
	54 milles

Le 3ᵉ corps de réserve de cavalerie avait été arrêté à Glogau; il reçoit l'ordre d'en partir du 5 au 12 mai pour se rendre aussi à Plock (1). Grouchy commence son mouvement de Glogau sur Plock et suit la marche du 4ᵉ corps.

La pénurie des subsistances éprouvée par le 6ᵉ corps dans les environs de Posen devint bien autrement grande dans les pays qui bordent la Vistule.

On peut juger des inquiétudes du commmandement, au sujet de l'alimentation des troupes pendant cette période, par la lettre suivante dans laquelle d'Albignac adresse au général Deroy les recommandations les plus minutieuses, pour assurer les distributions aux hommes et surtout aux chevaux.

Minute d'une lettre de d'Albignac au général Deroy, commandant la 19ᵉ division du 6ᵉ corps.

Monsieur le Général,

Son Excellence le Général en chef s'est convaincu, en arrivant, de la misère et du dénûment absolu où se trouve la rive droite de la Vis-

---

(1) *Le Major général à l'Empereur*, Paris, 3 mai 1812.

tule; cette cruelle position a ajouté à la peine qu'elle avait déjà éprouvée en voyant votre mouvement s'accélérer au lieu de se ralentir. L'intérêt des habitants de la rive gauche est de vous jeter à la droite pour se débarrasser, mais le seul moyen d'exister et faire vivre les troupes est de ne quitter la rive gauche que lorsque l'on ne pourra pas faire autrement. Les seuls moyens que vous aurez ici seront ceux que vous porterez avec vous; il ne faut compter que sur l'industrie et l'activité que vous mettrez à rassembler quelques vivres. Le tableau que le général en chef vous a fait voir n'est rien en comparaison de la réalité. Il n'y a, sur la rive droite, ni une botte de foin, ni une ration d'avoine. Pour obvier autant que possible à ces graves inconvénients, il faut que la cavalerie de la 19ᵉ division au lieu de faire un mouvement sur la Vistule en fasse un, ou un peu plus en arrière, ou sur les flancs, pour laisser passer l'infanterie dans les lieux d'étapes, et pour avoir à la queue de la colonne, le plus longtemps possible, sur la rive gauche, tous les chevaux qui ne pourraient exister sur la rive droite où il ne reste pas même (un grain).

La division devra commencer par doubler les séjours, de la tête à la queue. Demain, le général en chef vous enverra de nouveaux ordres par l'officier de votre état-major le premier arrivé; l'officier de chevau-légers restera en cas de besoin. Vous ne trouveriez ici ni pain préparé, ni viande, enfin rien au monde.

Votre cavalerie, en se répandant un peu, se tiendra à même d'exécuter une réquisition de bétail, soit bœufs, soit moutons, au premier ordre donné et qui vous sera expédié au premier jour; des officiers intelligents doivent donc, sans effrayer le pays et même sans se laisser deviner, prendre des renseignements positifs, afin d'exécuter promptement et avec vigueur les ordres qui leur seraient envoyés pour cet objet.

Vous voudrez bien, Monsieur le Général, envoyer à Plock, sans séjour et par les étapes ordinaires, un bataillon d'infanterie légère : ce bataillon est destiné à faire la garde des magasins que l'on va former et à la police des environs.

Voudriez-vous bien aussi envoyer encore trente-et-un boulangers, pour compléter le nombre de cinquante-six, nombre nécessaire pour la manutention entière. Il est inutile, Monsieur le Général, de recommander de ne pas consommer le peu que vous avez en avance, puisque l'existence de votre division dépend de la plus stricte économie et l'activité la plus grande : il faut donc consommer ce que vous réunissez journellement. Il faut dès ce moment réduire les rations de votre cavalerie, afin qu'elle puisse exister quelques jours de plus sur la rive gauche.

Le général en chef vous prévient, Monsieur le Général, que l'armée d'Italie, dont la première colonne arrive le 6 à Kalisz, est par conséquent derrière nous; mais tant que la tête de cette armée ne se jettera pas dans vos colonnes pour vous forcer à quitter la rive gauche, il faudra s'y maintenir le plus longtemps possible et ne se rapprocher de la rive droite que très lentement et pas à pas.

Le 6ᵉ corps n'était pas pressé de passer sur la rive droite de la Vistule, où les vivres — et les fourrages surtout — étaient plus rares encore ; aussi le général de Wrède voulut-il continuer à « chatouiller » pendant quelques jours les magasins de la rive gauche :

*Le Général de Wrède au Colonel d'Albignac,
Chef d'Etat-Major du 6ᵉ Corps.*

Strzelce, le 3 mai 1812.

Monsieur le Chef d'état-major.

En vous accusant la réception de votre lettre du 1ᵉʳ, je vous suis infiniment obligé, mon cher d'Albignac, de l'intérêt que vous prenez à faire vivre mes troupes le mieux possible et je conviens très-fort que si mon passage de la Vistule ne presse pas, il vaut mieux que je chatouille encore un peu les magasins établis sur la rive gauche ; d'après les rapports que je reçois, je pourrai vivre plusieurs jours, sans attaquer mes ressources et provisions que j'ai avec moi ; j'en demande par l'occasion présente les ordres de Son Excellence M. le général en chef. En cas qu'il me l'ordonne, je m'emparerai d'un certain nombre de bœufs sur la rive gauche ; je désire recevoir ses ordres le plus tôt possible et en même temps le nombre.

Quant à mon passage même, nos idées se sont rencontrées et je compte faire passer au moins toute mon infanterie à Wroclawiek et même s'il se peut ma cavalerie et mon artillerie.

Le 7, ma 1ʳᵉ colonne sera à Wroclawiek, la 2ᵉ à Kowal, la 3ᵉ à Brzesc, la cavalerie à Mogilno et l'artillerie à Kruswice.

Je vous prie d'agréer l'assurance de ma haute considération.

Le Général,
Comte DE WRÈDE.

P. S. — Toute réflexion faite, il sera difficile que mon artillerie passe la Vistule dans des bateaux ; et dans ce cas-là, je la dirigerai par Gostinin pour passer le pont à Plock.

Les fonctionnaires du Grand Duché de Varsovie se demandaient avec terreur comment les modiques ressources des territoires polonais pourraient assurer la subsistance des innombrables colonnes dont le passage leur était annoncé... Le préfet de Plock, M. Rumbielinsky, envoya au-devant de Gouvion Saint-Cyr le conseiller de préfecture Piwenisky pour lui exposer la misérable situation du pays ; le commandant du 6ᵉ corps adressa aussitôt au Major général le rapport du préfet, en l'accompagnant de la lettre suivante :

Le Général Gouvion Saint-Cyr au Major général.

Posen, le 5 mai 1812.

J'ai l'honneur d'envoyer à Votre Altesse le rapport que j'ai reçu en route du préfet de Plock. Ce rapport m'a effrayé. Je l'ai cru exagéré, et je n'ai pas osé vous l'adresser avant d'avoir vu par moi-même. A présent, je puis assurer à Votre Altesse que s'il est exagéré, c'est en beau. Je n'ose pas lui faire au vrai la peinture horrible de la situation de ce pays, de crainte de passer à ses yeux pour un alarmiste : je ne puis cependant lui taire qu'une partie des pauvres habitants abandonne la contrée, et que ceux ci-devant riches cherchent à réaliser quelques mille thalers en vendant leurs derniers sacs de grains, et cela pour en faire autant, ne pouvant davantage soutenir leurs paysans auxquels ils n'ont plus rien à donner.

A la première annonce de l'arrivée prochaine de l'armée d'Italie, les autorités ont perdu la tête au point d'être prêtes à fuir pour éviter d'être les témoins et de devenir peut-être les victimes du désespoir de leurs administrés.

Le préfet de ce département, M. Rumbielinsky, dont le zèle pour le service de Sa Majesté est infatigable, vient déjà d'en éprouver un des tristes effets. On lui a brûlé des établissements ruraux qu'il avait fait construire dans la plus belle de ses terres, et dont nous admirions encore avant-hier la magnificence.

On m'assure que la position du département de Lomza, qui touche celui-ci, est tout aussi malheureuse (1).

Le préfet de Plock dut recommander, d'une façon particulière, ses propriétés personnelles à la bienveillante attention des autorités militaires, en vue des réquisitions et peut-être aussi pour éviter le retour des dévastations dont elles avaient été l'objet. Le memento suivant permet de le croire :

NOTE :

TERRES APPARTENANT AU PRÉFET DU DÉPARTEMENT DE PLOCK
DANS LE DÉPARTEMENT DE LOMZA

1° *District de Lomza.* Les terres *Menzenin*, chef-lieu situé entre *Lomza et Tikoczyn* ; les villages : Rutki

---

(1) Gouvion Saint Cyr, *Campagne de 1812. — Mémoires*, etc... Tome III, page 295. Pièces justificatives, n° 6.

Kolomyja
Kolomyjka
Ozary
Ozarki
Pesy
Walochy.

2° *District de Szcuzczyn.* Les terres *Jedwabne* chef-lieu où la mère du Préfet réside; villages lui appartenant :
Kossaki
Zabtocle
Przestrzele
Biczki
Stryiaki.

3° Dans le pays russe, gouvernement de *Bialystok* :
Entre Tykoczyn et Grodno, à trois milles de ce dernier, petite ville *Sidra*, chef-lieu où le cousin germain du Préfet régit les affaires. Plusieurs villages lui appartiennent dont les noms pourront être indiqués par mon cousin.

Resserré entre le 3ᵉ corps à sa gauche et le 8ᵉ corps (Westphaliens du roi Jérôme) à sa droite, talonné par le 4ᵉ corps, d'Albignac reçoit l'avis d'une ligne de démarcation à établir entre le corps du maréchal Ney et les troupes bavaroises :

SERVICE MILITAIRE

Le Général Gouré à M. le Général Chef de l'Etat-Major Général du 6ᵉ Corps d'armée, à Plock.

Thorn, le 6 mai 1812.

Monsieur le Général.

J'ai l'honneur de vous prévenir, d'après les ordres de M. le maréchal duc d'Elchingen, que les cantonnements du 3ᵉ corps d'armée ont pour démarcation au delà de la Drewenz et sur la rive droite de la Vistule, une ligne qui, tirée du point vis-à-vis Wroclawick, se prolonge par *Sierps, Biezun* et *Kudsburg*, en y comprenant ces trois endroits et *Lipno, Skompe*, etc.

Recevez, Monsieur le Général, l'assurance de la considération distinguée avec laquelle j'ai l'honneur de vous saluer.

Le Général de brigade, Chef de l'État-major général du 3ᵉ Corps d'armée,

GOURÉ.

En exécution des prescriptions de l'Empereur, Gouvion Saint-Cyr avait donné l'ordre de créer à Plock un hôpital pour quatre cents malades; très médiocrement secondé par les services administratifs du 6e corps entièrement composés de fonctionnaires bavarois — dont certains ne parlaient pas le français, comme l'ordonnateur en chef Böhm, par exemple, — « sans ouvriers pour assurer les mouvements de manutention » (1), il éprouva de graves difficultés pour l'installation de cet hôpital.

L'Ordonnateur Böhm à M. l'Adjudant-Commandant, Colonel Chef d'Etat-Major Général du 6e corps, à Plock.

Plock, ce 6 mai 1812.

6e CORPS
—

Je n'ai point tardé, Monsieur le Commandant, d'écrire à M. le préfet de Plock à propos de l'hôpital que Son Excellence le général en chef voudrait voir établi ici le plus tôt possible pour 400 malades.

J'ai l'honneur de vous envoyer copie de la réponse que je viens d'en recevoir, par laquelle on voit que M. le préfet n'est disposé de fournir qu'une partie des effets et fournitures nécessaires à l'établissement d'un hôpital de 100 malades.

Cette affaire étant digne de la plus grande réflexion, et les moyens énergiques qui devraient appuyer notre demande étant au-dessus de mon pouvoir, il ne me reste que d'attendre le résultat des nouveaux ordres qui me prescriront ce que je dois faire pour seconder la volonté de Son Excellence.

Veuillez bien, Monsieur le Commandant, agréer l'assurance de l'estime et de la considération la plus distinguée avec laquelle j'ai l'honneur de me signer.

L'Ordonnateur en chef du 6e corps,
BÖHM.

(En allemand dans l'original)
Le Préfet de Plock au Commissaire ordonnateur royal bavarois du 6e corps de la Grande Armée, M. Böhm.

Plock, le 5 mai 1812.

Je me hâte de répondre à votre lettre de ce jour, que je suis seulement en mesure de vous livrer les effets mentionnés dans votre

---

(1) *Mémoires de Gouvion Saint-Cyr*, p. 31.

annexe pour l'hôpital à organiser ici; il ne me reste aucun fond sur ce qu'avait produit la réquisition dans mon département.

Je vous prie donc de vous adresser pour le reste au commandement des troupes royales de Bavière, parce que ce qui dépasse les limites du possible ne peut pas être fourni.

En ce qui concerne les effets que je peux vous livrer, j'ai chargé le conseiller de préfecture, M. de Gostkowski, d'effectuer la livraison sous sa direction. Vous voudrez bien vous adresser à cet employé pour tout ce qui concerne cet hôpital, et vous pouvez compter sur son entière coopération.

Je ne suis pas davantage en mesure de vous procurer le nombre de gardes-malades demandé, et vous voudrez bien les louer vous-même. Je ne puis y contraindre personne, surtout par ce temps de famine, et pour payer je n'ai pas le moindre fond à ma disposition.

J'ai donné les instructions nécessaires pour me procurer la quantité de mousse nécessaire.

Je ne puis pas non plus livrer les chandelles demandées pour éclairer l'hôpital. L'administration du corps de troupes doit y pourvoir elle-même.

Le matériel de cuisine pour 100 malades sera procuré par le bourgmestre.

C'est que tout ce que je suis en mesure de procurer, faire davantage est au-dessus de mes forces; acceptez du reste l'assurance de ma haute considération.

Rumbielinsky.

Catalogue des besoins du lazareth qui peuvent recevoir satisfaction

(En allemand dans l'original).

NOMBRE DEMANDÉ	DÉSIGNATION DES FOURNITURES	NOMBRE QUI PEUT ÊTRE LIVRÉ
400	Bois de lits.	
425	Paillasses et oreillers.	100
425	Couvertures de laine.	100
500	Paires de draps.	150
475	Verres à boire ou autres vases d'une demi-bouteille.	100
400	Cuillères en fer blanc.	100
400	Vases de terre à manger.	100
200	Petites tables de médecine, ou, à leur défaut, chaises en bois.	50
400	Petites tables noires	100
200	Pots de chambre.	50
20	Chaises de nuit.	5
100	Essuie-mains.	25

Dans chaque chambre de malades, une table proportionnée à la grandeur de la chambre, un chandelier et des mouchettes.

POUR LES OFFICIERS

NOMBRE DEMANDÉ	DÉSIGNATION DES FOURNITURES	NOMBRE QUI PEUT ÊTRE LIVRÉ
12	Draps.	3
12	Matelas et oreillers.	3
12	Paillasses.	3
15	Couvertures de laine.	4
18	Paires de draps fins.	4
24	Essuie-mains.	6
6	Crachoirs.	2
15	Bouteilles pour l'eau.	4
6	Petites tables.	2
15	Verres à boire.	4
15	Cuillères.	4
12	Vases de terre à manger.	3
12	Pots de chambre.	3
2	Chaises de nuit.	1

Plock, le 5 mai 1812.

Constatant la misère des régions de la rive droite de la Vistule, d'Albignac a demandé à l'état-major du prince Eugène à tirer de Posen quelques convois de vivres ; on lui répond qu'il est impossible de lui donner satisfaction.

L'Aide de camp d'Oberlin à M. le Colonel d'Albignac,
Chef de l'Etat-Major du 6e corps.

Posen, le 6 mai 1812.

Monsieur le Colonel,

M. le général Dessolle me charge de vous annoncer que le paquet à l'adresse de S.A.S. le prince de Neuchâtel a été envoyé de suite au directeur de la poste pour être expédié par la première estafette.

Quant aux secours en denrées que vous demandez, le général Dessolle est dans l'impossibilité de vous les accorder; les troupes du 3e corps, qui vous ont remplacé et qui sont beaucoup plus nombreuses que les vôtres, absorbent tous les moyens du département qui d'ailleurs ne serait pas en état de fournir des moyens de transport extraordinaires à une distance aussi considérable ; il vous serait plus facile et plus court de tirer des ressources de Thorn qui est très bien approvisionné et qui communique avec Plock par la Vistule.

Veuillez agréer, Monsieur le Colonel, l'assurance de mon respect.

L'Aide de camp faisant fonctions de Chef d'état-major,
Eugène d'OBERLIN.

La question de démarcation avec le 3ᵉ corps donne lieu à quelques difficultés : le 3ᵉ corps signale que les troupes bavaroises empiètent sur son territoire, et, chose plus grave encore, que les voitures de paysans requises par les Bavarois sur leurs lignes d'étapes pour le transport des vivres sont indûment gardées par ces derniers et ne peuvent revenir dans leurs villages :

3ᵉ CORPS
DE LA
GRANDE ARMÉE

Le Général Gouré au Général Gouvion Saint-Cyr,

Au Quartier général à Thorn, le 7 mai 1812.

Monsieur le Général,

Je vous prévenais par ma lettre d'hier que les cantonnements du 3ᵉ corps ont pour démarcation au delà de la Drewenz, et sur la rive droite de la Vistule, une ligne qui, tirée du point vis-à-vis Wroclawick, se prolonge par Sierps, Biezun et Kudsburg, en y comprenant ces trois endroits, et Lipno, Skompe, etc.

J'apprends à l'instant et je viens de rendre compte au maréchal duc d'Elchingen que les Bavarois ont envoyé à Lipno pour préparer les cantonnements. Je crois donc devoir vous rappeler, et Son Excellence le duc d'Elchingen vous prie de mettre de nouveau sous les yeux du général Saint-Cyr le contenu de ma lettre d'hier, en y ajoutant que la ligne de démarcation prise par le 3ᵉ corps a été convenue avec le prince d'Eckmühl en conséquence des ordres de Sa Majesté l'Empereur.

Je vous renouvelle l'assurance de ma considération la plus distinguée.

Le Général de brigade, Chef de l'état-major général,
GOURÉ.

État de situation des magasins dans le département de Plock.
EXTRAIT *des rapports des gardes-magasins en date du 10 mai 1812.*

	PRZAS-NYC	CIECHANOW	PULTUSK	SIÉROCK	NA-SIELSK	MLAWA
Froment (K)	375,7	130,27	131,6	»	»	»
Seigle (K)	279,27	128,4	6,4	»	4,25	13,26
Pain (rations)	15 261	2 951	4 725	13 404	6 941	3 724
Farine de froment (Q)	493,87	58,29	149,97	39,2	76,50	143,6
Farine de seigle (Q)	86,78	29,6	123	527,4	13,62	122,52
Légumes (K)	»	32,35	96,18	161,89	47,60	16,63
Sel (Q)	»	»	20,98	»	»	30,50
Eau-de-vie (garniz.)	»	309,1	335	200	74	33,2
Orge (garniz.)	18,21	3,16	20	6	»	16,22
Avoine (garniz.)	137,4	31,10	4,5	745,12	3,28	32,1
Foin (Q)	3,32	»	369,1	»	18,22	5,36
Paille (Q)	332,87	212,52	367,4	»	21,30	300,18
Son (Q)	41,54	27,32	447,34	163,11	98,75	73,69
Viande (Q)	»	»	»	»	»	4,21
Bois	»	»	»	»	»	17,31
Chandelles	»	»	»	»	»	»
Nitre	»	»	101	»	»	»

3ᵉ CORPS
DE LA
GRANDE ARMÉE

Le Général Gouré à M. le Général Chef de l'Etat-Major Général du 6ᵉ corps de la Grande Armée, à Plock.

Au Quartier général, à Thorn, le 11 mai 1812.

Monsieur le Général.

M. le maréchal duc d'Elchingen a écrit au général de division comte Saint-Cyr pour proposer une ligne de démarcation entre les 3ᵉ et 6ᵉ corps. Vous aurez déjà, sans doute, connaissance des propositions de Son Excellence. Il est intéressant que les limites soient promptement déterminées, pour que nous puissions arrêter sur la rive gauche de la Vistule les cantonnements des 11ᵉ et 25ᵉ divisions d'infanterie qui sont sur le point d'arriver.

Il est un autre objet dont je dois vous entretenir, et M. le maréchal me charge expressément de vous en écrire : c'est relativement aux voitures de paysans que les Bavarois ont enlevées sur les lignes d'étape, depuis Posen jusque dans les environs de Thorn, souvent sans leur permettre de retourner dans leurs villages, et dont ensuite ils se servent pour aller faire des enlèvements de denrées à de grandes distances de leurs cantonnements. Avant-hier 9, ils firent une semblable incursion à Jncwzaslau et y prirent 4.700 rations de fourrages.

Vous concevez aisément que ces irrégularités sont infiniment nuisibles au service de l'armée en général, puisque les troupes qui dans les marches succèdent à celles du 6ᵉ corps se trouvent par là privées de ressources indispensables, tant en transports qu'en denrées, et que les paysans finissent par se refuser entièrement aux réquisitions légales qui leur sont faites, à cause des pertes qu'ils ont déjà essuyées ou de celles qu'ils craignent d'essuyer.

J'ai l'honneur de vous renouveler l'assurance de ma considération distinguée.

Le Général de brigade, Chef de l'état-major général.
GOURÉ

D'Albignac répond sans retard et explique comment le 6ᵉ corps a été dans la nécessité de garder des charrettes, les troupes qui avaient précédé les Bavarois n'en ayant pas laissé dans les villages où devait s'effectuer l'échange des voitures requises :

L'Adjudant-Commandant d'Albignac au Général Gouré.

Plock, le 12 mai 1812.

Monsieur le Général,

Son Excellence le maréchal duc d'Elchingen aura reçu aujourd'hui une lettre du comte Gouvion Saint-Cyr au sujet de la ligne de démarcation sur la rive gauche de la Vistule ; je l'ai aussitôt envoyée au général comte de Wrède afin de s'y conformer ; il n'y aura plus alors aucun sujet de contestation.

Les ordres, Monsieur le Général, ont été donnés par le comte Gouvion Saint-Cyr afin que toutes les charrettes fussent renvoyées. Il est malheureusement arrivé au 6ᵉ corps que les troupes qui l'avaient précédé avaient pris les chevaux et voitures de réquisition ; ne pouvant plus changer dans les lieux d'étapes, plusieurs ont été menées jusqu'aux cantonnements d'où elles sont aussitôt reparties. Au lieu de trouver des magasins à Plock ainsi qu'ils avaient été annoncés, nous n'avons vu qu'un pays mangé par le 1ᵉʳ corps et les Polonais ; il a fallu alors faire vivre 30.000 hommes ; c'était une indispensable nécessité de tirer des vivres de la Grande Pologne ; le Major général l'avait d'ailleurs ordonné ; la ligne qui vient d'être déterminée laissera chacun sur son terrain.

Nous attendons le Vice-Roi aujourd'hui ; le général Plausonne, commandant de Plock, arrive aussi avec un convoi escorté par trois bataillons du 4ᵉ corps ; celui-ci suit imméditatement.

J'ai l'honneur d'être, Monsieur le Général, avec la considération la plus distinguée, votre très humble et très obéissant serviteur.

L'Adjudant-Commandant, Chef d'état-major du 6ᵉ corps.

D'ALBIGNAC.

L'intendant général de la Grande Armée, le général comte Dumas, invite le commandant du 6ᵉ corps à appliquer dans les troupes sous ses ordres une réduction dans les rations de fourrages, réduction qui est déjà mise en pratique dans le 1ᵉʳ corps d'armée ; c'est une condition absolue d'existence pour la cavalerie, en présence de la rareté extrême des fourrages dans cette partie de la Pologne.

L'Intendant général comte Dumas à M. le Général Gouvion Saint-Cyr, Colonel général des cuirassiers, commandant en chef le 6ᵉ corps.

GRANDE ARMÉE

INTENDANCE GÉNÉRALE

1ʳᵉ SECTION

Posen, 12 mai 1812.

Observation sur la nécessité d'admettre les réductions des rations de fourrages prescrites par S.E. M. le Prince d'Eckmühl.

N° 446

Monsieur le Général,

Son Excellence le prince d'Eckmühl, commandant en chef le 1ᵉʳ corps, vient de m'adresser un ordre du jour par lequel il a prescrit une nouvelle composition de rations pour diminuer la consommation du foin et de la paille en augmentant la ration de grain.

Les rations que M. le maréchal a adoptées sont composées ainsi qu'il suit, savoir :

Grosse cavalerie
- Avoine.. 2/3 de boisseau
- Seigle.. 1/3 de boisseau
- Foin... 6 livres
- Paille.. 5 livres

Les chevaux du train d'artillerie, du génie et des équipages militaires recevront la même ration que la grosse cavalerie, excepté qu'ils auront 2 livres de foin de plus.

Cavalerie légère et autres assimilés.
- Avoine.. 1/2 boisseau
- Seigle.. 1/3 de boisseau
- Foin... 6 livres
- Paille.. 5 livres

La pénurie des fourrages et de l'avoine a dû faire adopter ces compositions de rations qui ne peuvent être nuisibles aux chevaux en observant les précautions ci-après détaillées.

Pour éviter les abus dans les distributions, l'avoine et le seigle doivent être délivrés séparément, les parties prenantes feront les mélanges. Le seigle offre aux chevaux une très bonne nourriture en prenant les précautions suivantes : 1° faire toujours boire les chevaux avant de leur donner les grains mélangés ; 2° mêler avec chaque ration de ces grains environ un boisseau ou 2 livres de paille hâchée, ce qui est facile surtout en Prusse et en Pologne ; 3° verser de l'eau sur le tout en le mettant dans la mangeoire ; 4° lorsqu'on est obligé de donner le grain dans les musettes, il faut qu'il soit également mouillé et mêlé avec de la paille hâchée et imbibée d'eau le plus possible.

Dans le cas où l'on n'aurait que du seigle sans avoine ni paille, il faudrait alors le bien mouiller deux heures avant de le donner pour le rendre plus tendre et le gonfler, parce qu'on a observé que ce grain étant plus compact et plus dur que l'avoine, quand on n'a pas la précaution de le mouiller assez d'avance, les chevaux l'avalent sans presque le mâcher, ce qui le rend indigeste, attendu qu'il se gonfle ensuite dans l'estomac et devient dangereux. Il serait bon dans ce dernier cas de ne pas donner à la fois toute la portion du matin non plus que celle du soir, mais par moitié à un quart d'heure d'intervalle de l'une à l'autre.

Votre Excellence reconnaîtra sans doute la nécessité de diminuer les consommations de fourrages dans un moment où les ressources sont si précieuses et les denrées si difficiles à réunir. Je ne puis que l'engager à admettre les compositions de rations qui ont été adoptées par M. le maréchal prince d'Eckmühl, et d'autant plus que cette sage mesure a été commandée par la pénurie qui se fait sentir sur tous les points et qui exige la plus sévère économie. Je pense que Votre Excellence jugera convenable d'ordonner les réductions de rations pour toutes les troupes sous son commandement et je la prie dans ce cas de m'en donner avis.

Je rend compte à S. A. S. le prince de Neuchâtel de la démarche que je fais auprès de MM. les maréchaux et généraux commandant en chef les corps d'armée pour faire adopter ces réductions dans toute l'armée, et je la prie de solliciter de l'Empereur une décision qui détermine les compositions qui devront définitivement être admises, puisque tout concourt à prouver la nécessité de diminuer les consommations.

J'ai l'honneur, Monsieur le Général, de vous saluer avec une haute considération.

Le Général de division, Conseiller d'Etat,
Intendant général de la Grande Armée.
Comte DUMAS.

Les moyens de subsistance pour les troupes elles-mêmes sont si précaires dans la région de Plock que le Major général informe le prince Eugène des instructions adressées par ses soins à Davout et à l'Intendant général, pour faire parvenir à Plock le plus promptement possible « ce qui est nécessaire pour faire vivre les 4e et 6e corps »; — il ajoute que « l'Empereur trouve convenable de pousser des postes de cavalerie légère à plusieurs marches de Plock, s'il s'y trouve des facilités pour les fourrages; on dit qu'il y en a beaucoup du côté de Willenberg » (1).

---

(1) *Le Major général au Prince Eugène, à Plock.* Mayence, 12 mai 1812.

En même temps, Berthier ordonne à l'Intendant général de la Grande Armée d'envoyer à Plock les grains nécessaires pour nourrir les 4e et 6e corps, « grains qui seront pris sur les 300.000 quintaux que le prince d'Eckmühl a fait arrêter » (1).

Ces graves questions d'alimentation, dont dépend la

Le Général MATHIEU DUMAS,
Intendant général de la Grande Armée en 1812.

vie de l'armée, n'empêchent pas le service de chancellerie de fonctionner avec précision dans les bureaux de l'Intendant général :

GRANDE ARMÉE

INTENDANCE GÉNÉRALE

L'Intendant général comte Dumas, à Son Excellence le Général Saint-Cyr, Colonel général des cuirassiers, commandant en chef le 6e corps.

Posen, le 13 mai 1812.

Général,

J'ai l'honneur d'adresser à Votre Excellence 15 exemplaires d'une circulaire que j'ai adressée aux différents fonctionnaires chargés de concourir à l'administration de la Grande Armée.

(1) *Registre du Major général*, 12 mai 1812.

Cette circulaire a pour objet de faire connaître la division intérieure du travail de mes bureaux; et j'ai pensé qu'il pourrait être utile de donner à Votre Excellence communication des dispositions qu'elle renferme.

J'ai l'honneur de vous saluer, Général, avec une haute considération.

Le Général de division,
Conseiller d'État, Intendant général.
Comte DUMAS.

EXTRAIT *de la situation de la 20ᵉ Division à la date du 13 mai 1812.*

Quartier général, Lipno.

1ʳᵉ Brigade.	Quartier général, Rosciszewo.	103 off.	3.728 h.
2ᵉ Brigade.	—	Smilowice.	98 —	3.808 —
3ᵉ Brigade.	—	Cieckocyn.	99 —	3.834 —
Brig. de cav.	—	Rusinowo.	39 —	944 —
Artillerie.	—	Lipno.	19 —	404 —
Train.	—	Lipno.	6 —	407 —

L'infanterie de la 20ᵉ division a 300 officiers et 11.360 soldats dans le rang. La cavalerie compte 96 chevaux d'officiers et 902 chevaux de troupe; l'artillerie, 9 chevaux d'officiers et 44 de troupe; le train, 7 chevaux d'officiers, 30 de troupe et 790 de trait.

Il y a aux hôpitaux 3 officiers et 321 hommes (dont 286 fantassins, 16 cavaliers, 9 artilleurs et 10 soldats du train).

2 officiers et 89 hommes sont détachés; 7 hommes sont en jugement.

L'effectif total de la 20ᵉ division est de 369 officiers et 12.173 soldats.

Depuis la dernière situation, — fournie le 24 avril, — les gains de la division sont de 7 hommes arrivés de l'arrière, et de 1 cheval acheté par un officier; les pertes s'élèvent à 34 hommes et 8 chevaux : pour les hommes, il y a un déserteur (au 6ᵉ régiment d'infanterie), un noyé (au train), 2 morts, 7 hommes envoyés aux dépôts, un homme passé au 5ᵉ régiment et 22 soldats du train au Commissariat; pour les chevaux, un a été vendu par un officier du 5ᵉ chevau-légers, 3 sont crevés (un au 4ᵉ chevau-légers et 2 au train), 2 sont passés au Commissariat.

Dans les effectifs des combattants ne sont pas compris :

    9 chirurgiens-majors;
  38 aides et sous-aides chirurgiens;
  10 quartiers-maîtres
  98 fourriers;
134 musiciens;
  13 prévôts;
   8 armuriers;
  18 maréchaux-ferrants;
   8 selliers.

CHAPITRE III

Dans l'artillerie, sont en plus de l'effectif des combattants :
1 quartier-maître ;
2 aides-chirurgiens ;
1 maréchal-expert ;
1 tambour-major ;
5 fourriers.

Dans le train :
3 fourriers ;
6 selliers ;
5 maréchaux.

Sur 642.600 cartouches d'infanterie existant dans la 20ᵉ division, 5.800 sont signalées comme avariées.

Au 15 mai, le Corps bavarois occupe les emplacements suivants :

Quartier général à Plock.

19ᵉ division, général Deroy. Quartier général à Gombin ; les troupes de la division sont en partie sur la rive gauche de la Vistule à Gombin, Gostynin et environs, — en partie sur la rive droite à Plonsk, Goslice et régions voisines.

20ᵉ division, général de Wrède. Quartier général à Lipno ; les troupes en partie sur la rive gauche à Kowal, Chodecz et environs, — en partie sur la rive droite autour de Lipno.

Extrait *de la situation de la 19ᵉ Division
à la date du 15 mai 1812* (1).

Quartier général du général Deroy, à Gombin.
1ʳᵉ Brig. Général Sibein, à Goslice,   présents : 114 off. 3.882 h.
2ᵉ Brig. Général de Raglowich, à Plonsk,   —   110 — 3.897 —
3ᵉ Brig. Général de Rechberg, à Gombin,   —   63 — 2.183 —
    (Le 13ᵉ régiment de ligne est détaché à Danzig.)
        Total de l'infanterie.   287 off.   9.962 h..   90 chevaux
        Détachés. . . . . .   5 —   207 —   3 —
        Aux hôpitaux. . . .   5 —   211 —
Brigade de cavalerie, Général de Seydewitz, à Orlow.
Total des présents.   45 off.   977 h.   133 ch. d'off.   979 ch. de troupe
    — des détachés.   1 —   26 —   2 —   27 —
    — aux hôpitaux   7 —

---

(1) Cette situation du 15 mai n'a été signée par le Chef d'État-Major et adressée à l'État-Major du 6ᵉ corps qu'à la date du 29 mai.

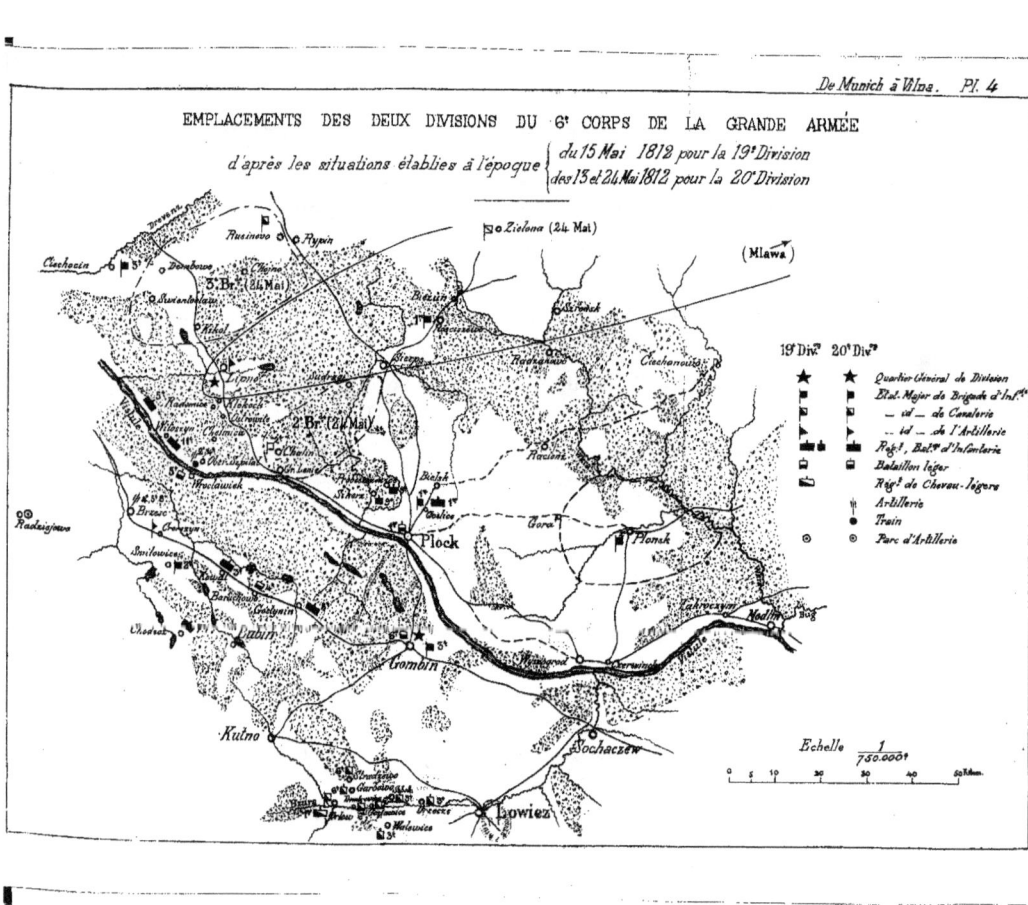

Artillerie et train, à Crorszin.
  Artillerie : présents 13 off. 311 h. 22 ch. d'off.
  Train   —   5 — 404 — 7   —   38 ch. de troupe
                                          667 ch. de trait.
  Artillerie : détachés.   2 — 62 —
  Train   —   54 — 104 chev.
  Art. : aux hôpitaux   10 —
  Train   —   7 —
(La 2ᵉ compagnie d'artillerie avec 2 pièces est détachée à Danzig.)

Les détachés de l'infanterie sont auprès des Commissaires des guerres, aux boulangeries, comme gardes-malades dans les hôpitaux, aux escortes des convois de vivres. Les détachés de la cavalerie sont au dépôt de chevaux malades à Bautzen.

Total des présents de la 19ᵉ division :
350 officiers, 11.654 hommes ; 252 chevaux d'officiers, 1.017 chevaux de troupe et 667 chevaux de trait.

Depuis le 1ᵉʳ mai, la division a reçu en augmentation 6 officiers ou chirurgiens et un homme arrivés de l'arrière ; 4 chevaux ont été achetés ; — elle a subi comme diminution : un déserteur (au 1ᵉʳ régiment de ligne), un mort à l'hôpital, 2 hommes renvoyés à l'arrière, 2 officiers promus et quittant la division (un cadet avancé au grade de lieutenant et le capitaine Van Douwe commandant la 1ʳᵉ batterie légère avancé comme major et nommé au commandement du train du 6ᵉ corps d'armée), un cheval du 6ᵉ chevau-légers vendu pour incurabilité, un cheval crevé au train. Les 2 chevaux du major Van Douwe l'ont suivi à sa nouvelle destination.

Le lieutenant-colonel Wreden, commandant un bataillon léger de la 20ᵉ division, a été nommé colonel et commandant le 8ᵉ régiment de ligne. — Le premier lieutenant baron de Widemann a été nommé capitaine et commandant la 1ʳᵉ batterie légère en remplacement du capitaine Van Douwe avancé major.

Une partie des troupes du 6ᵉ corps a passé la Vistule, La lutte pour la vie s'accentue ; le général de Wrède défend — contre les chevaux du Vice-Roi lui-même — le peu d'avoine sur lequel il compte pour les besoins urgents des chevaux de sa division :

Le Général de Wrède au Général Gouvion Saint-Cyr.

Lipno, le 17 mai 1812.

Monsieur le Général en chef,

Dans ce moment-ci, le sous-préfet de Lipno s'est présenté chez moi pour me communiquer un ordre qu'il a reçu la nuit passée de son préfet de Plock, pour lui envoyer 150 schaffel d'avoine pour le service de

Son Altesse Impériale le Vice-Roi. Le sous-préfet me dit qu'en envoyant ces 150 schaffel, mes chevaux de cavalerie et d'artillerie doivent en manquer tout à fait dans quelques jours; je l'ai cependant engagé d'en envoyer sur-le-champ 50 schaffel à Plock; mais je prie Votre Excellence d'insinuer au Préfet que ce cercle-ci ne peut plus rien envoyer à Plock, vu que déjà, depuis le 15, prévoyant un manque d'avoine, j'ai diminué la ration jusqu'à 3/4 de boisseau et qu'à dater du 20, elle sera réduite à la moitié et même cette moitié sera mêlée de grains. Le pâturage est encore trop insignifiant pour que les chevaux puissent se passer tout à fait d'avoine.

J'ai l'honneur d'être avec une considération très distinguée,

Le Général
Comte de Wrède.

L'administration polonaise, en face des réquisitions de plus en plus nombreuses et souvent brutales des troupes bavaroises, adresse ses plaintes à Gouvion Saint-Cyr:

Le Préfet du département de Varsovie à M. le comte Saint-Cyr, Général de division, commandant en chef les troupes bavaroises, à Plock.

Varsovie, le 28 mai 1812.

Monsieur le Général,

Je me suis adressé, il y a quelques jours, à vous, Monsieur le Comte, pour vous représenter la situation très malheureuse des communes par où passaient les troupes bavaroises. N'ayant reçu jusqu'ici aucune réponse à ma lettre et des nouvelles réclamations qui me parviennent de toute part sur les excès qui se commettent dans plus d'un endroit semblant être fondées, j'ai l'honneur de vous supplier encore une fois de vouloir bien donner les ordres les plus stricts, pour faire cesser ces mêmes excès dont vous trouverez le récit dans le rapport ci-joint du sous-préfet d'Orlow. M. le Chef d'escadron Armin a exigé qu'on lui fournisse 40 bœufs vivants, et malgré l'observation qui lui a été faite que les soldats recevaient régulièrement leurs rations de viande, et qu'il convenait de laisser les bœufs vivants pour les autres corps d'armée qui le suivaient, il a fait enlever par force 14 pièces de bétail. Tous les vivres rassemblés dans le magasin de Lowicz ont été distribués parmi la troupe. Plusieurs sous-préfets ne pouvant plus supporter le mauvais traitement qu'éprouvent leurs subordonnés ont demandé leur congé. Je prévois le moment d'une désolation générale des autorités administratives, et le désordre qui en résultera sera surtout préjudiciable à l'armée qui ne recevra plus régulièrement ses vivres. Je ne serai pas en état de le prévenir, mais il est encore dans votre pouvoir, Monsieur le Général, d'y porter remède, en recommandant aux troupes que vous commandez d'avoir égard à la situation malheureuse de tant d'habitants qui ont donné les preuves les plus évidentes de leur dévouement à la cause publique.

Dans l'attente d'une réponse favorable à ma demande, veuillez agréer, Monsieur le Général, l'assurance de ma considération très distinguée.

WALEWSKI.

Le Sous-Préfet du district d'Orlow à Son Excellence M. le Préfet du département de Varsovie.

A Orlow, le 15 mai 1812.

Depuis le rapport que j'eus l'honneur de vous envoyer le 8 du courant, concernant la malheureuse situation des habitants de mon district, il n'y est arrivé aucun changement; excepté que la seconde brigade d'infanterie de la division du général Deroy est partie par Gostynin et Igbni vers Plock, et le général lui-même est allé pour Igbni. Un bataillon d'infanterie et quelque chose d'artillerie doit arriver aujourd'hui à Kutno, le reste de la 3e brigade a pris sa direction de Sompolno par Chodecz, Gostynin à Plock. La brigade de cavalerie se tient toujours dans son ancienne position et ayant assemblé considérablement de fourrage par des réquisitions arbitraires, elle a reçu enfin l'ordre de les cesser; mais elle doit se rapprocher de Kutno pour consommer le reste du magasin, ce qu'elle semble avoir pris à tâche. Mais malgré tant de désagrément dont je suis tous les jours accablé, M. le Préfet de Posen vient de m'avertir qu'un transport de farine escorté par 3 bataillons italiens va passer en trois colonnes par Kropriewice à Gostynin durant les 13, 14 et 15 du mois courant. Ce transport demande 800 chariots à 4 chevaux, et par conséquent 1.600 paires de bœufs.

Veuillez bien, Monsieur le Préfet, prendre ceci en délibération et juger si la chose est possible d'être exécutée. On sait bien que le district d'Orlow compte en tout 2.441 paires de bœufs, et en réduisant cette somme à moitié par rapport à la mortalité, ainsi qu'à la faiblesse du bétail qui le rend incapable aux travaux, il ne reste que 1.220 paires de bœufs dans le district entier.

Celui donc qui se trouve dans le district suffirait-il pour remplir une pareille réquisition ?

J'ose vous demander, Monsieur le Préfet, quel parti dois-je prendre dans cet événement, lorsque outre les 120 pièces que j'ai déjà livrées comme une répartition faite pour mon district, M. le général de division commandant l'armée bavaroise a demandé à son entrée 60 bœufs, et pour faciliter la répartition qu'on n'avait pas le temps dans le premier moment d'effectuer, il ordonna de prendre les bœufs dans les villages, même dans ceux où ses troupes se trouvaient cantonnées. Les bœufs furent au moins d'abord taxés et les reçus donnés par les commandants des compagnies. Quoique je ne suis pas encore informé du nombre de bœufs qui ont été pris de cette manière, toutefois j'espère que le nombre sera très considérable. Le général en a encore demandé aujourd'hui 30, demande qu'il n'est pas possible de refuser. Ce donc veuillez approfondir cette affaire, quand une seule division s'arrêtant quelques jours, durant son passage, dépouille et prépare au district sa dernière perte; quand les plaintes tous les jours multipliées annoncent que beaucoup des maisons se trouvent déjà abandonnées et que leurs habitants sont morts de faim : que doit-on donc espérer, quand le corps du maréchal Junot, fort de 50.000 hommes, passera par cette malheureuse contrée....

Le soussigné n'a jamais été au nombre de ceux qui prévoient leur porte dans la moindre difficulté, mais il est forcé d'avouer qu'une situation semblable présage à son district les plus affreux malheurs, parce que aussitôt que les habitants sont abandonnés à leurs propres forces, n'ayant aucun appui du gouvernement dans leur situation présente, alors il faut absolument qu'ils succombent sous le poids qui les accable.

Veuillez donc je vous prie, Monsieur le Préfet, songer aux moyens convenables qui puissent mettre au moins à l'abri de ces fléaux les misérables habitants. Les soins que le soussigné s'en sert vis-à-vis des autorités militaires afin de pouvoir quelquefois épargner les habitants, ont fort peu d'effet, et lui attireront sûrement une vengeance qui lui a été déjà promise plus d'une fois.

GABOROWSKI.

Le 19 mai, le Vice-Roi a prescrit au 3ᵉ corps de cavalerie d'occuper pour le 1ᵉʳ juin la rive gauche de la Vistule, depuis Gostynin jusqu'à Wroclawick. Le général Grouchy lui répond le 21 mai que son corps est très fatigué, et que sa cavalerie sera perdue si on ne lui accorde pas un ou deux jours de repos; le 23 mai, il se plaint amèrement, lui aussi, de la pénurie du pays au point de vue des subsistances, et particulièrement des fourrages et de l'avoine; aussi demande-t-il, en conséquence, l'autorisation de faire changer la direction de ses colonnes, afin de passer dans une région moins ruinée; il fait part également de son cruel embarras à ses divisionnaires, et leur recommande d'emporter avec eux tout ce qu'ils pourront ramasser de fourrages et de vivres dans les cantonnements qu'ils vont quitter (1).

---

(1) Extraits du cahier de correspondance du général comte Grouchy, commandant le 3ᵉ corps de réserve de cavalerie sous les ordres du Prince Vice-Roi.

Le prince Eugène accepta les propositions du général Grouchy, qui lui écrivit le 24 mai :

Le Général Grouchy au Prince Eugène.

Kalisz, 24 mai 1812.

Monseigneur, j'ai l'honneur d'accuser réception à Votre Altesse Sérénissime de ses ordres relatifs au cantonnement du 3ᵉ corps sur la rive gauche de la Vistule : la première ligne, la droite à Gostynin, la gauche à Wroclawiek ; — la deuxième ligne, la droite à Kutno et la gauche à Klodawa.

La cavalerie légère sera établie dans ses cantonnements le 31 mai, les dragons le 1ᵉʳ juin.

Mon quartier général sera à Smilowice près Kowal, à peu près au centre de ma première ligne ; j'y serai rendu de ma personne le 29 mai. Je prie en conséquence Votre Altesse de m'y adresser ses ordres ; si d'ici là, Elle en a à m'en donner, je m'y rendrai en passant à Kutno et à Gostynin.

. . . .

La brigade légère étrangère aux ordres du général Dommanget, de Jaroczyn sur Zerkowo, où elle sera le 24 mai. Elle cantonnera le 25 mai à Peisern et environs ; le 27 mai, à Klczewo et environs où elle aura séjour le 28, et le 29 mai à Sompolno ; le 30 à Lubraniec ; le 31, à Wroclawiek et cantonnera sur la droite et en arrière de ce point.

La brigade légère du général Gérard :

. . . 26, Kazmierz ; 28, Sompolno ; 29, Izbice ; 30, Chodecz ; 31, Kowal.

La brigade légère du général Gauthrin :

. . . 25, Rychwal ; 26, Rosterschutz ; 28, Grzegorzew ; 29, Dombrowice ; 30, Lubin ; 31, Gostynin.

. . . .

1ʳᵉ Brigade : Général Thiry :

. . . .

2ᵉ Brigade : Général Séron et artillerie :

. . . .

Je ne fais prendre qu'un seul séjour au 3ᵉ corps, ayant surtout à cœur de me trouver lié aux autres troupes de Votre Altesse. Nous arriverons un peu fatigués, mais pourvu que nous soyons stationnés 3 ou 4 jours, cela suffira pour nous remettre.

Je ne vous entretiens pas, Monseigneur, de la pénurie fâcheuse contre laquelle nous luttons ; il faut savoir s'y résigner. Je supplie seulement Votre Altesse, s'il est arrivé de l'avoine sur la Vistule, d'en faire distribuer au 3ᵉ corps, quand il sera rendu dans ces cantonnements. Wroclawiek, Kowal et Gostynin seraient les points de distribution les plus commodes. . . . .

L'ordre pour que les régiments aient à se procurer des faulx est donné, mais si les chevaux ne mangent que du vert, ils tomberont bien vite ; il est à désirer du moins que l'avoine ne manque pas. Incertain de la place que les troupes étrangères doivent avoir entre elles, j'ai donné la droite aux Bavarois sur les Saxons et les ai placés à la gauche des troupes françaises. . . . .

J'ai été parfaitement content de la tenue, de l'instruction et de l'esprit qui anime la brigade légère étrangère, lorsque je l'ai passée en revue et fait manœuvrer, il y a quelques jours.

Grouchy.

En exécution de l'ordre donné le 19 mai par le Vice-Roi, le 6ᵉ corps se met en route pour occuper la ligne Pultusk, Przasnic, Mlawa et Ciechanow. Un nouvel ordre, du 21 mai, prescrit de porter la tête de la cavalerie avec une avant-garde d'infanterie sur Willenberg.

D'Albignac prépare aussitôt le mouvement des divisions bavaroises ;

Note *sur les mouvements de la brigade de cavalerie Seydewitz, de la 19ᵉ division, les 20, 21, 22, 23, 24 mai.*

Le 3ᵉ régiment de chevau-légers ira coucher le 20 à Staroszeby, Smosdzowo, Wozniki, Slepkowo.

Le 21, aux environs de Plonsk, où commande le général Raglowich; on devra envoyer un officier en avant pour déterminer le lieu où le régiment pourra passer la nuit.

Le 22, en avant de l'Wkra, sur la route de Golymin, du côté de Goscimino et autres lieux.

Le 23, aux environs de Golymin.

Le 24, à Makow et environs.

Ce régiment prendra ses cantonnements de manière à occuper la droite du pays destiné à la 21ᵉ brigade légère.

Ce pays est renfermé entre la Narew où s'appuie la droite, la limite du district ou sous-préfecture de Makow ou Pultusk où s'appuie la gauche, le front couvert par la rivière Omulew (qu'il ne faut pas dépasser) s'appuyant en arrière jusque près de la rivière Orzyc.

Le 6ᵉ régiment couchera le 20 mai à Osnica, Jmielnica, Jasian Gulczewo, Miroslaw, Podolszyce, Boryszewo, Borowitzkia. Le 21, il remplacera le 3ᵉ régiment dans ses cantonnements et prendra les mêmes précautions; pour éviter les encombrements avec les troupes bavaroises, il suivra la même route que le 3ᵉ.

Note *sur les mouvements de la 19ᵉ Division les 21, 22, 23 mai.*

Le 21, le quartier général de la 19ᵉ division ira coucher à Sochoczyn. La 3ᵉ brigade qui occupe Drobin et Racionz ira coucher à six lieues en avant de Racionz ; le lendemain, à Ciechanow, où elle cantonnera jusque vers Golymin.

Le 21, la 1re brigade ira occuper les lieux occupés précédemment par la 3e brigade : Drobin, Racionz et autres ; le 22, cette 1re brigade se portera sur la route jusque vers Galomino, Zarblewo et Sochoczyn ; le 23, à moitié chemin de Sochoczyn à Pultusk ; le 24, à Pultusk et environs.

Le 22, la 2e brigade qui occupe Plonsk, se portera sur Sochoczyn et environs jusqu'à une lieue de Ciechanow, Nowemiasto, jusque près de Nasielsk, s'appuyant en arrière sur la Wkra.

Le 19, l'artillerie à pied, la réserve et le train se porteront près de Plonsk ; le 20, à Plonsk ; le 21 à Nowemiasto ; le 22, à Nasielsk ; le 23 entre Siérock et Nasielsk, si les Polonais l'ont évacué.

Les 2 compagnies d'artillerie légère viendront le 24 à Pultusk où le général de Deroy leur donnera ses ordres.

La cavalerie occupera le pays en avant de l'Orzyc jusqu'à l'Omulew.

(L'original est en polonais)

EXTRAIT *d'une situation du magasin de Ciechanow à la date du 20 mai 1812.*

Froment	»	
Seigle	98 boisseaux	
Farine de froment	181 boisseaux	26 livres
Farine de seigle	54 boisseaux	6 livres
Pain de froment	»	
Pain de seigle	2.763 rations	
Sucre	764 rations	
Orge	»	
Avoine	26 boisseaux	6 livres
Foin	4 quintaux	2 livres
Paille	228 quintaux	86 livres 1/2
Son (de froment)	56 boisseaux	
Son (de seigle)	15 boisseaux	8 livres

Nota. — Comme le pain commençait à se gâter, on a cuit 20 poud de biscuit.

Comme il manquait des balances, on a mesuré les farines et les sons au boisseau.

Le Surveillant du magasin,
Thomasz SMIÉTANKA.

(L'original est en polonais)

SUBSISTANCES

MAGASIN DE CIECHANOW

État du magasin de Ciechanow, arrondissement de Przasnic département de Plock, depuis le 15 au 20 mai 1812 inclusivement.

RECETTES	LÉGUMES				EAU-DE-VIE		VIANDE	
	Pois		Gruau		Garniec	Kwarta (1 litre)	de bœuf	autres viandes
	Boisseaux	Garniec (4 litres)	B.	G.			Quintal	Livre
Il restait le 15 mai 1812 soir	3	5	29	14	329	1	4	69
On a reçu de la répartition					18		1	68
Total des recettes. .	3	5	29	14	347	1	6	37
DÉPENSES								
On a délivré contre des bons.			1	3	18	3		3
Il reste le 20 mai 1812 soir	3	5	28	11	328	8		34

Fait à Ciechanow le 20 mai 1812.
Le Surveillant de magasin,
Thomasz SMIÉTANKA.

L'exécution du mouvement donne lieu à des réquisitions arbitraires exécutées par les troupes du général Deroy; ce dernier répond à une demande d'explication : il s'excuse en arguant du cas pressant dans lequel il se trouvait et reconnaît que ses soldats ont pris du lard — cher aux Bavarois! — en perquisitionnant pour chercher des grains; il manifeste enfin sa mauvaise humeur, en disant qu'on tolère dans la division de Wrède tout ce qu'on blâme dans la sienne...

Le Général d'infanterie de Deroy à M. l'Adjudant-Commandant d'Albignac, Chef d'État-Major Général du 6ᵉ corps de la Grande Armée, à Plock.

Racionz, ce 21 mai 1812.

Monsieur l'Adjudant-Commandant,

Il est vrai que j'ai encore fait une réquisition en bœufs, nommément un par compagnie; comme chaque compagnie loge dans plusieurs villages, ainsi il me paraît que ce n'est pas beaucoup; — ce qui m'y a engagé est que je n'ai pas obtenu à la rive gauche de la Vistule le nombre prescrit; vous vous souviendrez, Monsieur, que vous m'avez marqué deux fois qu'il y aurait une réquisition de 250 bœufs, mais qu'il viendrait pour cela une autorisation formelle, que ce que vous m'en disiez n'était que pour me prévenir; mais cette autorisation n'est pas arrivée; comme cependant l'ordre du départ contient que le nombre des bœufs devait suivre, mais qu'il fut trop tard de les demander des Préfectures dispersées, excepté à Kutno où cependant le sous-préfet s'excusa de ne pouvoir les fournir en si peu de temps, ainsi je me vis obligé de prescrire que chaque compagnie en emmène deux contre quittance, ce qui fit à la vérité crier contre moi, mais ne produisit cependant pas 200; c'est donc pour obtenir le nombre fixé que j'ai cru devoir faire une seconde réquisition.

A la perquisition des grains qui, sans produire beaucoup, n'a cependant pas été infructueuse, on a aussi pris de l'orge, mais c'est de la plus grande nécessité, car il n'y a point d'avoine, point de foin, point de paille que ce qu'on arrache des toits, de façon que les chevaux seraient réduits au simple blé, ce qui non seulement leur serait très préjudiciable, mais ne suffirait pas car nous n'en avons que très peu, et reste à savoir si on en trouvera assez pour nourrir les hommes et les chevaux; de façon que l'orge nous est d'un bon secours. Si en faisant les perquisitions pour les grains, on a pris du lard, j'en suis très fâché; c'est contre mon instruction, et j'ai fait remettre au propriétaire quelques comestibles qui, par un mésentendu en excès de vouloir produire quelque chose, ont été pris; je ne puis cependant m'empêcher d'observer que la 20ᵉ division a peut-être 400 bœufs, des troupeaux de moutons, des comestibles de toute espèce, elle requérit des chandelles, du savon enfin tout ce dont on a besoin et on ne le trouve pas mauvais; et sitôt que je fais des réquisitions et des recherches, si même pour les choses de la plus grande nécessité, on y met le holà, — je ne nie pas que cela me peine.

Les transports de pain seront à l'avenir escortés.

Le district de Pultusk se trouve sous le commandement du général Dabrowsky, de façon que le capitaine de Voelderndorf a dû se rendre chez lui près de Modlin; le général m'a répondu qu'il ferait évacuer incessamment la rive droite de la Narew; or donc, j'ai cru bien faire d'envoyer aujourd'hui une compagnie à Pultusk et une à Siérock pour en prendre possession.

Vous avez dirigé les 2 régiments de cavalerie sur Plonsk, mais l'artillerie s'y trouvant déjà, on aura bien de la peine de leur fournir les vivres et les fourrages ; — si vous pouviez changer la direction du régiment qui passe aujourd'hui la Vistule, sur Ciechanow, cela abrègerait sa marche et il trouverait des subsistances.

Agréez, Monsieur l'Adjudant-Commandant, l'assurance de la considération distinguée.

DEROY.

Tout le Corps bavarois va se mettre en mouvement vers l'Est le 21 mai, pour occuper la région qui lui a été assignée. Le prince Eugène se porte à la hauteur des têtes de colonne et passe en revue les troupes des deux divisions : cette revue est annoncée par d'Albignac au général de Wrède dans la lettre suivante; le chef d'état-major du Corps bavarois donne à cet officier général la répartition des troupes du corps d'armée sur le terrain nouveau qu'elles vont occuper entre la Wkra et l'Omulew :

MINUTE *d'une lettre de d'Albignac au Général de Wrède, à Lipno.*

De Plock, le 19 mai 1812.

Monsieur le Général,

J'ai l'honneur de vous prévenir que Son Altesse Impériale le Vice-Roi passera la revue des troupes de votre division que vous pourriez rassembler à Lipno le 20 mai. Son Altesse a envoyé l'ordre au 6ᵉ corps, à compter du 22 mai, d'occuper tout le pays qui est entre les deux rivières la *Wkra* et l *Omulew*, ayant la droite à la Narew, et la gauche ne dépassant point Chorzellen, Janow et Mlawa.

Ce pays, Monsieur le Général, est partagé par le comte Saint-Cyr commandant le 6ᵉ corps, entre la 19ᵉ et la 20ᵉ division, de manière à compenser les ressources locales ; la droite, occupée par le général de Deroy, est un peu plus spacieuse parce que les Polonais sont encore occupés à fourrager et ruiner Siérock et Pultusk et tous les environs jusque près de Ciechanow.

Le quartier général du 6ᵉ corps sera à Przasnic; le général de Deroy aura son quartier général à Pultusk ou Makow; sa division occupera en remontant la Narew et en remontant l'Omulew tout le pays qui forme la sous-préfecture de Makow, jusqu'au point de Olkowakempa sur l'Omulew, — et de là en suivant la limite de la sous-préfecture de Makow jusqu'à Sontrzask, et de Sontrzask tirant une ligne jusqu'à Polnymlyn qui appartiendra à la division Deroy jusqu'à Przasnic.

Cette ville sera occupée par un bataillon d'infanterie légère de la

20e division En sortant de Przasnic, le chemin qui mène à Ciechanow servira de limite en passant par Golany, Skierki, Gozdzie, Wilkowo, Opinagora, jusqu'à Starczewizna et la rivière Lidinia, et en descendant celle-ci jusqu'à la Wkra. Ciechanow sera occupé par conséquent par le général de Deroy.

Votre quartier général, Monsieur le Général, pourra être d'abord à Mlawa, et si ce lieu ne vous paraissait pas assez central, vous pourriez alors le rapprocher de Przasnic.

Votre cavalerie devra occuper le pays le plus avancé vers l'Omulew, avec quelques bataillons d'infanterie légère un peu en arrière. Les 2 batteries à cheval et l'infanterie réparties dans le reste du pays jusqu'à la Wkra. Il faut pouvoir dans un cas pressé se rassembler en 36 heures sur Przasnic. On devra éviter de passer l'Omulew afin de se conformer aux intentions de Sa Majesté l'Empereur. On règlera seulement la manière dont on entretiendra une correspondance active entre les troupes légères polonaises et les nôtres pour être prêts à tout événement.

Dès le 21, Monsieur le Général, vous pourrez commencer votre mouvement vers le nouveau pays qui vous est désigné, afin que le 22 tout votre corps soit en mouvement pour céder celui que vous occupiez au 4e corps.

Le Vice-Roi a passé la revue des troupes du 6e corps, et il en rend le compte le plus flatteur au Major général : l'effectif de l'infanterie est élevé, l'état sanitaire bon ; il n'y a que deux paires de souliers par homme; des observations ont été faites sur les *formes* à apporter aux réquisitions.... La division de Wrède est signalée comme n'ayant jamais donné lieu à des réclamations; la cavalerie est en bon état, mais les brigades n'ont en fait que l'effectif d'un régiment :

Le Prince Eugène Napoléon au Major général, à Dresde.

Plock, 22 mai 1812.

Prince,

J'ai l'honneur de rendre compte à Votre Altesse Sérénissime que j'ai passé la revue de toutes les troupes bavaroises. Le 6e corps a 25.000 hommes bien présents sous les armes. Les soldats jouissent d'une bonne santé. Ils sont bien habillés. Leur armement est en bon état : ce sont pourtant des fusils autrichiens. Mais les hommes n'ont réellement que deux paires de souliers; et, quoique chaque corps en ait quelques remplacements dans ses fourgons, cela n'arrive pas à 3 paires par homme. J'ai enjoint aux généraux de prendre des dispositions pour se compléter au moins trois paires. Je leur ai recommandé de bien surveiller leurs troupes, et particulièrement les petits détachements épars çà et là, et dont quelques-uns ont commis des désordres, non pas tant dans la quantité des objets requis que dans la forme de les requérir. Le général Saint-Cyr m'a assuré qu'il n'avait qu'à se louer de la masse des troupes et que, particulièrement, la division de Wrède n'avait jamais donné lieu à aucune réclamation.

L'artillerie bavaroise est bien attelée; le matériel est en bon état. Les chevaux des régiments de cavalerie sont également en bon état; mais il serait à désirer qu'ils fussent un peu plus nombreux. Chacun d'eux ne présente en ce moment sous les armes que 450 hommes montés; ce qui fait que ces brigades-ci, auxquelles on a ôté leur 3ᵉ régiment, n'ont que la force d'un seul.

Eugène NAPOLÉON.

Le général Deroy rend compte des emplacements nouveaux occupés par sa division; il a sur le cœur les plaintes qui ont été portées contre lui au sujet de ses dernières réquisitions, car il rappelle une fois encore à d'Albignac qu'il a un soin constant d'augmenter ses provisions, comme le recommande le général en chef, — et que d'ailleurs ses recherches se sont faites en ordre... :

Le Général d'infanterie de Deroy à M. l'Adjudant-Commandant d'Albignac, Chef d'État-Major Général du 6ᵉ corps de la Grande Armée.

Racionz, ce 22 mai 1812.

Monsieur l'Adjudant-Commandant,

D'après la disposition générale des cantonnements que vous m'avez donnés, j'ai réglé la disposition particulière pour chaque corps, vous priant de vouloir la présenter à M. le Général en chef pour savoir s'il l'approuve; nommément les deux régiments de cavalerie cantonneront dans le terrain qui se trouve à la rive droite de l'Omulew, la rive droite de la Narew jusqu'à Siélun, et la gauche s'étendant des points Oklowa-Kempa le long de la ligne imaginaire à Sontrzask; cela fait, de l'Omulew jusqu'aux derniers villages du cantonnement, 3 1/2 de mille, et en largeur le cantonnement aura le long de l'Omulew 2 milles, et sur les derrières 4.

Derrière la cavalerie cantonnent, de la droite à la gauche, les 3 bataillons d'infanterie légère ayant entre eux les 2 batteries légères.

Nota. — Le général comte de Seydewitz m'ayant dit qu'il croit avoir compris que l'intention de M. le Général en chef est qu'il y ait quelque infanterie en avant de la cavalerie; si cela était, cela pourra se faire aisément, moyennant que chaque bataillon envoie une compagnie droit devant elle, qui se placerait le long de l'Omulew, et en partie de la Narew, nommément du point où l'Omulew tombe dans la Narew, et de là à quelque distance le long de cette rivière.

Derrière les bataillons légers cantonnent à droite la première brigade d'infanterie avec la batterie de 6, à gauche la seconde brigade avec la batterie de 12; plus en arrière où le terrain se rétrécit, le 8e régiment de ligne appartenant à la troisième brigade ainsi que le parc de l'artillerie; rien ne dépasse les limites prescrites.

J'ai l'honneur, Monsieur l'Adjudant-Commandant, de vous saluer avec la considération la plus distinguée.

De Deroy.

Le Général d'infanterie de Deroy à M. l'Adjudant-Commandant d'Albignac, Chef d'État-Major Général du 6e corps de la Grande Armée.

Racionz, ce 22 mai 1812.

Monsieur l'Adjudant-Commandant,

Accoutumé à suivre les ordres de mes supérieurs, j'ai de suite contremandé toute réquisition ultérieure, sitôt que j'ai reçu la lettre que vous m'avez écrite à ce sujet, mais il est naturel que jusque une dépêche vient à 12 grandes lieues à moi, que j'expédie les ordres nécessaires, que ceux-ci viennent aux chefs des corps à 8 et 10 lieues de distance, les gens qui demeurent aux environs de Plock peuvent y courir maintes fois pour porter des plaintes exagérées.

Les recherches se sont sûrement fait en ordre, et si M. le Général en chef ne m'avoit pas dit en présence de commandants des corps, qu'il fallait s'occuper jour et nuit à augmenter les provisions, il n'y aurait pas eu de recherche du tout; toutefois elle n'a pas été infructueuse.

J'ai l'honneur, Monsieur l'Adjudant-Commandant, de vous saluer avec une considération distingué.

De Deroy.

Sur la plainte d'un propriétaire chez lequel des grains avaient dû être abusivement requis par un capitaine de la division Deroy, ce capitaine avait reçu de l'état-major du 6e corps l'ordre de restituer immédiatement les denrées requises. Le colonel du régiment auquel appartient cet officier rend compte à d'Albignac qu'il est impossible de rendre les grains en question, car ils ont déjà été emportés au quartier général du général Deroy, qui les a fait conduire plus en avant.

Le Colonel de Stræhl au Colonel d'Albignac.

Goslice, ce 23 mai 1812.

Mon Colonel,

Le capitaine de Balligand, en cantonnement à Misciewo, a mis en réquisition quelques grains appartenant au Starosta Bromierky; ce capitaine me fait le rapport que vous lui avez envoyé l'ordre qu'il doit relâcher sur-le-champ tout ce qui a été pris; mais comme ce transport a déjà été envoyé il y a trois jours à Zariac, au quartier général de Son Excellence le général Deroy, lequel a fait tout transporter depuis plus en avant — il est impossible que ce capitaine puisse remplir votre ordre — et j'ai écrit au dit capitaine qu'il doit adresser le commissaire du Starosta Bromierky directement au général Deroy — parce qu'il n'y a plus d'autre moyen.

Hier au soir, j'ai reçu l'ordre de partir avec le régiment, demain, le 24 — mais comme il n'y a rien dit, si le capitaine commandant détaché à Wyszogrod sera relevé par d'autres troupes pour garder les magasins y établis — je lui ai donné ordre que s'il ne reçoit pas un ordre immédiatement de vous, qu'il doit aussi partir avec ses deux compagnies le même jour que le régiment, et qu'il doit suivre la direction sur Pultusk pour se rejoindre avec le régiment le plus tôt que possible.

J'ai l'honneur d'être avec la plus haute considération.

Le Baron DE STROEHL.
Colonel du Régiment du Roi.

Dans leur marche en avant, les Bavarois se font suivre par tout ce qu'ils ont pu rassembler de provisions dans les magasins de leurs anciens cantonnements. Le commissaire Touchant, de la division Deroy, à qui d'Albignac a écrit pour des renseignements sur les magasins de Przasnic et de Makow, fait respectueusement remarquer au chef d'état-major du corps d'armée qu'il l'expose à une lourde responsabilité vis-à-vis le général Deroy, en ne faisant pas passer par ce dernier les ordres qu'il a à lui donner... Le formalisme compassé des fonctionnaires bavarois s'accommodait mal de la rapidité avec laquelle l'état-major demandait et exigeait des explications.

(L'original est en allemand).

Le Commissaire Touchant au Chef d'État-Major du 6ᵉ corps d'armée, M. le Colonel d'Albignac, à Przasnic.

Przasnic, le 24 mai 1812.

Invité par Votre Excellence à me justifier par des explications personnelles au sujet des objets de magasin qui, d'après des ordres supérieurs ont été évacués de Przasnic sur Makow (parmi ces objets, ce ne sont pas 150 sacs d'avoine, mais seulement 107 boisseaux, mesure de Varsovie —, qui comme tout le reste sont portés sur la quittance produite à cet égard) je vous demande la permission de vous faire respectueusement remarquer que je n'ai pas agi de mon propre mouvement, mais entièrement d'après les ordres de mes chefs et que tout ce qui a servi à constituer un magasin à Makow — lequel magasin était complètement dégarni de tous les objets qui y avaient été apportés — se trouve encore dans les locaux du magasin, en bon état de conservation et intact. D'ailleurs, je vous demanderai de vouloir bien me faire communiquer par l'intermédiaire du Commandant de la 19ᵉ division du 6ᵉ corps d'armée, c'est-à-dire par son Excellence le général d'infanterie de Deroy, les dispositions à prendre à l'avenir, afin de ne pas assumer une lourde responsabilité en délivrant telle ou telle quantité de ces matières sans avoir reçu des ordres par cette même voie.

Avec tout mon respect, l'humble serviteur de Votre Excellence.

TOUCHANT,
Commissaire.

EXTRAIT *de la situation de la 20ᵉ Division à la date du 24 mai 1812.*

Quartier général du général de WREDE : LIPNO.
1ʳᵉ Brigade, général de MINUCCI. Quartier général à ROSCISZEWO.
2ᵉ Brigade, général de VINCENTI. Quartier général à MALENO.
3ᵉ Brigade, général de BECKERS. Quartier général à SOCHOCZYN.
Brigade de cavalerie, général de PREYSING. Quartier général à ZIÉLUN.
Artillerie, à LIPNO.
Total des présents : 358 off. 12.940 h. 234 ch. d'off. 1.017 ch. de troupe
769 ch. de trait

Détachés . . . . . 2 — 156 — 39 ch. de troupe, 51 de trait.
Aux hôpitaux. . . 8 — 323 —
En jugement . . . 5 —

Les hommes détachés sont à la boulangerie de l'armée, gardes-malades, gardes-magasins, au commissariat, et, pour la cavalerie, au dépôt des chevaux malades, à Skompe.

Depuis le 11 mai, la division a reçu : un homme et 2 chevaux au parc venant du 11ᵉ régiment d'infanterie, 3 hommes venus des bataillons de réserve et un cheval d'officier ; — elle a perdu 2 hommes et 10 chevaux du parc (2 chevaux passés au 11ᵉ régiment, 4 chez le général, 4 crevés), 5 hommes morts, 2 déserteurs, un officier congédié, 3 officiers et 4 hommes passés à d'autres régiments, un homme parti en remplacement et 4 renvoyés au dépôt, un cheval crevé (au 4ᵉ chevau-légers) et un cheval d'officier vendu.

Le colonel de Comeau, chef d'État-major de la division, est arrivé de Munich le 19 mai.

Gouvion-Saint-Cyr a prescrit aux généraux bavarois d'envoyer en avant des officiers pour s'informer des ressources de la région où vont affluer leurs troupes : ces officiers ont l'ordre de rendre compte directement au chef d'état-major du 6ᵉ corps. Dans la partie Sud de la zone affectée au Corps bavarois, la cavalerie polonaise a déjà mangé le pays. Le rapport du lieutenant de Knecht, envoyé en mission par le général de Seydewitz, commandant la brigade de cavalerie de la 19ᵉ division, est accompagné d'une lettre du préfet de Lomza qui réclame des escortes pour assurer les transports des denrées requises :

Le Lieutenant de Knecht à M. l'Adjudant-Commandant d'Albignac, Chef de l'État-Major du 6ᵉ corps de la Grande Armée, à Przasnic.

Ostrolenka, ce 25 mai 1812.

Monsieur l'Adjudant-Commandant,

Envoyé par M. le général comte de Seydewitz pour m'aboucher avec M. le Préfet de Lomza, relativement aux moyens de subsistance qu'il est en état de fournir au 6ᵉ corps et à la 21ᵉ brigade de cavalerie, je me trouvai être chez M. le Préfet d'Ostrolenka au moment où votre lettre lui est parvenue. Je prends donc la liberté, Monsieur l'Adjudant-Commandant, de vous faire le rapport sur l'état du magasin qui se trouve ici et sur les renseignements que j'ai été dans le cas de prendre de M. le général de brigade français commandant 2 régiments de lanciers polonais Roussil et du général polonais Niemojewski commandant la brigade cantonnée dans les environs ; l'un et l'autre m'ont assuré que ne pouvant rien tirer *que des promesses* du préfet de Lomza, ils sont dans le cas de faire vivre leurs brigades par les recherches qu'ils font journellement, et le magasin qui se trouve ici qu'ils ont formé en partie ; M. le général Niemojewski, qui commande la place, m'assure que par ce moyen on trouvait à la distance de 2 à 3 milles encore quelques fourrages en avoine comme en grain, mais point de foin ; que du reste, il avait déjà porté ses plaintes à Son Altesse M. le Maréchal Prince d'Eckmühl que par le peu de soin des autorités civiles on le forçait à fourrager dans son propre pays comme en pays ennemi. — Par bonté, il m'a accordé pour 2 escadrons du 3e régiment qui auront leur cantonnement le plus proche d'Ostrolenka les vivres pour 1 jour en fourrage ; pour du pain, on en pourra tirer, en plus grande quantité. — Comme les quatre régiments de cavalerie se trouvent depuis près de 2 mois dans ces contrées et vivent de cette manière, il me paraît d'après ce que M. le Préfet d'ici m'a fait entendre, que son autorité ne suffit plus pour la rentrée des vivres, quand même on en trouverait encore.

J'ai l'honneur d'être, Monsieur l'Adjudant-Commandant, avec les sentiments de la plus haute considération, votre très humble et obéissant serviteur.

Le Baron DE KNECHT,
Premier-Lieutenant, 2e aide de camp
du général comte de Seydewitz.

Le préfet de Lomza ayant demandé au lieutenant de Knecht de lui exprimer ses demandes par écrit, lui adressa cette réponse :

Le Préfet de Lomza à M. le Premier-Lieutenant baron de Knecht, à Lomza.

Lomza, le 26 mai 1812.

Monsieur,

Conformément au désir que vous venez de me marquer par la lettre du 25 du courant, j'ai l'honneur de vous communiquer ici joint l'état de situation des magasins qui sont à ma disposition.

Quant aux vivres et fourrages qui ont dû être fournis de mon Département à Pultusk et dans les environs de cette ville, je dois vous faire remarquer, Monsieur, que j'ai fait tout mon possible pour satisfaire aux besoins des troupes y postées, ayant pris en réquisition tous les fourrages et vivres dont les habitants se peuvent passer, pour remplir les magasins de Pultusk, Przasnic, Ostrolenka, Nowawies, etc. ; mais ma plus bonne volonté a trouvé des obstacles qui ont fait échouer mes dispositions. Apprenant journellement de mes sous-préfets que les troupes dans ces contrées, parmi lesquelles je compte trois ou quatre régiments à cheval, disposent sur les provisions tout militairement, en fourrageant non seulement pour leur propre besoin, mais en mettant aussi en réquisition tout ce qu'ils rencontrent, de sorte que je n'ai aucune connaissance sûre de la situation et de ce qui reste encore à prendre à la réquisition. Ajoutez, Monsieur, à ces procédés contraires à mes arrangements, que les forces des habitants surtout dans les cercles de Lomza, Szczuczyn et Tykoczyn sont épuisées non seulement par ces fréquentes réquisitions, mais surtout par la famine qui a eu lieu pendant toute l'année, tellement que quant à la paille il n'y en a rien, vu que les habitants prennent déjà recours aux toits de leurs maisons pour nourrir leurs bestiaux. De même règne une disette universelle pour le foin; pour l'avoine, on en trouve encore, mais en petites provisions; — quant au seigle et froment, le Département sera encore en état de fournir les besoins. Malgré tous ces obstacles que je viens de vous exposer, Monsieur, très fidèlement, je ferai pourtant tous mes efforts pour satisfaire à vos désirs. Pour cet effet, je me trouve obligé de prendre recours aux cercles de mon département plus éloignés, c'est-à-dire de Seyny, Kalwary et Mariampol, en y mettant en réquisition tous les vivres et fourrages nécessaires; cependant, pour m'assurer le transport, qui doit se faire par chariots, il est de la plus haute nécessité d'effectuer ce transport par une escorte, sans laquelle je ne saurais répondre pour le succès. Je vous prie donc, Monsieur, de me pourvoir au plus vite d'une telle escorte, laquelle, comme je dois vous avertir, Monsieur, aura à faire un tour d'environ 40 jusqu'à 50 milles polonais. En attendant pourtant, pour aller au devant de vos besoins les plus pressants, je pourrais fournir quelque chose du magasin de Lomza qui est le plus près aux endroits où est campée votre avant-garde.

J'ai l'honneur de vous saluer.

LASOCKI.

Les autorités civiles crient misère, à Lomza comme à Ostrolenka. Les troupes polonaises établies depuis quatre semaines dans cette région et qui n'obtiennent que des *promesses* des préfets et sous-préfets, réquisitionnent pour leur propre compte et vivent militairement sur le pays.

Le Préfet de Lomza à M. le Chef d'État-Major général
du 6e corps d'armée.

Lomza, le 25 mai 1812.

Monsieur,

Il est bien vrai, Monsieur, que dans le temps où aucune troupe ne consistait dans le département de Lomza, la plupart des vivres et des fourrages en étaient destinés aux magasins d'Ostrolenka, Pultusk, Przasnic, etc., dans le département de Plock. Une partie en est déjà livrée aux dits magasins; le reste, à cause de la disette et faute des bestiaux, ne pouvait pas être transporté avec une célérité nécessaire, surtout des districts éloignés de vingt à soixante lieues de Pologne. Néanmoins, convaincu de la plus grande nécessité d'aller au devant des besoins des magasins de Plock, j'ai pris en réquisition 11 bateaux (nommés berlines) pour accélérer la livraison mentionnée; mais dans le moment où je les fis charger des grains, M. le général Niemojewski, par ordre de Son Altesse le Prince d'Eckmühl, les fit transporter avec les vivres qui y étaient à Ostrolenka, de sorte que j'ai été obligé de changer toutes mes dispositions, en ordonnant aux sous-préfets des trois districts voisins du département de Plock de faire le dit transport sur des chariots. Il était bien à prévoir que ce moyen-là trouverait beaucoup de difficultés, auxquelles beaucoup d'autres se joignirent; car M. le général Niemojewski voulant approvisionner le magasin d'Ostrolenka sans égard que les autres magasins de Plock étaient dans le même besoin et qu'ils ne pouvaient nullement pas être si promptement remplis, a donné l'ordre à des régiments qui consistent depuis quelque temps dans le département de Lomza, non seulement à fourrager pour leur propre besoin, mais aussi de s'emparer de tout ce qui s'y trouve pour le transporter au magasin d'Ostrolenka. Ces procédés, Monsieur, m'ont ôté tous les moyens possibles pour satisfaire les réquisitions du préfet de Plock et de plusieurs sous-préfets de son département. Je reçois journellement les rapports de mes sous-préfets, que les chariots destinés pour le transport des fourrages sont disposés militairement comme les fourrages mêmes. Voilà, Monsieur, tout ce que je puis vous assurer : que je ne manque pas de faire tout mon possible à l'égard de l'approvisionnement de tous les magasins du département de Plock, en prenant même en réquisition le reste des grains que je trouve de superflu chez les habitants. Avant quelques jours, le général ordonnateur Fischer m'a fait avertir qu'une nouvelle division viendrai bientôt dans ce département. Vous sentez bien, Monsieur, qu'en fournissant aux magasins de Plock, je dois tâcher absolument d'approvisionner aussi les miens, ce qui, dans la disette presque universelle, surtout lorsque les réquisitions militaires ont lieu, ne se laisse pas si aisément accomplir.

Je crois, Monsieur, qu'en vous exposant fidèlement ma situation vous serez persuadé que la meilleure volonté, privée de tous les moyens possibles, n'est pas en état de satisfaire toutes les réquisitions qui me viennent de tous côtés, et vous voudrez bien agréer ma plus haute considération.

Le Préfet du département de Lomza.
LASOCKI.

(L'original est en polonais.)

Le Sous-Préfet de l'arrondissement d'Ostrolenka à Son Excellence M. le Général d'Albignac, Chef d'État-Major du 6ᵉ corps de la Grande Armée, à Przasnic.

Ostrolenka, le 25 mai 1812.

Affaires militaires
de jour et de nuit

J'ai l'honneur, Monsieur le Général, de répondre à votre lettre d'aujourd'hui que j'ai eu connaissance hier déjà, par Son Excellence le général Deroy, de la nouvelle de l'arrivée prochaine de l'armée bavaroise sur la rive droite de l'Omulew et lieux voisins.

En ce qui concerne la livraison de fourrages et de vivres pour ce corps d'armée, j'ai l'honneur de vous informer que le magasin d'Ostrolenka, où ont été concentrés les approvisionnements des villages de la rive droite de l'Omulew, constitué d'après les ordres de Son Altesse le Prince d'Eckmühl, maréchal de l'Empire français, était assez considérable, — mais qu'il a été épuisé en grande partie par suite de l'entretien pendant plusieurs semaines dans mon arrondissement de presque 4 régiments polonais de cavalerie, de sorte qu'il n'y a plus du foin du tout. Quant à l'avoine et au seigle, il n'en restera plus dans le magasin, quand la distribution commencée aujourd'hui au 10e hussards sera terminée demain.

Il y a encore une petite provision de farine pour le pain, de légumes et d'eau-de-vie, et une assez grande quantité de paille.

Je dois vous avouer pourtant que, malgré la meilleure volonté, il m'est absolument impossible de compléter ces approvisionnements; en effet, les 1er et 12e régiments polonais ne recevant plus de distribution du magasin établi ici, cherchent eux-mêmes dans l'arrondissement les vivres qui leur sont nécessaires; le 10e de hussards fait de même, en voyant le magasin vide.

Nous pouvons cependant compter sur les ressources du département de Lomza qui doit livrer plus de 5.000 boisseaux d'avoine, et d'autres denrées en proportion; mais, pour dire vrai, il n'a livré que fort peu de chose jusqu'ici.

Aussitôt que ces approvisionnements me parviendront, je ne manquerai pas d'en informer Votre Excellence.

J'ai l'honneur de vous saluer très respectueusement.

JENOSZEWSKI CZERWINSKI.

(L'original est en polonais.)

EXTRAIT *d'une situation du magasin de Przasnic,
à la date du 25 mai 1812.*

Froment	75 boisseaux	13 3/4 garnice
Seigle	224 boisseaux	3 1/2 garnice
Farine de froment	300 quintaux	42 livres
Farine de seigle	94 quintaux	94 livres
Pain de froment		»
Pain de seigle	21.243 rations	
Sucre		»
Orge	18 boisseaux	6 garnice
Avoine	9 boisseaux	
Foin	1 quintal	65 livres
Paille	363 quintaux	34 livres
Son (de froment)	62 quintaux	75 livres
Son (de seigle)	4 quintaux	

Nota. 1. — Les boulangers doivent 4.000 rations de pain et 700 de biscuit.
2. — La farine est presque toute aux moulins.
3. — Il ne reste que 1 quintal et 30 livres de paille longue ; le reste de la paille est haché.
4. — Le son est aux moulins.

Le Surveillant du magasin,
SRYDLOWSKI.

(L'original est en polonais)

État du magasin d'Ostrolenka, le 25 mai 1812, avant la distribution du 10ᵉ régiment de hussards à Ostrolenka et Nowawies.

Froment	173 boisseaux	21 garnice
Seigle	18 boisseaux	25 garnice
Orge	30 boisseaux	
Farine mélangée	122 quintaux	5 livres
Farine de seigle	7 quintaux	72 livres
Pain	{ 3.194 { 3.292 rations	
Eau-de-vie	111 garnice 3/4	
Légumes	60 quintaux	
Avoine	231 boisseaux	26 garnice
Paille	1.770 quintaux	

Le Surveillant du magasin.

Le 26 mai, le Major général adresse au prince Eugène l'ordre suivant, qui oriente les corps sur le Niémen et prescrit des emplacements spéciaux pour la cavalerie :

Le Major général à Eugène Napoléon, Vice-Roi d'Italie, commandant les 4ᵉ et 6ᵉ corps de la Grande Armée, à Plock.

Dresde, le 26 mai 1812.

Monseigneur,

L'Empereur ordonne que vous partiez de Plock pour porter votre quartier général du 5 au 6 juin à Soldau. Vous placerez votre corps d'armée en trois colonnes, savoir : celle de gauche, depuis Lipno, Sierps, Biezun, Kudsburg, Gurzno et Gilgenburg; celle du centre depuis Plock, Bielsk, Drobin, Racionz, Radzanowo, Szrensk, Sarnowa et Soldau; celle de droite, depuis Wyszogrod, Plonsk, Ciechanow et Mlawa.

Vous placerez, Monseigneur, la cavalerie légère du 4ᵉ corps et celle du 6ᵉ corps à Willenberg, Ortelsburg et Chorzellen, se prolongeant le long de l'Omulew.

La grosse cavalerie du 3ᵉ corps de réserve sera placée à Neidenburg et Janow, de manière à soutenir la cavalerie légère; le quartier général du général Grouchy sera à Neidenburg.

Dans cette position, Monseigneur, vous attendrez de nouveaux ordres. Je prie Votre Altesse de m'instruire le plus tôt possible des dispositions qu'elle aura faites pour l'exécution de ce mouvement et l'emplacement exact qu'occuperont les troupes sous vos ordres.

Je donne l'ordre au duc d'Elchingen d'avoir le 5 juin son quartier général à Ostérode....

ALEXANDRE.

En même temps que le Major général donnait au prince Eugène les instructions qui précèdent, une lettre de l'Empereur à ce dernier lui expliquait le sens stratégique du mouvement qui était prescrit. La nécessité d'assurer des distributions régulières au moment où l'armée va être concentrée sur un territoire restreint préoccupe Napoléon, qui donne au Vice-Roi les indications les plus étendues pour le ravitaillement de ses corps : activer la mouture du blé, doubler les approvisionnements de farines, avoir des bœufs, de l'eau-de-vie, du riz, diminuer la charge des fourgons de façon à pouvoir y mettre du biscuit, construire une manutention à Willenberg et y réunir toutes les denrées possibles, se faire précéder toujours d'une compagnie de constructeurs de fours, de boulangers et de sapeurs... Le chef doit penser à tout, tout calculer et tout prévoir.

L'Empereur au Prince Eugène.

Dresde, 26 mai 1812.

Mon fils,

Le Major général vous aura fait connaître le mouvement que vous devez faire exécuter à votre corps d'armée qui doit se former en trois colonnes. Vous devez avoir le 6 votre quartier général à Soldau; vous n'y resterez pas longtemps, mon intention étant d'ouvrir incessamment la campagne. Je serai le 30 à Posen. Je désire connaître par un de vos officiers, que vous m'y enverrez, la situation de votre corps d'armée. Le général Poniatowski occupera Modlin et sera à votre droite à Siérock et Pultusk; le duc d'Elchingen, à votre gauche, aura son quartier général à Ostérode, occupera Allenstein et se liera avec votre cavalerie légère. Il est possible que, du 7 au 8, je donne l'ordre de marcher sur Rastenbourg, Lötzen, etc. Faites reconnaître par les ingénieurs géographes les routes dans la direction d'Ortelsburg, Sensburg, Lötzen, Rhein, Arys et même de Johannisburg. Poussez le plus de vivres que vous pourrez sur Willenberg. Placez sur votre gauche les Français, c'est-à-dire le 4ᵉ corps, les Bavarois à droite. Informez-vous si vous pouvez trouver quelques ressources vers Rastenbourg. Il faut que vous ayez avec vous pour 20 jours de vivres et que vos convois se rendent rapidement dans la direction de Plock, Wiszogrod, Lipno et même Thorn. Je ne vous parle point de la cavalerie; elle pourra subsister. Dans ce moment, on trouve de nouveaux fourrages. Vous garderez le secret sur ce mouvement ultérieur. Faites croire au contraire que vous allez marcher sur Varsovie. Mon quartier général sera le 1ᵉʳ juin à Thorn, et immédiatement après à Ostérode.

Je suppose que vous avez fait moudre le blé avec la plus grande activité et que de 10.000 vous avez porté à 20.000 quintaux vos approvisionnements de farines. Toute l'armée finira par être réunie sur un même champ; chaque corps se serrant coude à coude aura bientôt épuisé les ressources du pays; il ne restera que l'herbe. Ayez donc des bœufs, de l'eau-de-vie, des légumes secs, du riz, etc. Ne portez aucun effet d'habillement ni de harnachement; embarquez tout cela à Plock et mettez y un bon officier pour conduire le tout. Diminuez la charge de vos fourgons, on en aura besoin pour le transport du biscuit; d'ailleurs, il faut s'attendre à être harcelé par les cosaques. Envoyez d'avance à Willenberg, faites y construire une belle manutention de 7 à 8 fours. Une fois le mouvement commencé, votre route de communication sera par Thorn, tant pour le 6ᵉ que pour le 4ᵉ corps. Je ferai lever le pont de Plock aussitôt qu'il sera inutile. Prenez des moyens efficaces pour réunir à Willenberg tout ce que vous pourrez de farine, blé, bestiaux, etc.. Ayez toujours en avant une compagnie de constructeurs de fours, de boulangers, sapeurs, etc., pour établir vos manutentions avant votre arrivée à Rastenbourg et autres endroits où vous devez prendre position.

Votre bataillon de transport en bœufs est-il arrivé ainsi que le corps du général Guyon? Ces troupes sont-elles incorporées? Il faut envoyer en Italie les cadres des 5ᵉ bataillons.

NAPOLÉON.

On a vu un peu plus haut que le commissaire bavarois Touchant s'était prévalu de l'ordre du général Deroy pour commencer l'évacuation sur Mlawa du magasin établi à Przasnic; d'Albignac ayant prescrit à Touchant de laisser à Przasnic tous les approvisionnements de ce magasin qui devenaient indispensables pour nourrir le quartier général du 6ᵉ corps et les troupes de la division de Wrède dans leur nouvelle position, le général Deroy veut justifier l'ordre qu'il a donné d'évacuer ces approvisionnements, et il grogne, — comme toujours, — se plaignant de son « guignon » d'être toujours désapprouvé dans les mesures qu'il trouve les meilleures à prendre :

Le Général d'infanterie de Deroy à M. l'Adjudant-Commandant d'Albignac, Chef d'État-Major Général du 6ᵉ corps de la Grande Armée, à Przasnic.

Strzegocyn, le 26 mai 1812.

Monsieur l'Adjudant-Commandant.

Le commissaire Touchant a écrit que vous l'aviez fait responsable des provisions qui ont été conduites de Przasnic à Makow, à quoi je dois vous observer, Monsieur l'Adjudant-Commandant, que cette disposition a été faite quand j'ai reçu l'ordre de l'emplacement de ma division par lequel la cavalerie est placée en avant de Makow, pour y avoir un dépôt de fourrage ; — cette mesure fut d'autant plus nécessaire qu'il est connu que le magasin de Pultusk est tellement épuisé par la cavalerie polonaise, qu'il est hors d'état de fournir ce dont la cavalerie a besoin, laquelle en outre n'a plus rien obtenu depuis son départ d'Orlow, vu que ni la sous-préfecture de Kutno, ni celle de Gombin, ni celle de Plock n'ont rien osé délivrer en vertu des dispositions amicales de l'armée d'Italie. Le magasin de Plonsk, qui n'a jamais été considérablement fourni et a été épuisé à l'arrivée de la cavalerie, n'a rien pu fournir non plus, de façon qu'il fallait bien soigner pour elle ; — au reste, on n'a pas tout pris, on y a laissé une grande partie et sitôt que j'ai appris que M. le Général en chef y établissait son quartier, tout transport ultérieur a été prohibé ; aussi je ne savais pas que Makow appartenait à la sous-préfecture de Pultusk. Toutefois, j'espère qu'on ne reprendra pas ce qui a été conduit à Makow, car si cela devait être, je ne sais comment la cavalerie existera ; si Pultusk peut fournir quelque chose, on pourra par la suite dédommager Przasnic par ce qu'on obtiendra de là ; mais pour le moment il n'y a point d'autre ressource que le magasin de Makow ; — encore hier au soir, j'ai reçu une lettre à la vérité très polie du sous-préfet de Pultusk, mais dont le contenu disait qu'il ne savait comment faire pour me fournir quelque chose. Je vous prie, Monsieur l'Adjudant-Commandant, de porter ces considérations à la connaissance de M. le Général en chef, et il reconnaîtra que l'obligation de soigner mes troupes m'a obligé à cette mesure ; j'ai bien du guignon, je me trouve toujours avec mes troupes dans des environs où il est difficile de subsister, et, quand je prends des mesures pour cela, on les désapprouve.

Agréez, Monsieur l'Adjudant-Commandant, l'assurance de la considération la plus distinguée.

De Deroy.

Quant au général de Wrède, qui comptait sur le magasin de Przasnic et avait été prévenu par d'Albignac des mesures que son camarade Deroy avait voulu prendre pour l'en priver, il remercie le Chef d'état-major du 6ᵉ corps de sa décision de partager les approvisionnements de Przasnic entre les deux divisions :

Le Général de Wrède au Colonel d'Albignac

Biezun, le 26 mai 1812.

Monsieur le Chef d'état-major,

J'ai reçu la nuit passée à Sierpe votre lettre datée de Przasnic du 24. Ce ne serait pas trop aimable de la part de mon camarade le général Deroy, s'il voulait m'enlever tous les vivres de Przasnic. Cependant j'aime tant ce respectable papa, que je ne peux jamais lui en vouloir. Au reste, le commissaire que j'y ai envoyé me rend compte, en date d'hier, que grâce à vos soins, les troupes de la 19ᵉ division n'emporteront plus rien de Przasnic et qu'on partagera les vivres entre les deux divisions.

D'après l'état de situation des moyens de subsistance que j'ai sous les yeux, je ne manquerai pas sitôt de pain; quant aux fourrages, j'attends avec impatience le retour de l'officier que j'ai envoyé à Lomza; ce n'est qu'après son arrivée et la mienne à Mlawa que je pourrai rendre compte à M. le Général en chef jusqu'à quelle date mes moyens pourront durer.

En attendant, j'ai l'honneur de vous saluer avec une haute considération.

Le Général
Comte de Wrède.

Le général Deroy a mal digéré les observations qui lui ont été faites au sujet de ses réquisitions sur la rive gauche de la Vistule; il revient encore sur ce sujet et trouve, pour s'excuser, que sur les 220 bœufs en question « il y en a qui ne sont pas plus grands qu'un grand veau »....

CHAPITRE III

L'établissement de la division Deroy dans la région de Pultusk et sur la rive droite de l'Omulew a été précédé par l'envoi à Varsovie d'un officier chargé de demander au Ministre de l'Intérieur du Grand-Duché toutes facilités pour obtenir des fourrages. Dès que cet officier est de retour, Deroy envoie à d'Albignac la copie de la réponse du ministre polonais :

Le Général d'infanterie de Deroy à M. l'Adjudant-Commandant d'Albignac, Chef d'État-Major Général du 6ᵉ corps de la Grande Armée.

Pultusk, ce 27 mai 1812.

Monsieur l'Adjudant-Commandant,

Voici joignant le double du plan de ma dislocation, je n'ai pu l'envoyer plutôt puisqu'il a fallu le traduire en français.

La compagnie pour le service du quartier général de M. le Général en chef arrivera après demain, le 29, à Bogate; le capitaine enverra un officier en avant pour prendre vos ordres; c'est la première compagnie de fusiliers du Régiment du Roi.

Le nombre des bœufs pris à la rive gauche de la Vistule peut se monter à 220, dont cependant quelques-uns ont péri; il y en a qui ne sont pas plus grands qu'un grand veau. Quant à l'état estimatif, il faudra, si M. le Général en chef veut l'avoir, le faire dresser, car la plupart ayant été pris par les compagnies au moment du départ, comme je l'ai marqué, il ne se trouva personne qui ait pu les taxer et ceux qui l'ont été se trouvent mêlés avec les autres, de façon que je donnerai les ordres pour que chaque régiment fasse faire l'estimation de ses bœufs, et vous les ferai parvenir, mais toutefois il faudra quelques jours pour cela.

La cavalerie ne pourra se pourvoir en avant d'elle puisqu'elle n'ose dépasser ni la Narew ni l'Omulew, où il y a encore quelques villages de ce côté-ci de l'Omulew occupés par la cavalerie polonaise, et que au delà de l'Omulew et de la Narew se trouvent deux régiments, comme le général comte de Seydewitz en a déjà fait part à M. le Général en chef qui lui avait donné des ordres de prendre dès son arrivée dans ses cantonnements des renseignements là-dessus et de se mettre en relation avec les troupes postées en avant de lui. Toute cette cavalerie polonaise a, d'après tous les renseignements, également un grand manque de fourrages, de façon qu'on n'obtiendra sûrement rien de la Préfecture de Lomza, car si elle pouvait fournir quelque chose, elle en donnerait sûrement à sa propre cavalerie, laquelle d'ailleurs se trouvant dans le plus grand besoin ne souffrira pas qu'on transporte, en la traversant, quelque chose aux Bavarois.

Espérant pouvoir encore faire quelques arrangements pour les fourrages, ou plutôt, attendant le retour d'un officier que j'ai envoyé pour cela à Varsovie à M. le Ministre de l'Intérieur, je ne puis partir d'ici qu'après demain matin ou l'après-diner, pour me rendre à Mlotzianowo, à deux lieues de Bogate.

Le 6e bataillon léger, qui a ses cantonnements près de Bogate, a l'ordre d'établir les piquets pour la correspondance tant que je serai encore ici. Le lieutenant-colonel de Laroche vous a sans doute fait part où il a son premier poste d'où la correspondance passe par Makow.

DEROY.

Le 28, à 8 h. 1/2 du matin.

P. S. — Je n'ai pas fait partir cette lettre hier au soir, vu que la traduction de la dislocation n'a été achevée que très tard; j'ai espéré recevoir peut-être cette nuit réponse de Varsovie pour l'ajouter, mais comme cela n'eut lieu, je voulais la faire partir à 8 heures; cependant à ce moment revient le lieutenant Miller que j'y avais envoyé et je vous joins copie de la réponse consolante, supposé qu'elle se réalise, à quoi cependant je doute, de M. le Ministre.

Présentement, je veux aussi vous régaler avec des nouvelles : hier, 50 chevaux de l'Empereur sont arrivés à Varsovie; le commandant de Varsovie a, en outre, dit au lieutenant Miller qu'on y attendait l'Empereur pour aujourd'hui ou demain, et que M. de Narbonne avait passé pour porter à l'Empereur l'ultimatum de l'Empereur de Russie, — relata refero.

J'ai l'honneur, Monsieur l'Adjudant-Commandant, de vous saluer avec la considération la plus distinguée.

Voici joignant des lettres que j'aurai dû ajouter à celle que j'ai écrite hier à M. le Général en chef, mais que j'ai oubliées.

Le Ministre de l'Intérieur du Grand Duché de Varsovie au Général Deroy.

Varsovie, le 27 mai 1812.

Monsieur le Général,

En vous accusant la réception de votre lettre datée le 26 du courant, j'ai l'honneur de vous prévenir que dans la journée d'hier, j'ai donné les ordres les plus précis au préfet de Siedlec pour qu'il ait à fournir dans le moindre délai les fourrages destinés de son département pour l'approvisionnement des magasins du département de Plock, et pour accélérer autant que possible les versements qui doivent avoir lieu du département de Lomza. J'enjoins ici un ordre pour le sous-préfet de Tykoczyn (1) de mettre en réquisition tout le fourrage disponi-

---

(1) « Ayant fait demander au préfet d'ici, où Tykoczyn se trouve, je reçus la réponse : « à 18 milles d'ici, tout près de Bialystok », ce qui à l'air d'une bon-

ble dans son district et de le verser de suite dans les magasins de Pultusk.

Vous voudrez bien, Monsieur le Général, lui faire parvenir cet ordre, et lui prêter assistance militaire en cas de besoin.

Je viens de réitérer aussi les ordres au préfet de Lomza, de presser les versements des denrées destinées pour l'approvisionnement des magasins de Pultusk.

Recevez, Monsieur le Général, les assurances de la considération très distinguée.

Le Ministre de l'Intérieur
J. LUSZIZEWKI.

Dislocation de la brigade de cavalerie de la 19ᵉ division (1)

Le quartier du général de brigade sera établi à Zebry Perossy, ou à Glinki Chelchy, ou à Krasnosiele.

Le 3ᵉ régiment de chevau-légers occupera les lieux à la rive droite de la Narew, de Sielun jusqu'à l'Omulew, puis en montant le long de la rive droite de cette rivière jusqu'à Bialobrzeg, et en descendant à Nowawies : Zabiele-Wielkie, Zabiele-Piliki, Michalki, Szerdniaky, Lipniki, Glinki-Raffaly, Chojnowek, Glinki Chelchy, Ziemaki, Glinki-Ruszsary, Koski, Glazewo, Zalenze et tous les lieux situés au milieu. Le quartier du chef du régiment serait le mieux placé à Strzemieczne.

Le 6ᵉ régiment de chevau-légers occupera, à compter de Bonikowo vers l'Omulew : Rzechowo, Starowies, Falki, Flasze, Bagolowo, Dylewo, Sypniewo, Majki, Jarzyly, Olki, Boruty, Stasic, Karkzeula, Niesulowo, Przylai, Rzaniec, Grabowek, Przystan, de là à gauche Chojniki, Wyszel, puis détournant de la rivière et tirant une ligne à Sontrzaska: Witowymost, Dlutowka, Byrzanka, Rakl, Przytuly, Grzybki, Bobiny. Sontrzaska, de là à Rogowo, Zblutzi, Ploniawy, Leni, Borowe, Marki, Jurki, Guty et les lieux situés entre ceux-ci.

Les villages de Przystan, Chojniki et Wyszel, près de l'Omulew ne seront pas attirés au cantonnement, mais seulement occupés par les avant-postes. Entre le premier et le dernier, comme aussi au point le plus avancé près d'Olkowa Kempa, il faut préparer des bivouacs pour les avant-postes. Le quartier du chef du régiment sera le mieux placé à Krasnosiele.

La brigade se mettra en correspondance avec la cavalerie polonaise postée au-delà de l'Omulew, de même à gauche avec celle de la 20ᵉ division.

---

nête défaite de M. le Ministre, car comment et quand pourra-t-on recevoir quelque chose de là? » (*Note ajoutée sur la lettre du Ministre par le général Deroy*).

(1) Les noms géographiques ont l'orthographe moderne.

Dislocation de la première brigade d'infanterie.

Le quartier du général de brigade à Pultusk.

Le 1er bataillon d'infanterie légère de « Gedoni » occupera Rozan, où le chef du bataillon prendra son quartier, puis en montant la Narew Diszobaba, en outre, Kawo, Ponikien, Szygi, Dombrowka Czerwonka, Smrock, jusqu'à Gnojno près de la Narew, et tous les endroits situés entre la rive droite de cette rivière et les villages frontières susnommés.

Le 1er régiment d'infanterie de ligne : de Pultusk le long de la Narew jusqu'à Lipa, puis en avant à gauche, à Pomasky, Chrzanowo Zembrzycki, Sloniawy, et en retournant à Wolka-Ostaszewska, Begno, Skaszewo, Strzegocyn, Gonsiorowo, Skorznice, Plocochowo, jusqu'à la Narew, inclusivement de tous les endroits situés au milieu.

Le 9e régiment d'infanterie de ligne : à commencer de Kaszyce près la Narew, à gauche, le long de la ligne occupée par le 1er régiment par Bielany jusqu'à Brodowo, puis retournant à Bomboly, Rembkowo, Domoslaw, Pawlowo, Leniki, Piskornia, Trzepowo, Dzierznin près la Narew, y compris tous les villages entre situés, mais avec exception de Rembkowo et trois ou quatre villages avoisinants où cantonnera la batterie Brack.

Le quartier du chef du régiment sera à Strzegocyn.

Dislocation de la deuxième brigade d'infanterie.

Le quartier du général de brigade à Ciechanow.

Le 3e bataillon d'infanterie légère : en commençant à Polny Mlyn, près de Przasnic, à Dobrzankowo, Bogate, Wenzewo, Kozino, Tabuly, Kutkie, Wolka, puis recommençant plus haut près de Polny Mlyn, à Zawadki, près de Przasnic à Golany, Skierky, Gozdzic, Wilkowo, et alors à droite, à Wolka. Le quartier du chef du bataillon pourrait être établi à Bartoldy, ou Gostkowo, ou Dobrzankowo, dont on laisse le choix.

Le 4e régiment d'infanterie de ligne : en avant de Ciechanow : Starczewizna, K. Pomorze, Czernice, Bogurcin, Paluki, Kolaczkowo, Lenki, Krole, Nieradowo, puis retournant à Konarzewo, Wolagoliminska, Golimin, Kalenczyn, Garnowo, Marusy, Strusinec, Sonsk, Dronzewo, Wielki, Skarzynek, Grabowic, en montant la rive gauche jusqu'à Ciechanow, où il y aura le quartier du chef du régiment, avec tous les endroits entre situés.

Le 10e régiment d'infanterie de ligne : à Lipowiec, s'étendant à droite derrière la ligne du 4e régiment jusqu'à Dombrowo et Kosniewo, puis retournant à Gonsocin, Slubowo, Smietanky, Bylice, Wirziky, Smolechowo, puis à gauche, à Wolka, Szczawiska, Zasonie, Przepitki, Kuchary jusqu'à Sochoczyn aux bords de la Wrka, puis remontant la rive gauche de la Wkra et de la Lidinia jusqu'à Lipowiec, y compris tous les endroits entre situés.

Le quartier du chef du régiment pourra être établi à Sarnowagara, ou dans un autre endroit qui reste à choisir.

Dislocation de la troisième brigade d'infanterie.

Le quartier du général de brigade : à Kendzierzawice, ou dans un autre endroit de près, dont le choix est laissé.

Le 6⁰ bataillon d'infanterie légère. Quartier du chef à Makow. Le bataillon s'étend à droite jusqu'aux cantonnements du 1ᵉʳ bataillon d'infanterie légère « Gedoni » à gauche jusqu'à ceux du 3ᵉ bataillon d'infanterie légère « Bernclau »; en avant vers l'Omulew jusqu'à la ligne de la cavalerie et en arrière jusqu'à la 1ʳᵉ brigade d'infanterie. Les villages frontières des régiments et bataillons sus-nommés, ci-jointes, serviront à faire la dislocation. Il est encore à observer que le village Budzin, situé dans le district du cantonnement ne doit pas être occupé, à cause de la batterie Halder qui y aura ses cantonnements.

Le 8ᵉ régiment d'infanterie de ligne : à droite de la rive de la Narew, de Budy Pobylkowsky à Pobylkowo, aura de là, se tirant à gauche derrière le 9ᵉ régiment d'infanterie de ligne, jusqu'à la Wkra, tous les endroits à sa disposition; exceptés Nowemiasto et 6 à 8 villages avoisinants où la batterie de 12 Roys cantonnera, puis Nasielsk où s'établira la réserve de l'artillerie, comme aussi Psucyn ou Czarnowo, dont un doit être réservé pour le dépôt des chevaux malades.

Dislocation de l'artillerie.

Les deux batteries légères Halder et Widemann seront placées en avant, derrière la cavalerie, dans la ligne des bataillons d'infanterie légère. Savoir : la batterie Halder, en avant de Makow à Budzin, en attirant 6 à 8 villages avoisinants en cas de besoin. La batterie Widemann à Gostkowo et villages avoisinants.

La batterie Brack à Rembkowo et 3 à 4 villages des plus près.

La batterie de 12 Roys à Nowemiasto et 6 à 8 villages avoisinants.

La réserve à Nasielsk.

Le général de Wrède rend compte de l'arrivée de sa division sur les nouveaux emplacements prescrits. Il installe sans retard une manutention à Willenberg, abandonnant ses fours de Mlawa à peine terminés...

Gouvion Saint-Cyr écrit aussitôt au Vice-Roi pour lui signaler la situation difficile de la division de Wrède et lui réclamer des farines.

Le Général de Wrède au Général Gouvion Saint-Cyr.

Mlawa, le 27 mai 1812.

Monsieur le Général en chef, .

J'ai chargé le capitaine prince de Taxis, porteur d'ordres pour le général de Vincenti, de vous rendre verbalement compte que j'ai reçu aujourd'hui à mon passage à Szrensk l'ordre qui change les dispositions des cantonnements arrêtés précédemment et me donne ma direction avec la tête de ma division sur Willenberg. Conformément à cette nouvelle disposition, j'ai tout de suite changé celle de mes différentes brigades. Ma cavalerie arrivera demain à Willenberg et moi après-demain ainsi que le 5e régiment de ligne de ma 3e brigade d'infanterie; le reste de cette brigade sera à cheval sur l'Omulew ainsi que mes deux batteries légères. La tête de ma 2e brigade d'infanterie s'approchera de l'Omulew, le gros de cette brigade sera à Janow le long de l'Orzyc, ma 1re brigade d'infanterie aura sa gauche à Chorzellen, sa tête jusqu'à Myszyniec et appuyera sa droite à la rivière de Skwa. J'ai cru remplir les intentions de Votre Excellence en étendant un peu ma droite pour gagner un peu plus de terrain et faciliter par là les moyens de subsistance. Trois de mes batteries cantonneront derrière la rivière de l'Orzyc entre Janow et Chorzellen et la réserve étendra ses cantonnements jusqu'à deux lieues de Przasnic.

Mes commissaires et mes boulangers viennent de partir pour Willenberg pour y établir une manutention aussi grande que possible. Les quatre fours que j'avais fait faire ici ont été à peine finis que je dois les quitter; en attendant, mes 2e et 3e brigades ainsi que mon artillerie prendront ici du pain pour trois jours. Quant à ma 1re brigade d'infanterie, je lui établirai une petite boulangerie à Chorzellen. Mais jusqu'à ce qu'elle soit finie, elle devra prendre ses vivres à Przasnic et je prie Votre Excellence de vouloir la protéger, pour qu'elle les reçoive exactement.

Comme je m'éloigne de plus en plus de mon hôpital de Wroclawick, je tâcherai de trouver un endroit convenable au centre de mes cantonnements où je pourrai faire soigner mes malades.

Il me paraît urgemment nécessaire que S. A. I. le Vice-Roi nous envoye du blé par Ciechanow à Chorzellen, pour pouvoir faire du pain. J'envoie de mes officiers du génie, pour reconnaître les rivières de l'Orzyc et de l'Omulew, afin que si les ponts de communication manquent, ils soient établis sans délai.

En priant Votre Excellence de me faire connaître les dispositions et précautions qui sont peut-être à prendre envers nos voisins, parce que j'ignore absolument ce qui est devant moi et à ma droite, j'ai l'honneur d'être avec une considération très distinguée.

Le Général,
Comte DE WRÈDE.

P. S. — L'officier et les 20 hommes de ma cavalerie que vous m'avez fait demander pour votre escorte, arriveront après-demain à votre quartier général de Przasnic.

Minute (*de la main de d'Albignac*) *d'une lettre adressée au
Prince Eugène par Gouvion Saint-Cyr.*

A Bogate (vers le 27 mai).

Les ordres ont été envoyés, ainsi que me le prescrit Votre Altesse Impériale, au général commandant la 20ᵉ division de laisser libre la route de Mlawa à Neidenburg par laquelle les troupes du 4ᵉ corps doivent se diriger.

Votre Altesse Impériale voudra bien me permettre de lui faire observer qu'en quittant Mlawa, où le général Wrède venait d'établir sa principale manutention, mes moyens de subsistance vont encore être diminués jusqu'à ce qu'un nouvel établissement ait pu avoir lieu à Willenberg.

Je dois renouveler des demandes de farine à Votre Altesse, car le pays étant tout à fait dépourvu, les troupes du 6ᵉ corps ont déjà épuisé dans leur marche des bords de la Vistule le peu de vivres qu'elles avaient pris.

J'ai donné l'ordre au sous-préfet de Przasnic de rassembler 200 voitures à Racionz pour y prendre les farines qui me seront envoyées de Plock; de Racionz, elles seront menées à Ciechanow et de là à Przasnic, où je puis faire faire de 15 à 20.000 rations par jour. De Przasnic, le pain sera porté dans les différents lieux occupés par les troupes du 6ᵉ corps par les caissons des divisions dont les chevaux sont déjà extrêmement fatigués et suffisent à peine à ce service. Votre Altesse voudra bien se rappeler que les caissons du 6ᵉ corps ne peuvent porter que pour deux jours de pain, ne pouvant contenir que 60.000 rations.

Les avis, Monseigneur, que j'ai reçus d'Ostrolenka par les officiers que j'y ai envoyés sont qu'il ne reste plus rien dans l'arrondissement; les Polonais qui y cantonnent ne reçoivent plus de distributions. Le sous-préfet m'a répondu qu'il ne pouvait plus rien fournir, à cause des troupes à cheval cantonnées dans ce district.

Le préfet de Lomza ne répond pas aux lettres qui lui sont écrites, pas même au Chef de mon état-major; je viens de faire partir encore un officier pour le menacer d'envoyer une division dans son département, s'il n'obéit pas aux ordres du Ministre de l'Intérieur du Grand-Duché.

Votre Altesse voit que si des farines ne m'arrivent pas, les troupes vont manquer de pain; si des farines m'arrivaient de Lomza, je les ferai filer sur Willenberg après avoir pris ce qui m'est nécessaire pour le courant.

On a manqué un jour de pain. Les chevaux sont réduits à l'herbe et à la paille des toits

En bon officier de cavalerie, le général de Seydewitz annonce à d'Albignac qu'il va lui envoyer le lieutenant de Knecht rentrant d'une mission à Lomza : cet officier pourra détailler le rapport qu'il a déjà transmis, et donner de vive voix au chef d'état-major du corps d'armée tous les renseignements recueillis sur la conduite des autorités polonaises et sur les positions de l'ennemi.

Le Général de Seydewitz à M. l'Adjudant-Commandant d'Albignac, Chef d'État-Major du 6ᵉ corps, à Bogate.

Krasnosielc, ce 27 mai 1812.

Monsieur l'Adjudant-Commandant,

Je n'aurais nullement manqué, Monsieur l'Adjudant-Commandant, à donner des nouvelles à Son Excellence M. le Général en chef, si jusqu'à ce moment il m'en était parvenu ; vous devez en ce moment avoir reçu le rapport des démarches que j'ai faites auprès de différentes préfectures et nommément celle de Lomza, à l'égard de l'approvisionnement de ma brigade et des vivres à fournir au 6ᵉ corps en général ; je ne pouvais vous l'envoyer plus tôt, M. de Knecht n'ayant pu arriver, à cause des distances éloignées des différents chefs-lieux, que ce matin. Il partira dans quelques heures pour se rendre auprès de vous, et vous détailler encore plus amplement les résultats de sa mission et les renseignements qu'il a été à même de prendre, tant sur le caractère des différentes autorités et de leur manière d'agir que des espérances qu'on en peut avoir, ainsi que sur la position actuelle de l'armée russe sur la frontière.

J'ai l'honneur d'être avec la plus haute considération

Le Général de brigade,
Comte DE SEYDEWITZ.

P. S. — J'aurais moi-même l'honneur de me rendre cet après-dîner auprès de Son Excellence, si une indisposition ne m'en empêchait.

NOTE *sur la position des troupes polonaises en avant du 6ᵉ corps.*

Le 1ᵉʳ régiment de Hussards polonais que commande le colonel Przebidowski cantonne à Wiskow et environs, dans le cercle de Pultusk, sur la rive droite du Bug et la rive gauche de la Narew jusqu'aux frontières de Russie.

Le 2ᵉ régiment que commande le colonel Azymski cantonne à Ostrow, Andrzejewo, etc. : ces deux régiments occupent 6 à 7 milles de pays, sous le général de brigade Piétrowsky, de la division du général Dombrowski.

Le 10ᵉ, commandé par le colonel Umynsky, cantonne à Ostrolenka et environs ; 2 compagnies de ce régiment sont à Sniadow.

Le *6ᵉ régiment* commandé par le colonel Ponkowsky, de la brigade Niemojewsky et de la division du général Bruyère, cantonne à Marienpole et environs. Ce sont les seules troupes polonaises qui soient dans le département de Lomza. Le préfet croit qu'il y a aussi près de Marienpole des troupes françaises.

Les ponts sur la Narew sont à Ostrolenka, à Lomza, à Vierzbice, entre Pultusk et Siérock et à Siérock même. Le préfet n'a aucuns matériaux pour construire des ponts; les bateaux qui se trouvaient sur la Narew ont été brûlés par ordre du général Davout. On présume que les Russes se sont retirés faute de vivres; ils ont pris position sur les anciennes frontières prussiennes où ils se retranchent; un paysan sur trois maisons est obligé d'y tenir.

Le préfet prie Son Excellence de vouloir bien donner l'ordre aux chevau-légers cantonnés entre l'Omulew et l'Orzic de recevoir et porter ses lettres depuis Nowawies.

Le colonel du 3ᵉ régiment de chevau-légers a pris les clefs du magasin à Nowawies et tire de ce magasin pour la subsistance de ses troupes.

Point de correspondance avec Lomza.

Dès le lendemain, le général de Seydewitz annonce que le général Niemojewski, commandant la brigade de cavalerie polonaise établie à Ostrolenka, menace de faire enlever les transports de vivres destinés aux Bavarois; il joint à sa lettre celle que lui a adressée le général polonais; celui-ci prétend ne faire qu'user de représailles vis-à-vis des troupes bavaroises, qui ont mis la main sur le magasin de Nowawies constitué par sa brigade et uniquement pour elle.

Le Général de Seydewitz à M. l'Adjudant-Commandant d'Albignac, Chef de l'État-Major du 6ᵉ corps d'armée.

Krasnosiele, 28 mai 1812.

J'ai l'honneur de vous envoyer une lettre que j'ai reçue de M. le général Niemojewski, qui menace de nous enlever les transports qui pourraient nous arriver. Je lui ai répondu, d'après les intentions que vous m'avez fait savoir hier, et lui ai en même temps annoncé qu'il pourrait faire chercher 60 quintaux de farine et quelques provisions d'eau-de-vie, et que les petits détachements cantonnés dans les environs pouvaient en tirer quelques fourrages.

J'ai l'honneur d'être avec la plus haute considération.

Le Général de brigade,
Comte DE SEYDEWITZ.

GRANDE ARMÉE
1ᵉʳ CORPS
15ᵉ BRIGADE
de cavalerie légère
de réserve

Le Général Niemojewski à M. le Général commandant la 1ʳᵉ brigade de cavalerie de S. M. le Roi de Bavière, Comte de Seydewitz.

Ostrolenka, le 27 mai 1812.

M. le chef d'escadron baron Hertling me mande aujourd'hui qu'il vous a communiqué, Monsieur le Général, ma lettre du 26 du mois courant, adressée à lui, où j'ai demandé qu'il rende des clefs ôtées au garde-magasin de Nowawies, et qu'il laisse prendre des fourrages au capitaine du 10ᵉ hussards polonais. Le même chef d'escadron m'exprime aussi qu'il ne peut pas suivre mon invitation, vu que ses ordres ne le lui permettent pas, et qu'il s'est adressé à vous pour vous en informer, mon Général. Il est vrai aussi que M. le colonel du 3ᵉ chevau-légers de Sa Majesté de Bavière m'envoya aujourd'hui un officier, en demandant excuse que tout ce qui se passa à Nowawies, par rapport au cantonnement et aux procédés arbitraires à l'égard du magasin, vient de ce qu'on ne savait que ce magasin appartient uniquement à la 15ᵉ brigade. L'excuse serait bonne s'il en résultait un effet utile à ma brigade ; mais les choses restent jusqu'au moment dans le même état, de manière que depuis deux jours je n'obtiens plus de fourrages.

Je vous préviens donc, mon Général, qu'en suivant l'exemple de vos troupes, ou plutôt, — car il ne convient pas d'imiter des mauvais exemples, — en me servant de représailles, j'ai déjà donné des ordres à mettre en dépôt provisoire tout le transport des fourrages et vivres qui est conduit à présent pour ces troupes. Je vous assure, en même temps, que je le ferai retenir jusqu'au moment où le magasin de Nowawies, qui doit uniquement son existence aux efforts de ma brigade, ne retourne pas sous ma disposition. Vous conviendrez bien, mon Général, que de pareilles mesures ne sont que justes.

Je vous prie encore de donner des ordres que vos troupes ne soient à Nowawies en cantonnement, car ce village est destiné spécialement par Son Altesse le Prince d'Eckmühl, commandant en chef, pour le cantonnement de ma brigade.

Agréez, mon Général, l'assurance de ma parfaite considération.

Le Général commandant la 15ᵉ brigade
de cavalerie légère,
J. NIEMOJEWSKI.

Le préfet de Plock demande à Saint-Cyr l'appui de la force militaire pour aider le sous-préfet de Przasnic dans la levée des réquisitions :

Le Préfet du département de Plock à M. le Général de division comte Gouvion Saint-Cyr, commandant en chef le 6ᵉ corps de la Grande Armée.

Plock, le 28 mai 1812.

Monsieur le Comte,

Je reçus la lettre que Votre Excellence m'a fait l'honneur de m'adresser, en date du 25 de ce mois, qui me porte des réclamations sur le manque de provisions dans les magasins. Je regrette beaucoup de ne pouvoir autant que je le désire remédier à cet inconvénient, le peu de ressources que j'avais assurées pour le service de l'armée m'ayant été ôtées, depuis que l'administration française a pris à sa disposition tout ce qui avait été déterré et réservé par mes soins au magasin principal de Modlin et de Plock, tellement que même les 4.000 quintaux de farine que j'ai destinés pour Przasnic sont mis en séquestre comme tous les dépôts particuliers assurés sur la Vistule pour le gouvernement français et dont malheureusement, jusqu'à ce moment, on n'a pas fait aucun usage pour le service de l'armée. A la fin pourtant, je suis parvenu à effectuer de ces dépôts quelques renforts pour l'approvisionnement des magasins sur les points occupés par les troupes du 6ᵉ corps, n'ayant point d'autres ressources à ma disposition, et je donne en conséquence des ordres au sous-préfet de Przasnic de réunir tous ses moyens de transports et de les envoyer sous l'escorte partiellement pour prendre le froment à Wiszogrod et Czerwinsk et le seigle à Plock, d'où il se peut que l'on pourrait délivrer une partie de farine.

Ayez seulement la grâce, Monsieur le Général, de faire donner à ce fonctionnaire qui est de la meilleure volonté toute aide et appui nécessaire de la force militaire.

Du reste, la pénurie générale du pays étant connue aux autorités françaises par mes réclamations, ce n'est pas à moi que l'on pourra s'en tenir, n'ayant point été consulté sur le calcul à faire des forces du pays et des charges que l'on lui impose.

J'ai l'honneur de réitérer à Votre Excellence l'assurance de ma plus haute considération.

Le Préfet,
RUMBIELINSKI.

Le très ponctuel commissaire Touchant n'oublie pas de réclamer l'accusé de réception d'un convoi d'avoine.

Le lendemain, il recommande qu'on lui renvoie exactement les sacs d'avoine quand ils auront été vidés.

(L'original est en allemand)

Le Commissaire Touchant au Colonel d'Albignac, Chef d'État-Major du 6ᵉ corps d'armée, à Bogate.

Makow, le 28 mai 1812.

On a l'honneur d'envoyer sous l'escorte d'un sous-officier et 4 hommes un convoi de 11 voitures avec 32 sacs contenant 42 boisseaux d'avoine.

Par suite du manque de relais et de sacs, il n'est pas possible d'envoyer le tout en une seule fois; on s'efforcera, au plus tard jusqu'à demain, de donner satisfaction à l'ordre reçu et d'envoyer le reste avec 58 boisseaux.

On demande de renvoyer au sous-soussigné l'accusé de réception.

Avec la plus grande considération, votre très obéissant,

TOUCHANT.

(L'original est en allemand)

Makow, le 29 mai 1812.

Le très obéissant soussigné envoie par l'escorte le reste de l'avoine demandée avec 58 boisseaux d'avoine (mesure de Varsovie), contenus dans 40 sacs.

Il demande qu'on veuille bien lui donner un accusé de réception et demande également que les sacs qui ont été fournis par les communes et les paysans lui soient renvoyés par le caporal, après avoir été vidés.

Il a l'honneur d'être avec le plus profond respect, votre très obéissant.

TOUCHANT,
Commissaire des guerres bavarois.

Le préfet de Lomza s'excuse de ce que sa lettre du 25 mai ne soit pas parvenue et en adresse une copie certifiée. Il se disculpe des reproches qui lui ont été adressés par le commandant du 6ᵉ corps : il se décide à fournir des vivres, mais réclame « une compagnie à cheval » pour assurer les réquisitions et escorter les transports de denrées. Enfin, il décline toute responsabilité au sujet de la sûreté du magasin de Lomza, dont le général polonais Niemojewski réclame la moitié.

Le Préfet de Lomza, à M. le Chef de l'État-Major Général du 6ᵉ corps, à Bogate.

Lomza, le 28 mai 1812.

Monsieur le Chef de l'état-major du 6ᵉ corps,

Très sensible aux reproches que vous venez de me faire par la lettre qui m'a été soumise aujourd'hui par M. le secrétaire de l'état-major, je dois vous faire connaître, Monsieur, que rien ne m'occupe plus que le soin pour les troupes relativement à leur subsistance. C'est par un accident fâcheux que ma réponse sur la lettre que vous m'avez adressée sous le 25ᵉ de ce mois ne vous est pas parvenue, y ayant détaillé toutes les circonstances. Je me vois obligé de vous en communiquer une copie ci-jointe, dont l'original est expédié sous l'adresse du sous-préfet de Przasnic le 25ᵉ du courant n° 705. Je n'ai rien à y ajouter, seulement que je suis décidé de vous faire fournir en attendant aux premiers besoins, tout ce qui est dans mon pouvoir, — c'est-à-dire :

    100 quintaux de farine de seigle;
    180 szefel d'avoine;
    180 szefel de seigle;
    60 szefel de froment;
    100 quintaux de foin;

Ce transport ne pouvant se faire sans escorte, vous aurez soin, Monsieur, de le faire arriver au plus vite ici, à Lomza, et pour accélérer le transport, il sera nécessaire que vous voudrez bien donner du secours par des chevaux de fourgon, vu que les chevaux de ce département se trouvent si affaiblis, faute de nourriture, qu'ils ont de la peine à y arriver.

Pour pouvoir satisfaire à l'avenir à vos réquisitions le mieux qu'il me sera possible, il me faut une assistance militaire; c'est pourquoi, je vous prie, Monsieur, de faire venir une compagnie à cheval à ma disposition, moyennant de laquelle je serais mis en état de ramasser tout ce qui reste encore chez les habitants après les fourragements des 6 régiments de la cavalerie polonaise qui continuent jusqu'à ce moment dans ce département, lequel ayant une étendue considérable de 50 à 60 milles polonais, exige des mesures plus assurées que par des simples réquisitions. Cette compagnie servira en même temps pour escorte pour assurer les transports.

Au reste, Monsieur, je dois vous avertir que je ne suis pas en état de garantir pour la sûreté même du magasin de Lomza, dont la plus grande moitié est destinée pour vos premiers besoins, parce que ledit magasin, comme tous les autres de mon département, sont pris en réquisitions par le général Niemojewski à qui il faudrait que vous vous adressiez pour obvenir aux inconvénients qui peuvent arriver, d'autant plus que je ne saurais vous dire combien ou pourra trouver encore de subsistances dans mon département, parce que les procédés des militaires m'en ont ôté toute connaissance.

J'ai l'honneur, Monsieur, de vous saluer.

Le Préfet du département de Lomza,
LASOCKI.

(Copie).

Le Préfet de Lomza à M. le Chef de l'État-Major Général du 6ᵉ corps d'armée (1).

Monsieur,

Il est bien vrai, Monsieur, que dans le temps où aucune troupe ne consistait pas encore dans le département de Lomza, la plupart des vivres et des fourrages était destiné aux magasins d'Ostrolenka, Pultusk, Przasnic, etc. Dans le département de Plock, une partie est déjà aux dits magasins ; le reste, à cause de la disette et faute de bestiaux, ne pouvait pas être transporté avec une célérité nécessaire, surtout des districts éloignés de 20 à 60 lieues de Pologne : néanmoins, convaincu de la plus grande nécessité d'aller aux magasins de Plock, j'ai pris en réquisition 11 bateaux nommés berlines pour accélérer la livraison mentionnée. Mais dans le moment où je les fis charger de grains, M. le général Niemojewski, par ordre de Son Altesse le prince d'Eckmühl, les fit transporter avec les vivres qui étaient à Ostrolenka, de sorte que j'ai été obligé de changer toutes mes dispositions, en ordonnant aux sous-préfets des trois districts voisins du département de Plock de faire lesdits transports sur des chariots ; il était bien à prévoir que ce moyen-là trouverait beaucoup de difficultés, auxquelles beaucoup d'autres se joignirent, car M. le général Niemojewski voulant approvisionner les magasins d'Ostrolenka — sans égard que les autres magasins de Plock étant dans le même besoin et ne pouvant nullement être si promptement remplis, — a donné l'ordre à des régiments qui consistent depuis quelque temps dans le département de Lomza, non seulement fourrager pour leur propre besoin, mais aussi de s'emparer de tout ce qui s'y trouvait pour le transporter aux magasins d'Ostrolenka. Ces procédés militaires m'ont ôté tous les moyens pour satisfaire les réquisitions du préfet de Plock et de plusieurs sous-préfets de son département. Je reçois journellement des rapports de mes sous-préfets que les chariots destinés pour le transport des fourrages sont disposés militairement comme des fourrages.

Voilà, Monsieur, tout ce que je puis vous assurer, c'est que je ne manque pas de faire tout mon possible à l'égard de l'approvisionnement de tous les magasins du département de Plock, en prenant même en réquisition le reste de grain que je trouve de superflu chez les habitants.

---

(1) Cette lettre était jointe à celle écrite à M. le sous-préfet de Przasnic.

Avant quelques jours, le général ordonnateur Fischer m'a fait avertir qu'une nouvelle division viendrait bientôt dans ce département : vous sentez bien, Monsieur, qu'en fournissant aux magasins de Plock, je dois tâcher absolument d'approvisionner aussi les miens, ce qui dans la disette presqu'universelle — surtout lorsque les réquisitions militaires ont lieu — ne se laisse pas si aisément accomplir.

Je crois, Monsieur, qu'en vous exposant fidèlement ma situation, vous serez convaincu que la meilleure volonté, privée de tous les moyens possibles, n'est pas en état de satisfaire toutes les réquisitions qui me viennent de tous côtés.

Vous voudrez bien agréer ma plus haute considération.

Pour copie conforme à l'original.
LASOCKI.

Sur les instances du capitaine de Gumpenberg envoyé en reconnaissance par le général de Wrède, le commissaire ordonnateur bavarois Böhm rend compte à d'Albignac qu'il vient d'écrire au général de Preysing pour le prier d'envoyer d'urgence à Lomza un détachement de chevau-légers : cette troupe est réclamée par le préfet comme indispensable pour assurer la réquisition et l'escorte des vivres et des fourrages qui doivent être conduits à Przasnic.

Böhm, formaliste comme tout bon fonctionnaire allemand, s'excuse auprès de d'Albignac de ne pouvoir venir parler au général Gouvion Saint-Cyr, ce dernier s'étant servi du commissaire des guerres Foresti pour lui transmettre ses ordres......

(L'original est en allemand)

Le Commissaire ordonnateur Böhm au Colonel d'Albignac.

Przasnic, le 28 mai 1812.

Monsieur le Colonel Chef d'état-major,

Voici la situation au sujet des approvisionnements en vivres qui ont été demandés à Lomza.

Hier matin est venu me trouver M. le capitaine aide de camp baron de Gumpenberg, que le général comte de Wrède a envoyé dans toutes les régions avoisinantes pour examiner et rechercher où il y avait encore des magasins, ou bien où il serait possible de se procurer des vivres et des fourrages pour les amener dans les magasins des cantonnements du 6ᵉ corps d'armée.

M. le capitaine baron de Gumpenberg m'a dit qu'il s'était rendu également à Lomza, où le préfet de cet endroit lui avait déclaré qu'il serait possible de se procurer encore une certaine quantité d'avoine, de blé, etc., mais que, aussi bien pour l'exécution de la réquisition que pour assurer le transport ici, il faudrait avoir des troupes.

M. le capitaine baron de Gumpenberg aurait bien voulu adresser ce renseignement à son général comte de Wrède, mais comme hier matin il ne savait pas encore où il pourrait rencontrer le dit officier général et comme il pouvait être ensuite trop tard si des militaires n'étaient pas dirigés aussitôt sur Lomza, il me conseilla alors de prendre de suite les dispositions nécessaires pour que des troupes soient envoyées auprès du préfet de Lomza et que les denrées soient transportées ici dans le magasin par ces mêmes troupes.

Comme je croyais qu'il était dans mes attributions et de mon devoir de profiter de toute occasion, étant donné le manque presque complet de moyens de nourrir les troupes, pour amener quelque chose dans les magasins, j'ai alors rédigé un mot d'écrit à l'adresse de M. le préfet de Lomza, que j'ai fait parvenir à M. le général comte Preysing, en demandant de vouloir bien envoyer à Lomza un officier et une vingtaine de cavaliers qui remettraient la lettre en question au préfet, aideraient celui-ci à assurer la réunion des vivres et des fourrages et ensuite assureraient le transport en toute sécurité dans le magasin d'ici de tout ce qu'ils auraient reçu du préfet.

J'ai fait également communiquer tout ceci verbalement à M. le colonel chef d'état-major par M. le lieutenant de Celo qui était hier ici.

Quant à savoir si M. le général comte Preysing a envoyé à Lomza l'officier, je n'ai reçu à ce sujet, jusqu'à l'instant présent, aucune autre nouvelle.

Si je ne me suis pas rendu à Ciechanow auprès de Son Excellence M. le général, c'était parce que je ne peux pas parler avec lui et que Son Excellence m'a fait transmettre par le commissaire des guerres Foresti ses autres ordres.

Mais comme rien ne m'a alors été dit, je devais croire que son Excellence n'avait aucun ordre à me faire parvenir à ce sujet. J'aurais voulu pouvoir m'entretenir en personne avec Son Excellence, ou que celle-ci me fasse communiquer par le commissaire des guerres Foresti tous les ordres et toutes les instructions que Son Excellence souhaite, et alors ensuite je n'aurais certainement ménagé ni mon activité ni ma peine pour donner pleine satisfaction en tout ce qui concerne l'administration et les subsistances.

Des troupes de la brigade Vincenti, le 2ᵉ et le 6ᵉ régiments, puis de la brigade de cavalerie Preysing, le 4ᵉ et le 5ᵉ régiments de chevau-légers, ont tiré du magasin d'ici leurs vivres et fourrages pour deux jours.

Il résulte de ceci que les approvisionnements d'ici sont presque tous épuisés.

Avec les 340 quintaux de farine qui se trouvent ici, les boulangers militaires ont commencé à cuire à la date de ce jour. Mais rien ne sera livré de ceci, sans de nouveaux ordres supérieurs.

J'ai l'honneur d'être avec la plus parfaite considération.

Le Commissaire ordonnateur.
Böhm.

(L'original est en allemand.)

Przasnic, le 27 mai 1812.

Je peux vous trouver ici dans le magasin :
- 10 boisseaux 13 tiral de froment.
- 224 boisseaux 3 tiral de seigle.
- 300 quintaux 47 tiral de farine de froment.
- 98 quintaux 94 tiral de farine de seigle.
- 16.240 portions de pain, dont toutefois les boulangers doivent encore.
- 6.000 portions.
- 3.000 rations de biscuit.
- 30 quintaux de riz.
- 180 granitz d'eau-de-vie.
- 18 boisseaux 5 tiral de gruau.
- 35 quintaux de paille.
- 3.800 rations.
- 257 bœufs, dont il n'y a que 51 ; les autres sont à livrer par le sous-préfet aidé par l'assistance militaire.

Dès que l'avis en sera donné de Lomza, il y aura à y prendre encore plusieurs vivres et fourrages ; à cet effet, l'officier et 26 hommes de la brigade de cavalerie de M. le général comte Preysing seront requis pour les y prendre et les distribuer.

Le Commissaire ordonnateur.
Böhm.

Les approvisionnements ci-dessus ont été livrés :

au 2ᵉ rég. d'inf. de ligne.	2	(jours)
— 6ᵉ — —	1	—
— 4ᵉ chevau-légers ...	2	—
— 5ᵉ — ...	2	—
quartier général......	2	—

Jusqu'à demain, je puis livrer ce qui se trouve encore en magasin.

Böhm.

Avisé de la nécessité d'envoyer d'urgence un détachement de cavalerie à Lomza pour assurer les réquisitions et constituer leurs escortes, d'Albignac a aussitôt prévenu le général de Seydewitz, dont une colonne marchait sur Lomza, d'avoir à remplir cette mission. Le général de Seydewitz informe le chef d'état-major des ordres qu'il a donnés à ce sujet. — Il lui écrit le même jour à propos de la composition du piquet d'escorte du général Gouvion Saint-Cyr.

Le Général de Seydewitz à M. l'Adjudant-Commandant d'Albignac, Chef de l'État-Major du 6e corps, au quartier général, à Bogate.

Krasnosielc, ce 29 mai 1812.

Monsieur l'Adjudant-Commandant,
D'après ce que vous m'avez fait l'honneur de m'écrire, j'ai de suite donné l'ordre que l'officier qui commande le détachement qui se porte sur Lomza remplisse sa mission aussi vite que possible et qu'il marche ensuite sur Willenberg.
Quant aux magasins de Nowawies, comme il s'y trouve encore une assez grande quantité de farine, je ne puis vous dire au juste quand je pourrai avoir rassemblé les voitures de transports, mais j'aurais l'honneur de vous le faire savoir au juste demain, à une heure; préalablement, je crois que tout ce qui se trouve encore là pourra être chargé jusqu'à demain au soir.
Le peu de provisions que les régiments ont tiré du magasin de Nowawies peut marcher avec la troupe.
J'ai l'honneur d'être avec la plus haute considération.

Le Général de brigade,
Comte DE SEYDEWITZ.

P. S. — Ayant trouvé trois Willenberg sur la carte, je pense que c'est la ville de Willenberg sur l'Omulew à 7 milles d'ici; à quoi je vous prie de me donner la certitude.

———

Le Général de Seydewitz à M. l'Adjudant-Commandant d'Albignac, Chef de l'État-Major du 6e corps d'armée, à Bogate.

Krasnosielc, ce 29 mai 1812.

Monsieur l'Adjudant-Commandant.
En formant le piquet de Son Excellence M. le général commandant en chef du corps d'armée, l'ordre de M. le général de Deroy porte que l'on doit choisir par escadron 2 hommes de toute la brigade: mais comme un escadron du 6e régiment était détaché, je fus obligé de prendre d'un escadron de ce régiment 4 hommes; pour plus d'égalité dans le service et remplir les instructions de M. le général de Deroy, je désire relever les 2 hommes que cet escadron a donnés de trop par les 2 hommes que j'ai l'honneur de

vous envoyer; j'ose en même temps vous prier, Monsieur l'Adjudant-Commandant, de vouloir donner les ordres pour que l'ancien piquet d'un capitaine et 12 hommes que commandait M. le premier lieutenant de Parisell soit renvoyé à son régiment, comme vous aviez eu la bonté de me promettre que cela se ferait à Przasnic. Je n'ai du reste aucune nouvelle à vous apprendre, et vous prie de recevoir l'assurance de la plus haute considération.

Le Général de brigade,
Comte DE SEYDEWITZ.

P.S. — La brigade a tiré des vivres pour deux jours au magasin de Nowavies; pour du pain, ce magasin pourra encore en fournir pour 6 à 8 jours.

Fortement stimulé, le préfet de Lomza semble disposé à venir en aide aux Bavarois pour l'approvisionnement du magasin de Przasnic : mais il demande à d'Albignac l'appui d'une troupe de cavalerie pour protéger les convois contre la voracité des régiments polonais du général Niemojewski :

Le Préfet de Lomza à M. d'Albignac, Chef de l'État-Major Général du 6e corps d'armée, à Przasnic.

Lomza, le 29 mai 1812.

Monsieur,

J'ai eu l'honneur de vous avertir par ma lettre d'hier de la disposition que j'ai bien voulu faire sur les minces provisions qui se trouvent dans le magasin de Lomza en faveur de celui de Przasnic, mais malheureusement je viens de faire l'expérience de nouveau qu'on s'efforce à s'opposer à mes arrangements.

Je n'ai donc rien de plus pressant que de vous prévenir, Monsieur, qu'après le départ de M. le secrétaire de l'état-major, le sous-préfet de Tykoczyn m'avertit qu'il est tout à fait hors d'état de fournir la plus moindre chose à Przasnic, vu que les troupes dont l'état-major est à Ostrow vont à fourrager incessamment et sans égard, s'emparant en même temps de toutes les provisions qu'on avait ramassées déjà pour être conduites à Przasnic.

Le sous-préfet de Lomza m'informe que les habitants désignés à fournir au dit magasin tiennent prêtes leurs provisions et ne désirent que de les pouvoir conduire par escorte, craignant que leurs transports seront pris en chemin faisant par des troupes incompétentes. Ce pressentiment se vérifie par le rapport qu'on me fait dans ce moment et par lequel j'apprends qu'on s'est déjà emparé de plusieurs provisions chez les mêmes habitants dont je viens de faire mention.

Hier, vers le soir, arrive un officier du 8ᵉ régiment des uhlans qui, au nom de son colonel, demande que je lui fournisse du magasin de Lomza les vivres et fourrages nécessaires pour tout le régiment. Après ma déclaration que j'ai déjà disposé à les faire conduire à Przasnic, l'officier prend recours au commandant de la place lequel, en intelligence avec le commandant du département, distribue tout de suite les bons et ordonne de prendre les fourrages nécessaires du magasin d'ici sans m'en avertir.

Un détachement du 6ᵉ régiment des uhlans étant arrivé hier après-midi a procédé de même façon.

De *Sochoczyn*, j'apprends aujourd'hui que, par ordre du général Niemojewski, on a transporté hier toutes les provisions qui se trouvaient dans le magasin tout droitement à Ostrolenka.

Vous jugez bien, Monsieur, par ce récit, qu'aussi longtemps que je me trouverai sans assistance, je serai toujours hors d'état de pouvoir exécuter mes dispositions.

Je vous prie donc, Monsieur, de venir à mon secours par un détachement à cheval, moyennant duquel je serais en état de pouvoir approvisionner le magasin de Przasnic et de satisfaire par là à vos désirs.

J'ai l'honneur de vous saluer.

Le Préfet du département de Lomza.

LASOCKI.

P. S. — Dans ce moment-ci, l'escadron de la cavalerie bavaroise arrive; j'espère donc de pouvoir mieux, et avec succès, exécuter mes dispositions touchant l'approvisionnement du magasin de Przasnic.

Dans la curieuse lettre suivante, le général de Seydewitz prend d'Albignac pour confident d'un gros ennui provenant de ce qu'il a adressé directement au général Gouvion Saint-Cyr, — vu l'urgence, — un rapport faisant connaître que les magasins où il devait approvisionner sa brigade étaient vides. Fortement réprimandé par son divisionnaire le vieux Deroy, et accusé par lui de manquements habituels aux règlements hiérarchiques, le brave Seydewitz rappelle les témoignages de satisfaction qu'il a reçus du maréchal Lefebvre ainsi que du général Drouet pendant la dernière campagne, et plutôt que de se laisser « chicaner », assure qu'il donnera sa démission... :

CHAPITRE III

Le Général de Seydewitz au Colonel d'Albignac.

Krasnosielc, ce 29 mai 1812.

Mon Colonel,

Une lettre que je viens de recevoir de M. le général de Deroy m'engage à vous dépeindre la situation dans laquelle je me trouve, en vous priant cependant, mon Colonel, de la recevoir comme une missive particulière, de n'en point faire une affaire officielle, mais d'en parler à Son Excellence M. le Général commandant en chef comte de Gouvion, et d'en tirer le résultat que vous jugerez à propos.

En arrivant ici, je fis mon rapport sur le manque de vivres total de ma brigade au général de Deroy, en l'informant que dans tous les magasins qu'il m'a indiqués à Makow, Ostrolenka, Przasnic, je n'ai reçu la moindre chose. Je l'avertis de même que j'en avais fait mon rapport à Son Excellence M. le Commandant en chef ; sur quoi, je reçus de M. le général de Deroy une forte réprimande de ce que je m'avisais de faire des rapports directs au Commandant en chef, que ces rapports occasionnaient des ordres directs de même, et que par là son autorité était éludée, qu'on me connaissait déjà par mes procédés dans la dernière campagne, que je cherchais toujours à me mettre en relation directe avec les Commandants en chef à la tête du corps d'armée bavarois, et qu'enfin ces rapports ne pouvaient avoir lieu que dans des circonstances très pressées.

Il serait trop long de vous détailler d'où ces chicanes partent et je me réserverai cela à la première occasion que j'aurai l'honneur de vous voir. La confiance et les marques de contentement que j'ai reçus dans la dernière campagne de M. le maréchal duc de Danzig et du général comte de Drouet, ainsi que les missions dont j'ai été chargé aux dépens de quelques-uns de mes collègues et qu'on ne peut oublier, en sont la principale cause.

Je désire avoir l'occasion de prouver que je ne cherche dans toutes occasions que le bien du service, et de contribuer de tout mon pouvoir aux succès des opérations du corps d'armée ; mais vous jugerez vous-même, mon Colonel, que mon existence est des plus désagréables, et que si on ne cherche d'une manière ou d'une autre à me tirer de cette situation pénible, le résultat ne peut être que fort malheureux pour ma brigade; et ne voulant ni me laisser chicaner mal à propos, ni risquer de perdre la réputation acquise par tant d'années de service, je me verrai forcé à demander ma démission.

Vous voyez, mon Colonel, que je vous détaille avec toute la confiance possible la situation dans laquelle je me trouve, en vous priant encore de n'en point faire un usage public.

Dans cet instant, je viens de recevoir le rapport d'un officier du 3ᵉ régiment qu'on a enlevé à Ostrolenka un convoi de 80 voitures venant de Lomza; un moment après, j'ai reçu votre ordre que j'ai expédié sur-le-champ, en chargeant le major Hertling du

3ᵉ régiment de cette expédition, et lui ai envoyé votre ordre en original, avec celui de s'informer à Ostrolenka de la vérité du rapport qui m'a été fait, et de s'en servir d'après qu'il le jugera à propos vis-à-vis le général Niemojewski.

Recevez l'assurance de la plus haute considération avec laquelle j'ai l'honneur d'être votre très humble et dévoué serviteur.

Le Général de brigade,
Comte DE SEYDEWITZ.

P. S. — J'ai établi un cours de correspondance à *Ploniawy*.

De Wrède est arrivé à Willenberg; il n'y a pas trouvé les ouvriers annoncés pour bâtir les fours; néanmoins, et malgré la rareté des matériaux, ses officiers du génie en ont commencé la construction; à partir du 1ᵉʳ juin, il espère livrer 30.000 rations de pain par jour.

Le Général de Wrède au Colonel d'Albignac.

Willenberg, le 29 mai 1812.

Monsieur le Chef d'état-major,

Vous m'aviez bien dit dans votre dernière, mon cher d'Albignac, que je trouverais ici des ouvriers envoyés de Plock pour faire des fours; je puis avoir l'honneur de vous dire que je n'ai pas trouvé un chat. Cela n'empêche pas que demain au soir deux nouveaux fours seront en activité; après-demain quatre, et le 1ᵉʳ de juin six.

Le préfet de Lomza m'ayant promis des fourrages et ayant demandé des détachements pour l'escorter, je les lui ai envoyés; je suis prêt de céder une partie au général en chef et à vous, s'il en a besoin. Je vous prie d'avoir soin des 20 chevaux que j'ai envoyés au général en chef pour faire son escorte. Comme j'ai évacué Mlawa, mon camarade Deroy ou le 4ᵉ corps ne devra pas perdre de vue les quatre nouveaux fours que j'ai fait construire dans cette ville. J'ai l'honneur de vous saluer avec une haute considération.

Le Général,
Comte DE WRÈDE.

Le Général de Wrède au Général Gouvion Saint-Cyr.

Willenberg, le 29 mai 1812.

Monsieur le Général en chef,

J'ai l'honneur de rendre compte à Votre Excellence que je suis arrivé ce matin ici, ma cavalerie m'ayant devancé hier, et y ai trouvé table nette, soit en vivres, soit en fourrages. La brigade de cavalerie du général Superflu (1) ci-devant commandée par le général

---

(1) Voir « *Nos Alliés les Bavarois* », p. 207, note 1.

Ornano, composée d'un régiment prussien, d'un wurtembergeois et d'un polonais étant partie hier matin, a emporté avec elle les provisions des magasins.

Mes boulangers, qui sont depuis hier ici, ne peuvent faire du pain, parce que les fours que les officiers du génie font construire ne seront achevés, faute de matériaux, que demain au soir. Je suis donc obligé d'attaquer mon approvisionnement en pain, sauf à le remplacer quand les fours seront en activité, lesquels je fais augmenter de manière à pouvoir y faire cuire 30.000 rations par jour.

Le Commissaire prussien qui est ici témoigne, si on peut s'en rapporter à ses paroles, qu'il fera son possible pour remplir les magasins; mais il m'a engagé à écrire à son ministre à Kœnigsberg, pour qu'il lui en fournisse les ressources nécessaires; j'ai accédé à sa demande; reste à attendre le résultat que ma lettre aura produit.

Le pays est stérile; on ne peut s'en faire une idée; cependant, je ne le crois pas sans toute ressource et ce sera au bout de deux jours que je pourrai faire à Votre Excellence un rapport plus détaillé.

Je fais partir demain pour votre quartier général 22 déserteurs russes qui vous répèteront ce qu'ils m'ont dit, que la plus grande partie de l'armée russe ne veut pas la guerre et qu'elle ne vit pas du tout en abondance.

J'ai fortement réprimandé le général Vincenti d'avoir laissé une compagnie de fusiliers à votre quartier général de Przasnic, tandis que je lui avais ordonné d'y envoyer la première compagnie de grenadiers du régiment du Prince Royal.

A dater de demain, la correspondance d'ici à votre quartier est établie à Oppalenice, Chorzellen, Brzeski Kolaki, Ulatowo Adame, Ossowiec Bartniki, par des hommes à cheval. Je vous prie, en cas que des ordres pressés me soient expédiés, que deux cachets soient mis sur les dépêches, parce que c'est le signe que les ordonnances doivent aller au trot.

J'ai trouvé les moyens de m'établir ici un hôpital pour 100 hommes.

J'ai l'honneur d'être avec une considération très distinguée

Le Général,
Comte DE WRÈDE.

DÉPOSITION D'UN DÉSERTEUR RUSSE.

Cet homme, qui a déserté il y a quinze jours à Grodno, est d'un régiment de dragons.

Le général de division Korw, qui a sous ses ordres 12 régiments, dont 4 de chasseurs à pied, et les autres, hussards, dragons et cuirassiers, — est arrivé à Grodno.

Il y a deux régiments de chasseurs à pied et six régiments de cosaques à Bialystok.

Tous ces régiments sont composés de Russes et de Polonais.

Pour motiver leur cause de désertion, ils disent qu'ils manquent de vivres.

Sommaire de dépositions faites par des déserteurs russes.

1° — L'Empereur de Russie a été ces jours derniers à Siématiczc et Olcizdzapola.
2° — Près de Krymk, aux environs de Bialystok, les Russes se fortifient.
3° — Le camp de Siématiczc s'est retiré sur Sapihom où les Russes se fortifient.
4° — Il y a à Bialystok quelques régiments de cosaques et de l'artillerie à cheval; le nombre des troupes près de Bialystok peut être de 15.000 hommes.
5° — A Piotkora, dans le cercle de Tykoczyn, sont arrivés. 100 cosaques qui ont poussé leurs patrouilles jusque sur la frontière. Leurs chevaux ont toujours été sellés...

Le colonel de Comeau, chef d'état-major de la 20ᵉ division, envoie la situation du 15 mai que les mouvements continuels de la division ont empêché d'adresser plus tôt.

Le Colonel de Comeau au Colonel d'Albignac.

Willenberg, le 29 mai 1812.

Monsieur,

J'ai l'honneur de vous adresser l'état de situation de la 20ᵉ division; il a été impossible de le faire plus tôt à cause du mouvement qu'a opéré la division depuis le 25. Son Excellence le général de Wrède m'a chargé de cette besogne à l'avenir; ainsi je vous prie de vouloir bien vous adresser directement à moi, s'il y avait quelques fautes à rectifier, soit dans les formes, soit dans les résultats.

J'ai reçu la lettre que vous avez eu la bonté de m'envoyer de M. l'Adjudant-Commandant de Bourmon; je lui dois un demi-écu de Saxe pour la commission dont il a bien voulu se charger pour moi; je désire savoir où il est employé pour lui faire toucher cette petite somme, craignant de l'oublier.

J'ai l'honneur d'être avec une haute considération, Monsieur, votre très humble serviteur.

Le Colonel Chef d'état-major de la 20ᵉ division
DE COMEAU.

Pendant les dix derniers jours du mois de mai, la division Deroy fut particulièrement malheureuse et marcha constamment; aussi était-elle harassée. Ces fatigues incessantes, les réparations de moulins pour faire la farine, les constructions de fours qu'il fallait abandonner à peine établis, enfin les reproches dont il avait plusieurs fois été l'objet de la part du commandement paraissent avoir influé sur le caractère du brave Deroy, à qui son âge avancé rendait toutes ces misères plus sensibles.

Voici l'ordre de mouvement pour cette division adressé par d'Albignac, le 29 mai, à 11 heures du soir :

Le Colonel d'Albignac au Général Deroy.

Bogate, le 29, à 11 h. du soir, 1812.

Monsieur le Général,

Les nouveaux ordres de l'Empereur enjoignant de nouvelles dispositions, le Vice-Roi a ordonné au général commandant en chef le 6° corps les changements suivants :

L'intention de l'Empereur est qu'aucune des troupes du 6° corps n'occupe ni Ostrolenka, ni Pultusk, ni Golymin, ni Makow, ni Rozan, ces différents endroits devant être destinés au 5° corps d'armée des Polonais.

Vous voyez donc, Monsieur le Général, qu'il est nécessaire de se conformer à ces ordres; il est même question de nous prendre Przasnic, mais comme cette ville est notre dernière ressource, le Vice-Roi et le général comte Saint-Cyr la disputent jusqu'au dernier moment.

1. — Après demain, 31 mai, la 1re brigade cantonnée à Pultusk et environs viendra coucher à Makow.

2. — Il faudra laisser dans cette ville de quoi leur distribuer du pain : ce sera autant de moins à transporter à Przasnic.

3. — De Makow, cette brigade ira coucher le 1er juin à Przasnic et de l'autre côté sur la route de Mlawa.

4. — Le 2 juin elle occupera Mlawa et toute la route de Mlawa aux portes de Przasnic.

5. — Elle s'étendra en arrière de Mlawa autant qu'il se présentera du terrain laissé libre par les troupes françaises et italiennes.

6. — Le bataillon léger de la 1re brigade pourra suivre le mouvement de sa brigade et aller avec elle.

7. — Les deux autres bataillons légers cantonneront l'un à Przasnic, où Votre Excellence pourra établir son quartier général;

8. — L'autre à la droite jusqu'à Ploniawy, villlage situé entre Makow et Bogate, et tout ce qui entoure ce cercle.

9. — Les deux compagnies qui sont à Przasnic rentreront à Bogate où le quartier général restera tant que nous pourrons.

10 et 11. — Quant à la petite brigade qui occupe Nasielsk-Nowemiasto, elle y restera encore jusqu'à nouvel ordre, en cédant cependant un peu de la rive de la Narew si les Polonais le demandent, mais conservant ces villes et environs, *Nasielsk, Nowemiasto*.

12. — Le magasin de Przasnic, Monsieur le Général, n'a été conservé que pour ce moment critique. Les troupes de la 20e division n'y prennent plus rien; nous voulions éviter un second transport de Makow à Przasnic. Le général vous laisse le maître de placer votre artillerie comme vous le croirez à propos.

Vous voudrez bien ordonner, Monsieur le Général, au comte de Seydewitz de se retirer avec sa brigade sur Willenberg, dès que les Polonais se présenteront pour occcuper le pays où il se trouve, en ayant soin d'emporter tout ce qu'il peut avoir de magasins.

13. — S'il n'est pas pressé par les Polonais, il pourra séjourner un ou deux jours de plus. Le comte de Wrède sera prévenu de son arrivée à Willenberg.

14. — L'intention de l'Empereur étant que toute la cavalerie légère se porte en avant, cette brigade de votre division sera momentanément séparée de vous et recevra, pour plus grande célérité, les ordres du comte de Wrède, jusqu'à ce que le mouvement de votre division vous rapproche de votre cavalerie; ceci n'est que momentané, forcé par les localités, mais cette brigade n'en fait pas moins partie de votre division; les rapports vous seront faits comme à l'ordinaire.

15. — Le Général en chef vous recommande sur toute chose d'emporter, Monsieur le Général, tout ce que vous pouvez, et le secret afin que les Polonais ne se pressent pas trop d'arriver et vous donnent le temps de faire vos dispositions.

16. — La brigade Raglowich ne bougeant pas, il suppose que vous mettrez la plus grande partie dans son arrondissement.

J'ai l'honneur, Monsieur le Général, de vous saluer avec respect.

Par ordre du Général en chef.
Le Chef d'état-major,
D'ALBIGNAC.

Des difficultés se produisent à Przasnic, où le Préfet refuse des vivres à des bataillons de la 19e division sous le prétexte que c'est la 20e division qui cantonne dans son département.

Le Général d'infanterie de Deroy à M. l'Adjudant-Commandant d'Albignac, Chef d'État-Major Général du 6ᵉ corps de la Grande Armée, à Bogate.

Expédié le 29 mai à 8 1/2 heures au soir

Mdozianowo, ce 29 mai 1812.

Monsieur l'Adjudant-Commandant,

Le capitaine de Voelderndorf se présentera demain matin à 6 heures auprès de vous, pour recevoir les ordres que vous voudrez lui donner pour la mission à Plock.

Le colonel comte de Preysing, du 10ᵉ régiment de ligne, a fait rapport qu'une compagnie de troupes françaises s'est établie à Sochoczyn; il a en conséquence donné l'ordre au commandant de la compagnie de son régiment qui y est en cantonnement, de régler les quartiers de façon que les soldats ne soient pas mêlés et de s'arranger pour cela avec le commandant des troupes françaises.

Je suis arrivé ici depuis peu et aurai l'honneur de voir M. le Général en chef demain, et me réjouis de vous assurer, Monsieur l'Adjudant, de la considération la plus distinguée.

DEROY.

P. S. — Le préfet de Przasnic fait difficulté de fournir des vivres au 3ᵉ bataillon léger " de Bernclau" qui cantonne tout près, ainsi qu'à la 2ᵉ brigade, puisque la 20ᵉ division a ses cantonnements dans son district ; mais la 19ᵉ division s'y trouvant aussi, il doit également la fournir; — à Gnesen et à Trzemeszno, il en fut de même, des troupes des deux divisions ayant cantonné dans leur district, elles y ont également obtenu leurs vivres.

6ᵉ CORPS
DE LA
GRANDE ARMÉE
—

Le Commissaire Foresti à M. l'Adjudant-Commandant, Colonel Chef d'État-Major Général du 6ᵉ corps de la Grande Armée.

Par ordonnance à cheval.

Przasnic, ce 31 mai 1812.

Monsieur l'Adjudant-Commandant

En accusant réception de votre lettre d'aujourd'hui à propos des arrangements à prendre pour fournir les vivres à neuf bataillons de la division du général Deroy, j'ai l'honneur de vous informer, Monsieur le Commandant, que sans des ressources extraordinaires et proportionnées aux besoins, il est de toute impossibilité d'établir dans un si court délai des magasins suffisamment garnis pour faire face à des distributions aussi considérables que inattendues. M. le sous-préfet dont je n'en viens que pour recevoir vos ordres susdits, me déclare qu'il n'a point de quoi garantir la distribution du jour courant; je lui écrirai là-dessus tout de suite et j'inviterai, la réponse à la main, Monsieur mon Ordonnateur d'aller à cet objet recevoir encore aujourd'hui les ordres de Son Excellence M. le Général commandant en chef.

La lettre pour le général de Wrède va être tout de suite envoyée de la manière prescrite, et M. le capitaine Maillinger, Commandant d'armes de cette place, sera aussi à l'instant informé de vos ordres.

Je vous prie, Monsieur le Commandant, de vouloir agréer le haut respect et la considération la plus distinguée, avec quoi j'ai l'honneur de me signer.

Le très humble, très obéissant serviteur.

Le Commissaire,
FORESTI.

Le général de Seydewitz annonce que l'évacuation du magasin de Nowawies va être terminée. Le général Niemojewski n'a pas eu l'avantage, dans son différend avec les Bavarois :

Le Général de Seydewitz à M. l'Adjudant-Commandant d'Albignac, Chef de l'État-Major du 6e corps d'armée, à Bogate.

Krasnosiele, ce 30 mai 1812.

Monsieur l'Adjudant-Commandant.

D'après le rapport que je viens de recevoir de l'officier chargé d'évacuer le magasin de Nowawies, il n'a jusqu'ici pu trouver le nombre nécessaire de voitures propres au transport, beaucoup étant déjà parties avec l'escadron qui va chercher les provisions de Lomza; j'ai donné des ordres et pris les mesures nécessaires pour que le tout soit néanmoins chargé demain, à midi.

J'ai reçu l'ordre de M. le général de Deroy de diriger ma marche sur Willenberg quand je le jugerai convenable; en même temps, il m'annonce que ma brigade se trouvera, d'après des dispositions supérieures, séparée de la division; dès que je commencerai mon mouvement j'aurai l'honneur de vous en faire part; en attendant, recevez l'assurance de la plus haute considération avec laquelle j'ai l'honneur d'être.

Le Général de brigade,
COMTE DE SEYDEWITZ

P. S. — Je compte avoir l'honneur de vous voir ce soir.

Dans une lettre pleine d'humour adressée à d'Albignac, de Wrède se plaint avec esprit qu'on lui mette sur les bras la brigade de cavalerie de son ami Deroy, alors qu'il ne sait déjà lui-même comment nourrir la sienne !

Le Général de Wrède au Colonel d'Albignac.

Willenberg, ce 30 mai 1812.

Monsieur le Chef d'état-major,

Me voilà joliment attrapé : votre lettre datée d'avant-hier, dans laquelle vous m'avez peint la triste position dans laquelle se trouve mon camarade Deroy, m'a engagé d'envoyer à la hâte un officier à Lomza pour rappeler le détachement que j'y ai envoyé afin de chercher des fourrages ; je croyais être agréable par là à mon camarade, en le laissant seul jouir des ressources de la rive gauche de la Narew ; et voilà pour récompense qu'on m'envoie sa brigade de cavalerie, pour la nourrir des ressources que je n'ai pas encore pu ni découvrir, ni trouver dans ce pays-ci ; enfin, nous verrons comment nous nous tirerons de cet embarras. Je vous enverrai demain, mon cher d'Albignac, une carte sur papier huilé de mes cantonnements ; en attendant, j'ai envoyé l'état nominatif des endroits qu'occupe aujourd'hui ma division ; j'ai à lutter ici contre bien des désagréments, parce que la construction de mes fours n'avance pas si vite que je le désire, faute du manque des matériaux. Portez-vous bien jusqu'à ce que le ciel me favorise à trouver des fourrages et du pain et tout ce qui me manque.

Agréez l'assurance de ma haute considération.

Le Général,
Comte DE WRÈDE.

P.S. — Je vous prie d'avoir soin de ma compagnie qui est au quartier général de M. le général en chef et qui sera relevée par une compagnie de grenadiers ; enfin ce soir m'est arrivé le grand atlas de la Russie, mais d'après ce que je vois, il ne vaut pas les 333 écus qu'il coûte.

Le même jour, de Wrède écrit à Gouvion Saint-Cyr pour lui rendre compte que la construction des fours n'avance pas, les matériaux nécessaires devant être amenés de 6 à 7 lieues. 76.000 rations de pain seront faites avec les farines remises par le commissaire prussien. Les ponts sur l'Omulew et l'Orzic sont rétablis. La 20ᵉ division a de la viande ; des souliers et des effets d'habillement sont annoncés et arriveront bientôt, si le convoi qui les amène de Bavière n'a pas manqué de chevaux en route... :

Le Général de Wrède au Général Gouvion Saint-Cyr.

Willenberg, le 30 mai 1812, à 10 h. du soir.

Monsieur le Général en chef,

Je viens de recevoir à l'instant une lettre de M. le Chef d'état-major par laquelle il me prévient des ordres que Votre Excellence a donnés à la brigade de cavalerie du comte de Seydewitz faisant partie de la 19e division, ainsi de celui que je dois avancer ma brigade de cavalerie jusqu'à Ortelsburg. Ce dernier mouvement sera exécuté demain, et quant à la brigade du général de Seydewitz, je lui assignerai ses cantonnements à la droite de ma brigade de cavalerie, quand elle arrivera, quoique je ne sache pas encore comment je pourrai la faire subsister.

Je ne doute pas que vous avez déjà reçu mon rapport daté d'hier; je regrette de n'être pas encore en état d'envoyer aujourd'hui à Votre Excellence un rapport positif sur les ressources qui pourront être à ma disposition dans ces derniers environs-ci; jusqu'à l'heure qu'il est, je n'ai pas encore de réponse des différentes autorités auxquelles j'ai écrit pour savoir les moyens qui sont à leur disposition; — j'attends cette nuit ou demain matin les officiers que j'ai envoyés pour cet objet, et dès qu'ils seront de retour, je m'empresserai d'en faire à Votre Excellence un rapport très détaillé.

Jusqu'à ce moment, je me trouve très embarrassé, parce que les fours n'avancent pas, faute de matériaux que je dois faire venir de 6 à 7 lieues et lesquels je suis obligé de faire voiturer par mes chevaux de fourgons. Le commissaire prussien d'ici m'accable de compliments et d'excuses, mais, en attendant, point de pain. Comme les fours ne pourront être en activité que le 1er de juin, presque tout mon approvisionnement en pain sera consommé. Quant à la viande, elle ne manque pas; mais, en revanche, les fourrages manquent totalement, ce qui me force à faire attaquer mon approvisionnement. Je ne désespère pas encore d'en recevoir, mais il m'est impossible de dire quelque chose de positif sur cet objet jusqu'à demain.

Le commissaire prussien a mis à ma disposition 1.000 schaffel de farine qui fourniront 72 à 76.000 rations de pain; de manière que, sous aucun rapport, je me permettrai de toucher aux 30 tonnes de farine qu'un officier du train du 4e corps a amenées ici. Il est de même arrivé ce soir un maître-maçon du 4e corps avec 40 ouvriers qui travailleront demain avec les miens à la construction des fours.

J'ai l'honneur de joindre ci-joint l'état nominatif des villages qu'occupe aujourd'hui ma division.

Tous les ponts de communication sur l'Omulew et l'Orzic sont rétablis et peuvent être passés par l'artillerie. Si la division de mon camarade pouvait s'étendre jusqu'à Mlawa, elle pourrait profiter des fours que j'y ai fait construire et des petites ressources qui se trouvent encore dans ces environs.

Mon troupeau de bœufs que j'ai emmené de la rive gauche de la Vistule consiste en :

100 bœufs du cercle de Brzesc;
100 bœufs, 100 moutons du cercle de Radziejewo ;
124 bœufs du cercle de Kowal;
Total : 324 bœufs et 100 moutons.

Jusqu'ici, la troupe ne manque pas encore de souliers et le soldat a encore ses deux paires dont une au moins est encore bonne; le reste de l'habillement est en bon état; j'attends un grand transport de souliers et d'effets d'habillement; il est entré le 9 de ce mois en Saxe; de manière que s'il n'a pas manqué de chevaux en chemin, il ne doit plus être loin de la Vistule.

J'ai l'honneur d'être avec une considération très distinguée.

Le Général,
Comte DE WRÈDE.

État de situation du magasin de Ciechanow à l'époque du 30 mai à 10 heures du matin.

Pain	5.080 rations		
Viande	512 quintaux		
Seigle	76 schaffel		
Froment	2 —	7	garnice
Farine	50 quintaux	75	livres
Avoine	1 schaffel	40	garnice
Orge	6 —	22	—
Foin	50 livres		
Paille	96 quintaux	60	livres
Paille coupée	450 schaffel		
Son	25 —		
Légumes	1 —		
Eau-de-vie	56 garnice		

A Ciechanow, le 30 mai 1812
L'employé du Commissariat des guerres bavarois.
WOLFF.

Le Chef d'état-major du prince Eugène fait connaître que, sur l'ordre formel de l'Empereur, on ne doit pas toucher au pain provenant des farines de Willenberg. — Une revue d'armes est prescrite pour le 4 juin dans tout le 6ᵉ corps.

4ᵉ CORPS DE LA GRANDE ARMÉE

Le Général Charpentier à Son Excellence le Colonel général comte Gouvion Saint-Cyr, commandant le 6ᵉ corps, à Przasnic.

Plock, le 31 mai 1812.

Monsieur le Comte,

Son Altesse Impériale le prince Vice-Roi me charge d'avoir l'honneur de prévenir Votre Excellence que tout le pain ou biscuit provenant des farines qui sont à Willenberg, ou qui y arriveront, doit, d'après les ordres formels de Sa Majesté, être mis en réserve et qu'on ne doit point y toucher sous tel prétexte que ce soit.

Je prie Votre Excellence d'agréer les sentiments de mon attachement respectueux.

Le Chef d'état-major général des corps sous les ordres de S. A. I

Le Comte CHARPENTIER.

Le Général Charpentier à M. le Comte Gouvion Saint-Cyr, commandant le 6ᵉ corps.

Plock, 31 mai 1812.

Monsieur le Comte,

Son Altesse Impériale le prince Vice-Roi, d'après les ordres qu'elle a reçus, vient d'ordonner au 4ᵉ corps que le 4 juin il soit passé une revue pour s'assurer que les armes sont en bon état; que chaque soldat d'infanterie est muni de 50 cartouches et de trois pierres à feu; que les caissons de l'artillerie sont en bon état et qu'il n'y a point de munitions avariées.

Elle a également ordonné que dans le corps d'armée on n'imprime aucun ordre du jour, aucune proclamation; et l'intention de l'Empereur est qu'on ne cesse point de tenir un langage pacifique. Toutefois, on aura soin de ne laisser passer au-delà des avant-postes personne qui ne soit muni d'un passeport du duc de Bassano; mais on laissera entrer tous les voyageurs ou courriers qui se présenteront, en ayant soin de les interroger, et on les fera accompagner au quartier général de Son Altesse Impériale pour être dirigés sur le grand quartier général.

Son Altesse Impériale désire que Votre Excellence donne au corps sous ses ordres les mêmes ordres et les mêmes instructions.

J'ai l'honneur d'être avec respect, Monsieur le Comte, votre très humble et obéissant serviteur.

Le Général de division, Chef de l'état-major général de S.A.I. le Prince Vice-Roi.

Le Comte CHARPENTIER.

Le personnel administratif du Corps bavarois était absolument au-dessous de sa mission, de l'aveu même de Gouvion Saint-Cyr; à la requête de ce dernier, le Vice-Roi détacha en mission provisoire au 6ᵉ corps le commissaire des guerres français Pichot, du 4ᵉ corps, avec des pouvoirs étendus « pour recueillir et donner des renseignements » écrit modestement Pichot, — mais en réalité, pour essayer de mettre de l'ordre, de la coordination et de la célérité dans le service si mal assuré jusqu'alors par les fonctionnaires bavarois. On verra un peu plus loin l'émotion soulevée chez les ordonnateurs et commissaires du 6ᵉ corps par l'arrivée d'un contrôleur de la valeur de M. Pichot. Celui-ci s'annonça à d'Albignac par la lettre suivante :

Pichot, chevalier de l'Empire, membre de la Légion d'honneur, commissaire des guerres, à M. l'Adjudant-Commandant, Chef d'état-major du 6ᵉ corps de la Grande Armée.

A Przasnic, le 31 mai 1812.
Monsieur le Colonel,

J'écris à Son Excellence le comte Gouvion Saint-Cyr, général en chef, pour lui faire connaître ma mission provisoire, et pour le prier de l'annoncer par l'ordre, et de prescrire aux ordonnateurs et commissaires des guerres de ce corps de correspondre avec moi, de me fournir tous les états de situation et renseignements que je leur demanderai pour le service administratif, et de me tenir au courant de tout ce qui peut intéresser ce service.

J'informerai M. l'ordonnateur Böhm de l'objet de mon arrivée et je lui demanderai aussi des éclaircissements. Mais tant que M. l'Intendant général n'aura pas prononcé sur les explications que M. l'ordonnateur en chef des corps commandés par Son Altesse Impériale le Vice-Roi d'Italie a sollicitées pour moi auprès de lui, je ne puis lui demander la remise de son service. Il y aura bientôt une décision. Je suis absolument tout seul, et l'on ne m'a envoyé jusqu'ici que pour recueillir et donner des renseignements.

J'ose compter, au surplus, mon Colonel, sur l'appui de votre autorité, et je vous assure de tout mon dévouement.

J'ai l'honneur d'être, avec une considération très distinguée.

Pichot.

P.-S. — J'ai tardé de vous envoyer ces lettres à cause de mon déplacement. J'avais un logement hier : je suis obligé de le céder aujourd'hui à M. le général de division Deroy, qui s'établit ici.

Je vous serai obligé de me donner un état de situation du 6ᵉ corps, pour toutes les armes, tant en hommes qu'en chevaux, et sa position actuelle.

J'aurai l'honneur de vous voir et de présenter mes devoirs à M. le général en chef demain matin. Je m'occuperai aujourd'hui à écrire.

Après avoir transporté à Przasnic les denrées des magasins établis à Pultusk et à Makow, le général Deroy trouverait très pénible d'avoir à évacuer Przasnic et de traîner encore tous ces vivres à Ciechanow :

Le Général d'infanterie de Deroy à M. l'Adjudant-Commandant d'Albignac, Chef d'État-Major Général du 6ᵉ corps de la Grande Armée, à Bogate.

Mlotzianowo, ce 31 mai 1812.

Monsieur l'Adjudant-Commandant,

Je viens d'expédier l'ordre que toutes les troupes en mouvement aujourd'hui restent demain tranquilles; cela ne regarde d'ailleurs que la brigade Siebein et quelques batteries, puisque la seconde et troisième brigades ainsi que le reste de l'artillerie ont resté tranquilles dans leurs cantonnements.

L'ordre d'évacuer les magasins de Pultusk et de Makow sur Przasnic ayant été très positif et très pressé, on s'en est occupé jour et nuit, de façon que tout se trouve réuni à Przasnic, et il serait très triste si nous devions évacuer cette ville; nous y avons au-delà de 1.000 quintaux de farine, des grains, de l'eau-de-vie, etc. S'il fallait transporter tout cela à Ciechanow, cela donnerait encore bien d'embarras et nous ruinons nos chevaux qui sont déjà bien fatigués des transports de Plock à Racionz et de là à Pultusk et Makow.

Mon commissaire en chef est d'avis qu'il faut commencer demain à cuire du pain, si bien à Przasnic qu'à Ciechanow.

J'ai l'honneur, Monsieur l'Adjudant-Commandant, de vous saluer avec la considération la plus distinguée.

DEROY.

La situation du magasin de Ciechanow n'est pas brillante, au dire du général Raglowich, l'un des brigadiers du général Deroy : juste de quoi faire vivre sa brigade deux ou trois jours :

Le Général Raglowich, commandant la 2e brigade d'infanterie de la 19e division à M. l'Adjudant-Commandant d'Albignac, Chef de l'État-Major Général du 6e corps.

Au quartier général d'Opinagora, le 31 mai 1812.

Mon Général,

J'ai l'honneur de vous envoyer la situation du magasin de Ciechanow, lequel suffira à la subsistance de la troupe pour deux ou trois jours seulement.

Il paraît que ces contrées-ci, quoique les autorités civiles se donnent toutes les peines possibles pour faire fournir au magasin, ne pourront pas pourvoir suffisamment aux besoins de ma brigade. Je vous prie, en conséquence, de me faire savoir si les provisions qui sont conduites de Plock à Ciechanow pourront être entamées au cas échéant.

Je ne pourrai, Monsieur le Général, vous envoyer la situation du magasin de Ciechanow que tous les cinq jours, parce que ce n'est qu'à ces époques que les comptes et les relevés se font.

Recevez, Monsieur le Général, les assurances réitérées de la haute considération avec laquelle j'ai l'honneur de vous saluer.

Raglowich.

La reconnaissance du capitaine de Gumpenberg, envoyé par le général de Wrède sur Johannisburg, a permis de constater l'existence de nombreuses ressources, plus que suffisantes pour la 20e division; aussi de Wrède offre-t-il de réunir des provisions pour son camarade Deroy. Il se félicite d'être parti de Lipno avec sept jours de pain; sans cette précaution, il en aurait manqué en arrivant à Willenberg, la première distribution provenant des fours construits dans cette ville ne pouvant être faite que le 2 juin. On dit que les Russes sont en force à Grodno.

Le Général de Wrède au Général Gouvion Saint-Cyr.

Willenberg, le 31 mai 1812.

Monsieur le Général en chef,

Je commence à respirer, vu que j'ai la satisfaction de pouvoir rendre compte à Votre Excellence que d'après les états que j'ai sous mes yeux sur les moyens de subsistance qu'offre le cercle d'ici dont

Ortelsburg et Passenheim font partie, et les nouvelles que le capitaine baron de Gumpenberg que j'avais envoyé à Johannisburg m'a apportées, la subsistance pour ma division en pain, viande et eau-de-vie est non seulement assurée pour quelque temps, mais même je peux réunir des provisions pour la division de mon camarade Deroy. Quant aux fourrages, nous n'en manquerons pas non plus; mais il faut adopter le système d'après lequel, à dater de demain, les chevaux de ma division seront nourris, c'est-à-dire qu'ils recevront un quart de boisseau d'avoine, un quart de seigle et un quart de son, deux bottes de foin et quatre à six bottes de paille hachée. Par cette nourriture, les chevaux n'engraisseront pas, mais ils conserveront leurs forces et en même temps on les accoutumera petit à petit au vert; il est vrai que, sans une bonne pluie, l'herbe ne pourra guère croître. Il est absolument urgent qu'on mette la plus grande sévérité à ce qu'aucun régiment ou corps ne touche ni vivres, ni fourrages au-delà de l'état des hommes et des chevaux présents; j'en rends responsables mes généraux de brigade.

Il serait fort à désirer qu'on sache à temps quelle route le 6ᵉ corps peut prendre, quand il fera un nouveau mouvement, vu que la construction des fours prend beaucoup de temps et qu'en outre il faut faire de grands préparatifs. Si, en partant de Lipno, je n'avais pas eu un approvisionnement en pain de sept jours, j'aurais été à mon arrivée ici dans le plus grand embarras, parce que ce ne sera qu'après-demain que la première distribution de pain pourra se faire, vu que le premier four ne pourra être achevé que ce soir et devant être chauffé d'avance pour le faire sécher, on ne pourra y faire cuire du pain que demain; deux autres seront achevés demain au soir, et il me faudra encore au moins quatre jours de temps pour pouvoir faire confectionner assez de pain pour remplacer celui que j'avais emmené avec moi. Une autre raison pour laquelle on devrait savoir à temps la direction future du corps, c'est qu'à cause de la rareté des moulins, on perd beaucoup de temps à les trouver, et qu'on outre il faut beaucoup de temps pour faire moudre le grain. En partant d'ici, nous n'avons que deux routes à prendre, l'une par Johannisburg et l'autre par Ortelsburg.

Je ne crois pas contrevenir aux intentions de Votre Excellence en faisant faire quelques préparatifs sur l'une et sur l'autre route. Ayant oublié dans mon rapport d'hier d'y mettre l'état approximatif du poids des bœufs, j'ai l'honneur d'ajouter aujourd'hui que lorsqu'ils furent remis par les sous-préfets des cercles, on avait taxé chaque bœuf l'un dans l'autre à 150 kil. dont le total fait 48.600 kilogrammes.

Les nouvelles de la frontière de la Russie disent que les Russes réunissent des forces considérables à Grodno; la désertion doit être très forte et leur armée manque de vivres et de fourrages.

Veuillez agréer, Monsieur le Général en chef, l'assurance de ma considération très distinguée.

Le Général,
Comte DE WRÈDE.

CHAPITRE III

Le Général de Wrède au Colonel d'Albignac.

Willenberg, ce 31 mai.

Monsieur le Chef d'état-major,

Par une erreur, on a oublié de joindre hier au soir à ma lettre à M. le Général en chef la dislocation de ma division. Je m'empresse de vous la transmettre.

Adieu, mon cher d'Albignac.

J'ai l'honneur d'être avec attachement et haute considération

Le Général
Comte DE WRÈDE.

DISLOCATION

de la 20ᵉ Division de la Grande Armée (31 Mai 1812)

Le quartier général à WILLENBERG.

1ʳᵉ Brigade d'infanterie. — État-major de la Brigade, ZAREMBY.

2ᵉ Régiment de ligne, WACH, ZALESIE, KLIMKI, SZARCZALONKA, KLODKY, JAZGARKA, CONABIZE, RZODKIÉWNICA, OLSZYNY, ZAWADY, KOPACZYSKA, BANDYSIE, BRODOWELONKI, WOLA BRODOWELONKI, DLUGIE, RAWKY.

6ᵉ Régiment de ligne, ZAREMBY, KRUKOWO, SUROVE, NOWAWIES, AZADKLEWNICE, BIENDUGA, CHORZELLEN, BUDKI, LAZY, POSCIEN, OLSZUOKO.

2ᵉ Bataillon léger, DOMBROWA, KRYSSJAKI, NIEDZWIEDZ, WOLKOWE, ALT MYSZYNIEC, MYSZYNIEK, CIENK, DRENZEK.

2ᵉ Brigade d'infanterie. État major de la Brigade, ZAGRODY.

7ᵉ Régiment de ligne, JANOW, KAMERAU, SCHOENAU, PENZTKEN, SMOLANY, KOSCIELNY, BOROWE, NOWAWIES, POKRZYWNICA, ZABINO, REMBOWO, KRASCHEWO.

3ᵉ Régiment de ligne, RIKI-BORKOWO, WASILY, ZDZYWOJ, NOWAWIES, DZIERZENGA, ZEMBZRUS, MAJE, CZARY, NEUBRZOZOWO, GRZEBSK, LONCZINO, CHMIELEWO.

4ᵉ Bataillon léger, ROGGEN, KANNWIESEN.

3ᵉ Brigade d'infanterie. — État-major de la Brigade : MONTWIZ.

5ᵉ Régiment de ligne, WILLENBERG.

11ᵉ Régiment de ligne, OPALENICE, MONTWIZ, TRZIANKEN.

5ᵉ Bataillon léger, PIWNITZ, CZENCZELL.

Brigade de cavalerie. — État-major de la Brigade, KUTZBURG.

4ᵉ Régiment de chevau-légers, KOLLODZEYGROND, JESCHONOWITZ, WALDPUSCH, BORKEN, RÖBLAU, ZABIELLEN, KL. SCHIEMANEN.

5ᵉ Régiment de chevau-légers, Kudsburg, Pater Schobensee, Mater Schobensee, Gros Schiemanen.

Artillerie : les 2 batteries légères : Przesdzink.

les 3 batteries à pied : Ploskie, Duczymin, Bagienice, Rembielin, Brzeski, Kolaki, Polon-Rycice, Gr. Krzynowloga, Grabowo, Czaplice, Swiniary, Malowice.

la réserve, Kl. Krzynowloga, Chmielenek, Varagewo, Cichowo, Ostrowo, Kaki, Kobylaki, Romany, Ulatowo, Pogorzel.

Trois rapports du commandant d'armes de Przasnic :

(L'original est en allemand)

A M. le Colonel et Chef de l'État-Major du 6ᵉ corps de la Grande Armée, à Bogate.

Przasnic, le 29 mai 1812.

Aujourd'hui, sur l'ordre du colonel, une compagnie du 1ᵉʳ régiment de ligne de la 19ᵉ division étant arrivée à Przasnic, j'ai l'honneur de demander si la compagnie du 6ᵉ régiment de la 20ᵉ division, qui avait reçu la mission de rester ici comme garnison, ne doit pas être commandée pour rejoindre son régiment.

Je suis avec la plus haute considération,

Van Douwe,
Major.

(L'original est en allemand)

A M. le Colonel Chef d'État-Major comte d'Albignac, à Bogate.

Przasnic, le 31 mai 1812.

A l'instant, un sous-officier et 6 hommes arrivent avec un convoi de déserteurs russes. Ils comprennent :

5 cosaques, qui d'après leur dire, sont de Paslavia.

1 hussard, polonais,

16 soldats, parmi lesquels 15 polonais et un allemand natif de Trieste.

Ils ont été placés provisoirement à la grand'garde et seront nourris par le commandant polonais.

Je sollicite de nouveaux ordres, et je ferai remarquer en même temps que le commandant polonais a reçu l'ordre de son gouvernement (d'après sa déclaration) de diriger sur Magdebourg tous les déserteurs qui veulent prendre du service.

Je vous prie d'ailleurs d'accepter l'assurance de ma considération très distinguée.

Le Commandant de la place
Van Douwe, major.

Le Commandant de la place à M. le Colonel, Chef de l'État-Major Général, comte d'Albignac.

Przasnic, le 4 juin 1812.

Les fourriers d'un régiment polonais arrivent à l'instant pour faire le logement dans notre ville. D'après les indications de l'officier chargé du logement, le régiment compte 3.000 hommes. Il arrivera demain 5, à neuf heures du matin, dans notre ville, venant de Wanfigen en passant par Stakow et Qüben.

Compte rendu du commandant de place.

Le Capitaine
Gaddum,

De Munich a Vilna   Pl. 5

DISLOCATION DE LA 20ᵉ DIVISION DU 6ᵉ CORPS DE LA GRANDE ARMÉE

d'après les situations établies à l'époque du 31 Mai 1812.

★ Quartier Général de la 20ᵉ Division
■ État-Major de Brigade d'Inf.ᵉ
■ — id — de Cavalerie
▲ — id — de l'Artillerie
■ Bat.ⁿ d'Infanterie
■ Bataillon léger
⫯ Artillerie
○ Parc d'Artillerie

Échelle 1/750.000ᵉ

De Munich à Vilna. Pl. 6.

DISLOCATION
DE LA 19ᵉ DIVISION DU 6ᵉ CORPS
DE LA GRANDE ARMÉE
d'après les situations établies
à l'époque du 31 Mai 1812.

▐ État-Major de Brigade d'Inf.ᵉ
▐ — id — de Cavalerie
▮ Artillerie
◯ Parc d'Artillerie

Echelle $\frac{1}{400.000}$

CHAPITRE IV

LA MARCHE AU NIÉMEN

(Juin 1812)

Au commencement de juin, le quartier général de Gouvion Saint-Cyr est à Bogate entre Przasnic et Pultusk, la division Deroy est à Pultusk, Makow, Golymin et environs; la division de Wrède autour de Willenberg avec sa brigade de cavalerie (général de Preysing). Le général de Seydewitz, commandant la cavalerie de la division Deroy, est en avant, vers Krasnosielc.

Le général Charpentier, chef de l'état-major du prince Eugène, a écrit le 1er juin au général Grouchy commandant le 3e corps de réserve de cavalerie (dans lequel servent les 1er et 2e régiments de chevau-légers bavarois) qu'une démarcation était nécessaire entre les grosses unités de cavalerie, pour que chacune puisse fourrager sur son terrain sans nuire à sa voisine; il l'informe donc que, au 6 juin, le 3e corps de cavalerie occupera Neidenburg et Janow, la 12e brigade de cavalerie légère Willenberg, la 13e Chorzellen, et la cavalerie bavaroise du 6e corps Ortelsburg (1).

L'arrivée de M. Pichot comme commissaire ordonnateur du 6e corps a causé une profonde émotion aux

---

(1) *Le général Charpentier au général Grouchy*, Plock, 1er juin 1812.

fonctionnaires bavarois des services administratifs de ce corps d'armée : on peut en juger par une lettre du commissaire Böhm à d'Albignac, et dont une traduction (Böhm ne parlait pas le français) est restée dans les papiers du chef d'état-major ; le malheureux Böhm se voit déjà remplacé, renvoyé, déshonoré.... Il se demande si son collègue Foresti ne l'a pas desservi...

<small>Traduction d'une lettre que m'adresse M. l'Ordonnateur Böhm en date du 1ᵉʳ juin 1812.</small>

Vous savez sans doute, Monsieur, qu'il est arrivé ici (à Przasnic) un Commissaire français destiné à remplir les fonctions de Commissaire ordonnateur au 6ᵉ corps, mais je n'en ai point la connaissance officielle.

S. M. le Roi de Bavière m'ayant nommé chef de l'administration des deux divisions du corps d'armée bavarois et envoyé en cette qualité au quartier général de Son Excellence le Général commandant en chef le 6ᵉ corps, M. Foresti ayant de son côté été destiné exclusivement au service de Commissaire des guerres au grand quartier général, j'avais prié Sa Majesté de m'envoyer quelques personnes suffisamment exercées dans la langue et dans la correspondance française.

D'après cela, je ne puis selon l'ordre du service quitter mon poste ainsi que le quartier général que sur l'ordre de Son Excellence le Général en chef, expédié par M. le Chef de l'état-major ; c'est également par lui que je dois savoir quelles doivent être mes relations avec M. le Commissaire ordonnateur français qui vient d'arriver.

Je vous prie donc, Monsieur, de vouloir bien me donner une preuve de votre amitié, en demandant en mon nom à Son Excellence M. le Général en chef et à M. l'Adjudant-Commandant, Chef de l'état-major, d'avoir la bonté de me faire savoir par écrit quelles doivent être à l'avenir mes fonctions, si je dois rester ou partir, afin que dans l'un ou l'autre cas je puisse justifier de ma conduite près de Sa Majesté le Roi de Bavière.

Il est sans doute bien triste pour moi d'avoir été méconnu dès le commencement ; j'ai servi pendant les campagnes précédentes avec honneur et à la satisfaction de mes supérieurs ; le mal est que je ne sais point le français, et que peut-être M. Foresti, mon interprète, n'a pas rendu exactement les ordres qui m'étaient adressés ou les réponses que j'étais dans le cas d'y faire...

Le commissaire Foresti, stimulé de son côté par la présence de M. Pichot, annonce à d'Albignac qu'il redouble d'activité dans la fabrication du pain à

Przasnic, — qu'il a des voitures chargées de farine et d'eau-de-vie prêtes à être expédiées sur Ciechanow; que le sous-préfet en envoie d'autres sur Plock : il est tout miel, et prêt à se multiplier pour le service :

<table>
<tr><td>6ᵉ CORPS
DE LA
GRANDE ARMÉE
—
ADMINISTRATION
DU GRAND
QUARTIER GÉNÉRAL</td><td>Le Commissaire Foresti à M. le Colonel d'Albignac, Adjudant-Commandant et Chef d'État-Major Général du 6ᵉ corps de la Grande Armée (par ordonnance), à Bogate.</td></tr>
</table>

Przasnic, ce 1ᵉʳ juin 1812.

J'ai l'honneur de vous assurer, Monsieur le Commandant, que en conséquence de l'ordre dont je me vois chargé par votre lettre d'hier 31 mai, on a redoublé l'activité dans la fabrication du pain qui est d'une bien belle et bonne qualité : c'est dommage que le court délai qui nous reste ne nous permette point de faire confectionner aussi du biscuit.

J'ai remis ce matin à M. le sous-préfet la lettre suivant laquelle il me devait faire la remise des magasins et j'eus en réponse que sans la permission du préfet de Plock, cette remise ne pouvait pas avoir lieu, et qu'il allait écrire par estafette pour recevoir des instructions de Plock.

Au reste, les magasins de cette sous-préfecture sont vides ; aujourd'hui on ne peut distribuer autre chose que viande, pain et eau-de-vie ; point de fourrages, point de sel !

Le commissariat de la division Deroy a apporté ici environ 800 quintaux de farine, 30.000 rations d'eau-de-vie et quelques sacs de légumes : dans ces quantités y sont comprises aussi les farines que le général comte Seydewitz a remises au susdit commissariat.

J'arrête ici les moyens de transport qui ont amené ici les susdits approvisionnements pour les faire filer ensuite sur Ciechanow quand l'ordre en sera donné : le sous-préfet a aussi réuni, en vérité avec beaucoup de peines, bon nombre de voitures ; il les fait et il en a fait partir sur Plock pour charger les farines qui nous doivent venir de là : je n'ai pas cru à propos d'y mettre la main.

Voilà, Monsieur le Commandant, ce que j'ai de plus intéressant à vous notifier, après quoi il ne me reste qu'à vous prier de vouloir accueillir gracieusement l'assurance de l'estime la plus parfaite avec laquelle j'ai l'honneur de me signer, le très humble, très obéissant,

FORESTI.
Commissaire.

Le général Raglovich signale l'arrivée à Opinagora d'un certain nombre de rations de pain, dont une partie est avariée :

Le Général Raglowich, commandant la 2ᵉ brigade d'infanterie de la 19ᵉ division, à M. l'Adjudant-Commandant d'Albignac, Chef de l'État-Major Général du 6ᵉ corps, à Bogate, par Budzyno Kierzki.

SERVICE MILITAIRE PRESSÉ.

Quartier général à Opinagora, le 1ᵉʳ juin 1812.

Monsieur le Général,

Il est arrivé aujourd'hui de Racionz un transport de 50 voitures chargées de 5.487 rations de pain, 76 sacs de seigle et 27 sacs de farine à Ciechanow; parmi le pain se trouvent 136 rations de gâtées ; la quantité de seigle et de farine qui se trouve dans les sacs n'est pas marquée sur la liste.

Les 50 voitures sont encore à Ciechanow, et je désirerai savoir si elles doivent être envoyées derechef à Racionz pour y prendre des vivres, ou si elles peuvent être renvoyées chez eux.

Vous priant de vouloir bien me communiquer les ordres en conséquence, j'ai l'honneur de vous saluer avec une très haute considération.

RAGLOWICH.

Les prescriptions du prince Vice-Roi, au sujet des revues de l'armement et des munitions, sont portées à la connaissance des troupes du 6ᵉ corps par l'ordre suivant, dont le général Deroy accuse aussitôt réception :

ORDRE DU 2 JUIN

Son Altesse Impériale le prince Vice-Roi, d'après les ordres qu'elle a reçus, vient d'ordonner aux différents corps sous son commandement de faire passer le 4 juin une revue pour s'assurer que les armes sont en bon état; que chaque soldat d'infanterie est muni de 50 cartouches et de trois pierres à feu; que les caissons de l'artillerie sont en bon état et qu'il n'y a point de munitions avariées.

Son Altesse Impériale a également ordonné que dans les deux corps d'armée on n'imprime aucun ordre du jour, aucune proclamation; l'intention de l'Empereur est qu'on ne cesse pas de tenir un langage pacifique; toutefois, on aura soin de ne laisser passer au delà des avant-postes personne qui ne soit muni d'un passeport du duc de Bassano : mais on laissera entrer tous les voyageurs ou courriers qui se présenteront, en ayant soin de les faire interroger; on les fera accompagner au quartier général du commandant en chef du 6e corps pour de là être conduits au quartier général de Son Altesse Impériale le prince Vice-Roi.

MM. les généraux commandant les deux divisions formant le 6e corps voudront bien ordonner que cette revue soit faite par MM. les généraux de brigade; ils se transporteront dans les différents cantonnements et verront les troupes par bataillon.

Par Ordre du Général commandant en Chef le 6e Corps
L'Adjudant-Commandant Chef de l'état-major général.
D'ALBIGNAC.

Le Général d'infanterie de Deroy à M. l'Adjudant-Commandant d'Albignac, Chef d'État-Major Général du 6e corps de la Grande Armée, à Bogate.

Ciechanow, ce 2 juin 1812.
à 5 heures le matin.

Monsieur l'Adjudant-Commandant,

L'ordre du jour touchant les revues que MM. les brigadiers doivent faire, pour s'assurer de l'état des fusils et des munitions, a été de suite traduit, expédié, et j'ai à vous observer que nos soldats sont munis de 60 cartouches, et aussi de trois pierres à fusil.

Je suis depuis midi ici et quoique je suis assez mal, j'incline cependant de rester, à moins que je ne trouve un établissement pas éloigné d'ici ou que par là je sois plus près de M. le général en chef, et par là à même de recevoir ses ordres plus vitement, et puisse les expédier de même; tandis que si je me trouve plus en arrière, cela occasionnerait beaucoup de retards.

Excusez si je vous demande une explication sur le convoi qui doit être organisé sur Wyszogrod et Plock; d'après les ordres de M. le Général en chef du . . . . , on a ramassé toutes les voitures du pays qu'on a pu avoir pour les envoyer à Plock y chercher des farines; on en a obtenu 190 qui s'y sont rendues et dont le premier transport de 50 voitures est déjà arrivé avec du pain et de la farine, et est retourné pour en chercher encore; aussi je ne doute pas qu'un second transport arrivera bientôt, à moins qu'il n'ait été dirigé sur Plonsk ainsi que M. le Général en chef l'a ordonné; il s'agit donc si une partie doit aussi être dirigée sur Wyszogrod, je ne crois pas que cela est nécessaire, puisque, autant que je sais, les vivres n'y manquent pas. Au reste, il sera difficile d'organiser un second convoi, vu qu'on a déjà eu beaucoup de peine de ramasser ces 190 voitures. Veuillez, Monsieur l'Adjudant-Commandant, me faire donner quelque éclaircissement sur les intentions de M. le Général en chef.

J'ai l'honneur de vous saluer avec la considération la plus distinguée.

DE DEROY.

Le prince Eugène fait donner à Gouvion Saint-Cyr

connaissance d'une circulaire relative à un espion, et l'avise que tous les ordres du jour de l'armée ainsi que

Le Prince EUGÈNE, Vice-Roi d'Italie
(d'après la lithographie de Tardieu)

les dispositions générales du service lui seront communiqués par ses soins.

Le Général Charpentier à Son Excellence le Colonel général comte Gouvion Saint-Cyr, commandant le 6e corps bavarois.

Plock, 2 juin 1812.

Monsieur le Comte,

J'ai l'honneur d'adresser à Votre Excellence un exemplaire de l'ordre du jour n° 36 donné par Son Altesse Impériale le prince Vice-Roi, et un exemplaire d'une circulaire transmise à MM. les généraux et relative à un nommé Fédor Muller, cosaque, qu'on prétend s'être glissé dans notre armée pour en reconnaître la force.

Son Altesse Impériale m'a ordonné de vous donner connaissance de tous les ordres du jour et de toutes les dispositions générales du service, afin que Votre Excellence en fasse l'application, lorsqu'il y aura lieu, au corps d'armée sous ses ordres.

J'ai l'honneur d'être avec respect, de Votre Excellence, le très humble et obéissant serviteur.

Le Chef de l'état-major général de Son Altesse Impériale le prince Vice-Roi.
Le Comte CHARPENTIER.

CIRCULAIRE A MM. LES GÉNÉRAUX.

Son Altesse Impériale le prince Vice-Roi ordonne la mise à l'ordre de la lettre de Son Altesse Sérénissime le prince Major général ci-après transcrite et recommande à MM. les généraux commandant la surveillance de l'exécution des dispositions prescrites, s'il y a lieu.

« On est informé qu'un nommé Fédor Muller, dont le signalement est ci-après, cosaque du 1er régiment de Zabazow, est parti de Lonoma, il y a environ trois semaines, et qu'il a été envoyé par son capitaine pour reconnaître la force et l'emplacement des troupes françaises.

Si l'on parvient à arrêter cet individu dans l'arrondissement du commandement de Votre Altesse Impériale, donnez, Monseigneur, l'ordre qu'il soit conduit au grand quartier général pour y être interrogé, en prenant les précautions nécessaires pour qu'il ne puisse pas s'évader en route.

Signalement :

Fédor Muller, âgé de 36 à 40 ans, de taille de 5 pieds 3 à 4 pouces, cheveux et gros favoris rouges, vêtu d'une capote blanche de paysan, portant des souliers et un bonnet d'un très gros drap gris; il parle français, allemand, latin, russe et polonais; il écrit surtout l'allemand et le polonais; il doit avoir une canne contenant des crayons et du papier; il se dit compagnon, tantôt d'un métier tantôt d'un autre.

Il paraît que le nommé Fédor Muller s'est dirigé d'abord du côté de Kœnigsberg ».

Le Chef d'état-major général des corps
sous les ordres de son Altesse Impériale le prince Vice-Roi.

Signé : CHARPENTIER.

P. O. l'Adjudant-Commandant,
DURRIEU.

4e CORPS

ÉTAT-MAJOR
GÉNÉRAL

Au quartier général de Plock, le 1er juin 1812.

ORDRE DU JOUR.

Son Altesse Impériale le prince Vice-Roi ordonne la mise à l'ordre de l'extrait ci-après d'une disposition de Sa Majesté relative à la gratification d'entrée en campagne:

..... « 3° Enfin la gratification d'entrée en campagne ne sera payée à la Grande Armée qu'aux officiers qui ne l'ayant pas encore reçue depuis la rupture du traité d'Amiens, acquerront par le fait de la présente campagne le droit à la gratification ou au supplément.

D'après le résultat de cette décision, il ne doit être acquitté exclusivement sur les fonds affectés au service de la Grande Armée à partir du 1er avril 1812 que les gratifications de campagne acquises par MM. les officiers qui n'ont fait aucune campagne depuis la rupture du traité d'Amiens, soit aux armées d'Allemagne, soit à celles d'Espagne.

A l'égard de MM. les officiers qui ont servi à l'une de ces armées, et qui n'ont point encore reçu cette gratification ou le supplément pour différence d'un grade à un autre, ils devront s'adresser, pour les armées d'Espagne, à Son Excellence le ministre de la guerre, et pour les armées d'Allemagne, à M. le Comte de Villemanzi, à Paris, liquidateur des dépenses des exercices an XIV, 1806, 1807, 1808 et 1809.

En conséquence de l'exécution stricte de ces dispositions, les inspecteurs aux revues n'adresseront à M. l'intendant général d'autres revues de gratification de campagne à cette nouvelle grande armée, que pour MM. les officiers qui se trouvent dans la première hypothèse de l'avant-dernier paragraphe de la présente. Ces revues devront relater :

1° La date de la nomination ou promotion des réclamants à leur ancien ou nouveau grade.

2° Que depuis cette nomination ou promotion, ils sont restés constamment employés dans l'intérieur jusqu'à l'époque du (la date) qu'ils ont reçu de Son Altesse le prince Major général ou de Son Excellence le ministre de la guerre ou de l'administration de la guerre, l'ordre de se rendre à la Grande Armée pour y servir activement.

3° Leur déclaration de n'avoir pas touché, depuis la rupture du traité d'Amiens, soit la gratification, soit le supplément qu'ils réclament. »

Son Altesse Impériale ordonne aussi la mise à l'ordre de la lettre du prince Major général ci-après transcrite :

« L'Empereur rappelle aux différents corps d'armée l'importance que l'on doit mettre à la conservation des armes.

« Sa Majesté ordonne que les corps retirent désormais les fusils et les sabres des hommes envoyés aux hôpitaux, afin d'en assurer la conservation.

« Les fusils des hommes entrés aux hôpitaux seront transportés dans deux caisses d'armes qui seront à la suite des régiments; lorsque le nombre des fusils excèdera 40 à 50 ils seront remis, à la première station que fera le corps, au parc d'artillerie de la division; le commandant d'artillerie en donnera un reçu qui fera mention de l'état dans lequel les armes se trouveront et il fera expédier toutes les armes remises par les régiments de la division sur la place de dépôt du parc général le plus voisin, en prenant toutes les précautions nécessaires pour la sûreté des armes; il aura soin de rendre compte au Directeur général du parc, du nombre de fusils et de sabres appartenant à chaque régiment, en faisant connaître le numéro du corps et l'état dans lequel se trouvaient les armes.

« En cas d'éloignement du parc général ou des places de dépôt, les armes dont il s'agit seront déposées chez un commandant de place qui en donnera reçu et qui en demeurera responsable jusqu'à ce qu'il trouve les moyens de les faire transporter dans une place où l'artillerie ait des établissements. »

L'intention de Son Altesse Impériale le prince Vice-Roi est que lorsque les corps de cavalerie laisseront dans des dépôts des chevaux ayant besoin de se rétablir, les conseils d'administration laissent au commandant du dépôt les fonds nécessaires pour le ferrage et les autres menues dépenses d'entretien.

Durrieu.

Le commissaire Foresti s'agite toujours : entre 10 et 11 heures du soir, il écrit le 2 juin à d'Albignac, le prévenant qu'une distribution aura lieu le lendemain pour les chevaux du quartier général, et il ordonne que sa lettre soit portée à 4 heures du matin... L'ombre de M. Pichot planait au-dessus de sa tête.....

Le Commissaire Foresti à M. l'Adjudant-Commandant d'Albignac, Chef de l'État-Major Général du 6ᵉ corps de la Grande Armée, à Bogate.

Przasnic, ce 2 juin 1812 entre 10 et 11 h. du soir.

Monsieur le Colonel, j'ai l'honneur de vous prévenir que demain, le 3 du courant, je pourrai faire faire une distribution de deux garnices de blé, seigle ou orge pour chaque cheval effectif du quartier général : c'est tout ce qu'il y a dans le magasin laissé en arrière par la 19ᵉ division.

J'ai l'honneur, Monsieur le Colonel, de vous assurer du plus parfait respect et de la plus haute considération.

Votre très humble obéissant,

Foresti
Commissaire.

P.S — J'ordonne que cette lettre parte demain à 4 heures du matin.

De Wrède envoie le rapport d'un de ses officiers sur la position des troupes polonaises et russes, et une lettre du général Niemojewski relative aux mouvements ennemis qui sont peu menaçants. Il demande à relever les troupes polonaises qui mangent le pays devant lui, et promet de ne pas toucher aux farines de Willenberg, dût-il vivre uniquement des bienfaits de la Providence...

Le Général de Wrède au Général Gouvion Saint-Cyr.

Willenberg, le 2 juin 1812.

Monsieur le Général en chef,

En vous envoyant ci-joint copie du rapport qui vient de me parvenir de la part du général Vincenti sur la position des troupes polonaises et russes, j'ai l'honneur d'ajouter la réponse que le général polonais Niemojewsky a faite au général Vincenti sur les mouvements peu menaçants des Russes, et sur ce que les troupes polonaises ont ordre d'évacuer les postes à mesure que les corps sous les ordres de Son Altesse Impériale le Vice-Roi avancent; j'avoue que je ne serais pas fâché de recevoir l'ordre de relever les postes polonais qui patrouillent sur tous les points devant notre front et mangent le peu de subsistances qui seraient encore à trouver.

Toute l'infanterie de ma division, à l'exception du 5e de ligne qui reste ici, commence demain le mouvement ordonné et le finit après-demain 4 de ce mois,

Je me suis arrangé aujourd'hui avec M. le général Ferrières, commandant la brigade de cavalerie légère qui prend demain ses cantonnements dans ces environs, de manière que je garderai ma communication avec mon infanterie et artillerie par Chorzellen; il ne veut pas même occuper tous les villages que j'ai proposé de lui céder.

Je prie Votre Excellence d'agréer les assurances de la considération la plus distinguée.

Le Général,
Comte DE WRÈDE.

P. S. — Je réitère à Votre Excellence l'assurance que je ne me permettrai pas de toucher l'approvisionnement en farine que Son Altesse Impériale le Vice-Roi fait réunir ici, et je vivrai aussi longtemps que possible des bienfaits de la Providence; mais je crains, qu'en 8 à 10 jours, elle va me jouer un mauvais tour.

W.

Copie du rapport fait par le Colonel comte de Spauer à M. le Général de brigade baron Vincenti.

M. de Brukel, lieutenant en premier, ayant été envoyé reconnaître la position des troupes polonaises sur les frontières de la Russie, m'a fait le rapport suivant :

Le 6e de lanciers du duché de Varsovie occupe Miscinice, Raigrod et environs. La chaîne d'avant-postes de ce régiment s'étend depuis Jansbork, le long du Niémen, jusque dans les environs de Grodno, et de là, le long de la Tschorna, de la Bierred, et de la Narew jusqu'à Tykoczin.

En voici la dislocation ;
  Un escadron à Pilwiszki;
  Un escadron à Mariampol;
  Un escadron à Kalwary (chef d'escadron Oborsky);
  Un escadron à Seyny (colonel-commandant Peryowsky);
  Un escadron à Augustowo (chef d'escadron Lojewsky);
  Un escadron à Szczuczyn (chef d'escadron Hettieck).

Il y a en outre, en avant de cette ligne, plusieurs piquets qui observent la frontière par des patrouilles. Le territoire qui se trouve en arrière est occupé par des détachements de troupes prussiennes qui cependant sont sous les ordres du commandant polonais.

Le lieutenant Machazky du 10ᵉ d'hussards est stationné à Goyelle avec 20 chevaux de ce régiment; un peloton de 13 hussards se trouve à Wisna et Radzilowo : la ligne des avant-postes russes n'est occupée que par des cosaques, qui d'après le récit du chef d'escadron Hettieck opposent 200 chevaux à chaque détachement polonais fort de 20 : cependant leur nombre a diminué depuis quelques jours.

Zawady, le 1er juin 1812.

GRANDE ARMÉE
—
13ᵉ BRIGADE
de cavalerie légère
de réserve.

Le Général Niémojewski à M. le Général-major et Brigadier de Vincenti, Commandeur de l'ordre militaire de Bavière et Membre de la Légion d'honneur.

Ostrolenka, le 1ᵉʳ juin 1812.

En réponse à la lettre que Monsieur le Général a bien voulu m'adresser le 30 du mois de mai de son quartier à Zaremby, où vous désirez avoir des renseignements par rapport à ma brigade, et des mouvements des troupes russes, j'ai l'honneur de vous annoncer, mon Général, qu'au moment de l'entrée à Ostrolenka des troupes de Son Altesse Sérénissime le Vice-Roi d'Italie, le cantonnement de ma brigade va être changé, et cela conformément aux ordres de Son Altesse le prince d'Eckmühl.

Quant au mouvement des troupes russes, je vous préviens, mon Général, que tout ce qui me vient là depuis de plusieurs rapports confirme la nouvelle que les Russes ne font que changer de cantonnement à leur armée, qu'ils se trouvent dans une marche continuelle en passant d'un endroit à l'autre et qu'ils ne paraissent pas faire de grands préparatifs pour passer dans le duché de Varsovie.

Agréez, mon Général, l'assurance de ma parfaite considération.

Le Général de brigade, Commandant la
Cavalerie légère de réserve,
J. NIEMOJEWSKI.

Seydewitz, avec la brigade de cavalerie de la 19e division, est installé à la droite de la brigade de cavalerie du général de Preysing (20e division); Wrède en rend compte; le général Ferrières commandant une brigade de chasseurs à cheval du 4e corps est à Ortelsburg, — et il s'est entendu avec le général de Wrède pour laisser à ce dernier le soin de nourrir ses deux régiments : de la sorte, il n'y aura ni abus ni excès, et personne ne souffrira :

Le Général de Wrède au Général Gouvion Saint-Cyr.

Willenberg, le 3 juin 1812.

Monsieur le Général en Chef,

J'ai l'honneur de rendre compte à Votre Excellence que la brigade de cavalerie du comte de Seydewitz est arrivée aujourd'hui et que je l'ai placée à la droite de ma brigade de cavalerie sur la droite d'Ortelsburg; la brigade de cavalerie légère composée des 9e et 19e régiments de chasseurs du 4e corps, commandée par le général Ferrières, est également arrivée dans les environs. L'état-major de la brigade ainsi qu'une compagnie d'élite est logée dans la ville ; ces régiments ont pris des cantonnements en échelons sur ma gauche, étendant leur tête jusqu'à Passenheim ; il est certain que je ne peux pas prévoir comment tant de cavalerie pourra subsister sur une si petite étendue ; nonobstant cela, je suis convenu avec le général Ferrières que comme il ne pourrait résulter que du désordre si chacun voulait séparément se pourvoir de vivres, il me laisserait seul administrer, en me confiant le soin de nourrir sa brigade, autant que les subsistances à ma disposition seront suffisantes, et sa brigade recevra ses vivres, comme les miennes, des petits magasins que j'ai réunis. Je pense que c'est le seul moyen d'empêcher les abus ou autres excès et par lequel le service des deux parties ne souffrira pas.

Si je disais à Votre Excellence que je prévoyais de pouvoir nourrir 4.500 chevaux, y compris ceux de mon artillerie et des équipages, par les moyens qui me sont procurés par le pays, pendant plus de 10 à 12 jours, je ne dirais pas la vérité. On m'a promis quelques ressources de Johannisburg. Si elles m'arrivent exactement, je pourrais peut-être prolonger mon existence. Je désire que l'ordre avec lequel tout s'est fait jusqu'ici, tout le monde sachant se contenter du peu que l'on peut distribuer, continue.

Les revues que Son Altesse Impériale le prince Vice-Roi a ordonnées par un ordre du jour daté d'hier seront finies le 6, et le 7 je pourrais vous en envoyer, Monsieur le Général en chef, les résultats. Mais comme elles ont déjà été faites, il y a peu de temps, je peux vous dire d'avance que les munitions et l'armement sont en bon état.

Veuillez agréer, Monsieur le Général en chef, l'assurance de ma considération très distinguée.

Le Général,
Comte DE WRÈDE.

Envoyé en mission par le général de Wrède, le capitaine de Voelderndorff rend compte à d'Albignac des difficultés qu'il a éprouvées pour toucher à Plock des vivres pour la 20ᵉ division. Il réclame de fortes escortes, bien commandées, sans quoi les convois de vivres n'arriveront jamais.

Le Capitaine de Voelderndorff au Colonel d'Albignac.

Racionz, le 3 juin 1812.

Monsieur l'Adjudant-Commandant,

Le transport de 10.000 rations de pain et de 86 korzec de froment que j'envoie à Ciechanow n'a pu partir que hier au soir de Plock, la marche de presque toute l'armée d'Italie par Plock ayant intercepté les distributions qu'on m'avait accordées de la part de Son Altesse Impériale le Vice-Roi. En général, il faut le dire, que malgré les ordres précis du prince et du général Charpentier, c'est avec la plus grande peine, courant toute la journée et me grondant principalement avec M. l'ordonnateur en chef Joubert qui prétend que le 6ᵉ corps est pourvu de tout et le plus riche en tout genre d'approvisionnements, que je peux obtenir quelque chose, mais cependant pas suffisamment pour pouvoir charger toutes mes voitures. J'ai l'honneur de vous envoyer ci-joint une note que le commissaire ordonnateur m'a remise comme de ces dépôts mis à la disposition du commissaire des guerres Pichot, et qu'il ne serait plus nécessaire de chercher à Plock les denrées qu'on trouverait plus aisément plus près. En voulant en même temps vous représenter la nécessité de faire escorter les convois de sujets choisis, qui ne dorment pas toujours et ne sont là que pour faire désespérer chacun qui veut faire son devoir, d'en donner le commandement à un officier intelligent et infatigable, je me suis rendu hier au soir en chemin sur Ciechanow, où d'après les ordres du prince Vice-Roi je devrais vous joindre. A Racionz, je rencontre non seulement un sous-officier qui me remet vos ordres du 2 de juin, mais aussi les 50 voitures qu'on m'envoie encore à Plock pour les charger. Je retourne donc incessamment pour Plock et ferai de mon mieux pour bien charger les voitures qu'on m'enverra. J'ose encore une fois, Monsieur l'Adjudant-Commandant, vous représenter la nécessité de m'envoyer de bonnes et de plus grandes escortes. Il passe toujours tant de troupes, et pour obtenir le nécessaire, je ne peux pas moi-même surveiller chaque voiture et entrer dans tous les détails.

Le prince Vice-Roi, qui m'a traité avec toute la bonté possible et semble porter beaucoup d'intérêt au 6ᵉ corps, part aujourd'hui de Plock pour établir son quartier général à Soldau ; mais il a donné l'ordre de pourvoir le 6ᵉ corps de tout ce qu'on demandera et qui se trouvera dans les magasins.

Après vos ordres, je ne manquerai pas de faire notifier la spécification du dernier convoi, ainsi que de vous faire des rapports continuels.

Agréez, Monsieur l'Adjudant-Commandant, les assurances de la plus haute considération avec laquelle j'ai l'honneur d'être votre très humble serviteur.

Le Capitaine,
Baron DE VOELDERNDORFF.

Il a été mis à la disposition de M. Pichot, Commissaire des guerres du 6ᵉ corps bavarois :

```
    6.393 qx. 24 de froment poids de marc
      133 qx. 50 de seigle même poids.
       50 qx.  » de farine de seigle.
    ─────────────
    6.576 qx. 74
         88    1/2
    ─────────────
   52.608
   52.608
    3.288
   ─────────────
  581.976 rations
```

Le Vice-Roi a établi le 5 juin son quartier général à Soldau. Il fait aviser Grouchy de l'ordre de l'Empereur prescrivant aux corps de cavalerie de bivouaquer dorénavant, de se placer militairement et de se garder comme devant l'ennemi, pièces et caissons parqués prêts à marcher. Du 8 au 9 juin, Nikolaïken et Johannisburg seront occupés par les deux brigades de cavalerie du 6ᵉ corps (bavarois), et les 12ᵉ et 13ᵉ brigades de cavalerie légère occuperont Ortelsburg et Willenberg (1).

---

(1) *Le Général Charpentier au général Grouchy*. Soldau, 5 juin 1812.

Ce même jour, le général Charpentier adresse à Gouvion Saint-Cyr l'ordre de l'Empereur pour la formation immédiate dans chaque division d'une compagnie de transports auxiliaires composée de 50 voitures de réquisition à 4 colliers. Cette mesure allait considérablement faciliter les ravitaillements des corps. Le général Charpentier donne ensuite les ordres du Vice-Roi pour l'organisation de détail de ces compagnies; chacune d'elles doit avoir une escorte permanente de 30 hommes commandés par un officier et se rendre sur-le-champ à Plock chercher des farines qui ne seront consommées que sur l'ordre du Vice-Roi.

Le Général Charpentier à Son Excellence le Colonel général comte Gouvion Saint-Cyr.

Au Quartier général à Soldau, le 5 mai 1812.

4ᵉ CORPS

Monsieur le Comte,

J'ai l'honneur d'adresser ci-joint à Votre Excellence copie d'un ordre du jour qui prescrit la formation d'une compagnie de transports auxiliaires par division.

Son Altesse Impériale le prince Vice-Roi désire que Votre Excellence prenne des mesures pour faire organiser deux de ces compagnies dans le 6 corps.

Son Altesse désire aussi, Monsieur le Comte, que Votre Excellence donne des ordres à M. le commandant de l'artillerie du 6ᵉ corps de correspondre avec M. le général comte Daulhouard, commandant l'artillerie des troupes sous les ordres du prince Vice-Roi, et de lui rendre tous les comptes qu'il pourra demander sur cette arme, ainsi que les situations en tout genre.

Je prie Votre Excellence d'agréer l'hommage de mon attachement respectueux.

Le Chef d'état-major général de
Son Altesse Impériale le prince Vice-Roi
Comte CHARPENTIER.

P. S. — Je prie Votre Excellence de faire parvenir la lettre ci-jointe au général Villata.

CHAPITRE IV

4ᵉ CORPS

Au Quartier général de Soldau, le 5 juin 1812.

ORDRE DU JOUR.

ART. 1ᵉʳ. — A dater de la publication du présent ordre, toute la cavalerie de la Grande Armée sera mise au vert.

On se conformera aux dispositions du Règlement de campagne pour que le fourrage au vert se fasse avec ordre.

ART. 2. — Les voitures chargées d'éclopés, ou qui portent des bagages inutiles susceptibles d'être envoyés au dépôt, celles chargées de foin, paille ou avoine qui se trouvent à la suite de la cavalerie seront déchargées et envoyées aux dépôts d'Elbing, de Thorn, de Plock ou de Modlin suivant la position du corps d'armée pour y recevoir un chargement de farines, de biscuits, de riz, d'eau-de-vie et être dirigées sur les corps d'armée à la suite desquels elles se trouvaient.

ART 3. — Les Maréchaux commandant les corps d'armée et les ordonnateurs feront former toutes ces voitures en brigades de 50 et mettront à leur tête un employé des transports et une escorte d'infanterie pour y maintenir l'ordre, assurer leur existence et conserver leur chargement.

ART. 4. — Il sera accordé par voiture quatre francs d'indemnité aux propriétaires depuis le jour du départ du dépôt où elles auront été envoyées avec leur chargement pour rejoindre leur corps d'armée ; elles continueront à recevoir la même indemnité tant qu'elles seront employées au service de l'armée.

ART. 5. — L'intendant général tiendra des fonds à la disposition des ordonnateurs des différents corps d'armée pour pourvoir à cette dépense qui sera exactement payée.

ART. 6. — Pour assurer l'exécution des dispositions ci-dessus, les commandants de place feront mettre de suite aux ponts de Thorn, Modlin et Marienberg et aux bacs, des gardes avec la consigne de ne laisser repasser la Vistule à aucune des voitures désignées dans le présent ordre jusqu'au moment où elles seront dans le cas d'être licenciées et munies d'un certificat qui leur sera délivré

ART. 7. — Les commissaires des guerres chargés des transports dans chacun des corps d'armée donneront un livret à chaque voiturier ; ce livret constatera le nom du voiturier, la nature de la voiture, le nombre de chevaux et fera mention de ce qui aura été payé à chaque voiturier sur les quatre francs par jour accordés par l'article 4, de manière que ce livret soit en ordre comme celui dont chaque soldat est muni.

NAPOLÉON.

Pour ampliation :

Le Prince de Neuchâtel, Major général

ALEXANDRE.

Pour l'exécution des dispositions ci-dessus, Son Altesse Impériale ordonne les dispositions suivantes :

Aussitôt la réception du présent ordre, MM. les généraux des divisions formeront de toutes les voitures de réquisition qui se trouvent à la suite de leur division une compagnie de transport de 50 voitures à quatre colliers. MM. les généraux de division voudront bien faire l'avance d'une journée de solde, que l'ordonnateur en chef fera rembourser sans délai. L'ordonnateur en chef fera en outre les fonds nécessaires pour que ce paiement soit fait régulièrement.

A cette compagnie sera attaché à poste fixe un détachement de 30 hommes commandé par un officier et où se trouvera un sergent-major ou fourrier pour être chargé de la comptabilité tant du détachement que de la compagnie de transport; l'ordonnateur en chef y placera un employé.

L'officier commandant le détachement sera chargé de tenir cette compagnie en ordre et bonne police, de veiller au payement régulier de la solde fixée et aux subsistances des hommes et des chevaux.

On devra, dans le jour de la réception du présent ordre, faire partir à forte marche pour Plock, pour y charger des farines sur 49 voitures et du sel sur la 50°.

On ne pourra, sous aucun prétexte, toucher à cet approvisionnement de réserve qu'on n'emploiera que lorsque Son Altesse Impériale en donnera l'ordre.

Indépendamment de cet approvisionnement en farine, les corps devront être pourvus de huit jours de vivres, savoir : quatre jours dans les sacs des hommes, et quatre jours dans les caissons. La consommation journalière devra être prise sur les ressources du pays, ou tirée des magasins indiqués à chaque division.

Dans le rapport de l'état sommaire que chaque division fournit à l'état major général tous les cinq jours, il sera fait mention de la situation de cet approvisionnement et de cette compagnie de transports auxiliaires. Il sera également fait mention, mais par un article séparé, de la situation du service journalier, c'est-à-dire du produit des ressources du pays, ou des magasins affectés à la division, en donnant la date précise des jours pour lesquels elle est service.

Aussitôt que la compagnie ci-dessus indiquée aura été organisée, toutes les voitures à la suite de la division, qui ne seraient pas entrées dans sa composition, seront renvoyées en ordre à Plock et avec escorte, et adressées à M. le général Plausonne qui en fera donner reçu.

Son Altesse Impériale appelle toute l'attention de MM. les généraux commandant les divisions sur l'exécution littérale des ordres ci-dessus; la moindre négligence compromettrait le service des subsistances auquel Sa Majesté apporte la plus grande sollicitude.

Le Chef d'état-major des corps d'armée
commandés par Son Altesse Impériale le Prince Vice-Roi.
Comte CHARPENTIER.

Nouvelle réclamation du Préfet de Plock, qui fait justement observer à Saint-Cyr que si les troupes bavaroises ne renvoient pas les voitures de réquisition après service fait, l'approvisionnement des divers magasins ne pourra plus s'effectuer, faute de moyens de transport, et c'est l'armée qui en subira les funestes conséquences :

Le Préfet du département de Plock à Son Excellence M. le Général de division comte Gouvion Saint-Cyr, commandant en chef le 6ᵉ corps de la Grande Armée.

Plock, le 5 juin 1812.

Monsieur le Comte,

Je reçois de tous côtés des plaintes sur les procédés déréglés que se permettent les troupes bavaroises de l'usage des voitures et chariots fournis par les habitants à différents transports militaires. Il y a jusqu'à 700 chariots pris par les troupes bavaroises des districts de Lipno et de Wyszogrod qui, jusqu'à présent, ne sont point relâchés, ce qui entrave le service de magasin et lui ôte les moyens de transport.

De l'autre part, le sous-préfet du district de Przasnic m'annonce la même chose; après avoir réuni 100 voitures pour faire amener un transport de grains de Wyszogrod, les troupes bavaroises s'en sont emparé pour leur usage et le magasin reste vide, ne pouvant être approvisionné, faute de moyens de transport.

Veuillez bien, Monsieur le Comte, donner des ordres rigoureux à ce que ces voitures soient renvoyées à leur destination et faire cesser de pareils abus qui ne peuvent avoir que des suites désastreuses pour le service de l'armée et funestes pour les habitants du pays, dont l'état déplorable vous est connu.

Agréez, Monsieur le Comte, à cette occasion, l'assurance de ma plus haute considération.

RUMBIELINSKI.

Un ordre du 6 juin du Major général prescrit au Vice-Roi de porter son quartier général à Rastenburg, sa cavalerie légère à Oletzko, le quartier général du 6ᵉ corps à Ortelsburg, occupant avec sa cavalerie légère Johannisburg et Arys.

Le général Charpentier communique au Corps bavarois les observations du prince Eugène au sujet du désordre constaté dans la marche des colonnes de bagages; il annonce que, sur l'ordre de l'Empereur, la solde des quinze premiers jours de mai sera immédiatement payée à toute l'armée; enfin, il renouvelle la défense d'employer aucun ordonnance de cavalerie à conduire des chevaux de main ou des voitures particulières.

4ᵉ CORPS — ÉTAT-MAJOR GÉNÉRAL

N° 40

Le Général Charpentier à Son Excellence le Colonel général Gouvion Saint-Cyr, commandant le Corps bavarois, à Przasnic.

Soldau, le 6 juin 1812.

ORDRE DU JOUR.

L'Empereur ordonne que la solde des quinze premiers jours de mai soit sur-le-champ acquittée à toute l'armée.

M. l'Intendant général de l'armée, M. l'Inspecteur en chef aux revues et le Payeur général feront les dispositions nécessaires pour que l'exécution du dit ordre n'éprouve aucun retard.

Thorn, le 4 juin 1812.

Le Prince de Neuchâtel. Major général,
ALEXANDRE.

Son Altesse Impériale le prince Vice-Roi ordonne que les dispositions contenues dans l'ordre du jour ci-dessus soient exécutées dans les corps d'armée sous ses ordres.

Le Chef de l'État-Major général de Son Altesse
Impériale le Prince Vice-Roi,
Comte CHARPENTIER.

Pour copie conforme :
L'Adjudant-Commandant sous-chef,
DURRIEU.

SUPPLÉMENT.

Son Altesse Impériale prescrit de nouveau la défense expresse qu'aucun soldat ou ordonnance de cavalerie ne soit employé à mener des chevaux de main; de même qu'aucune voiture particulière qui ne serait point caisson de corps ou caisson de l'armée ne peut être conduite par des soldats du train ou des transports. Les généraux de division sont responsables de l'exécution du présent ordre.

L'Adjudant-Commandant sous-chef,
DURRIEU.

CHAPITRE IV

4ᵉ CORPS
—
Nº 41
—

Le Général Charpentier à Son Excellence le Colonel Général Gouvion Saint-Cyr, commandant le Corps bavarois.

Soldau, le 6 juin 1812.

ORDRE DU JOUR.

Dans les derniers mouvements que l'armée a exécutés, les bagages n'ont pas marché dans l'ordre prescrit par le règlement de campagne; ils partent, marchent et arrivent selon la volonté de chaque maître, de chaque régiment ou de chaque arme; les compagnies du train des équipages militaires marchent isolément; au lieu d'une seule escorte, on en voit plusieurs petites dont chacune garde une portion d'équipages.

Les bagages de tout ce qui suit les mouvements du quartier général du corps d'armée doivent marcher ensemble et sous la police du vaguemestre général. Les caissons des équipages militaires prendront rang dans la colonne des équipages; les vaguemestres doivent reconnaître tous les jours un emplacement pour parquer les bagages et pour servir de point de réunion à toutes les voitures qui, le soir, ne resteraient pas au parc.

Le commandant du quartier général veillera à ce que les rues et places des lieux où il sera établi ne soient jamais embarrassés par les voitures.

Il reconnaîtra tous les jours et indiquera les lieux où les personnes qui se trouvent au quartier général doivent faire couper le fourrage vert.

Le Chef d'état-major général de Son Altesse Impériale le Prince Vice-Roi,
Comte CHARPENTIER.

Pour copie conforme :
L'Adjudant-Commandant sous-chef,
DURRIEU.

Le Général Charpentier à M. l'Adjudant-Commandant d'Albignac Chef d'État-Major du 6ᵉ corps

Soldau, le 6 juin 1812.

Monsieur l'Adjudant-Commandant.

En réponse à votre lettre du 1ᵉʳ de ce mois, je vous préviens que le payeur principal du 4ᵉ corps est en mesure pour payer le montant des extraits de revue qui ont été délivrés pour le mois de mai, par M. l'inspecteur aux revues du 4ᵉ corps, tant à Son Excellence le comte Gouvion Saint-Cyr, qu'à MM. les officiers (français) de son état-major. Je vous adresse au surplus une lettre de M. l'inspecteur qui annonce qu'il reste quelques formalités à remplir pour qu'il fasse payer la totalité des sommes réclamées par ces Messieurs.

Le Chef d'état-major général de Son Altesse Impériale le Prince Vice-Roi,
Comte CHARPENTIER.

GRANDE ARMÉE
—
4ᵉ CORPS
—

L'Inspecteur La Barrière à M. le comte Charpentier, Chef de l'État-Major Général du 4ᵉ corps, à Soldau.

A Soldau, le 6 juin 1812.

Monsieur le Comte.

J'ai établi des extraits de revues pour M. le comte de Gouvion Saint-Cyr pour les mois d'avril et mai, et les officiers de son état-major; ceux qui réclament n'étant point en règle, je vous prie de les prévenir, ainsi que je l'ai déjà fait, qu'ils ne peuvent jouir d'aucun traitement qu'ils ne m'aient produit en original leurs titres, conformément aux règlement de Sa Majesté.

J'ai l'honneur, Monsieur le Comte, de vous saluer respectueusement.

LA BARRIÈRE.

6ᵉ CORPS D'ARMÉE
—
PLACE DE CIECHANOW
—

Situation des magasins de cette place au soir du 6 juin 1812.

	DANS LE MAGASIN DE L'ADMINISTRATION MILITAIRE	DANS LE MAGASIN DE L'ADMINISTRATION DE LA VILLE	TOTAL.
Froment (quintaux)	610	5	615
Seigle —	130	38	168
Farine de froment (quintaux)	300	»	300
Farine de seigle (quintaux)	110	37	147
Légumes (quintaux).........	23	1	24
Sel —	27 1/2	»	27 1/2
Pain (rations)...............	10.648	12	10.660
Eau-de-vie (garnice).........	310	»	310
Viande (rations).............	»	3.000	3.000
Bœuf ou vache.............	136	»	136
Son (quintaux).............	20	6	26
Paille longue (quintaux)......	»	4	4
Paille hachée —	»	»	»

Observation. — Les 136 bœufs comptés l'un dans l'autre à 300 rations pourraient rendre 40.800 rations de viande.

L'Ordonnateur en chef du 6ᵉ corps,
BÖHM.

CHAPITRE IV

Deroy rend compte que la revue des armes et des munitions est passée dans sa division et que tout est en état :

Le Général d'infanterie de Deroy à M. l'Adjudant-Commandant d'Albignac, Chef de l'État-Major Général du 6ᵉ corps de la Grande Armée, à Ciechanow.

(Expédié par ordonnance sur Lipowiec, Kownackie, Borowe, Niechodzin, le 7 juin, à 10 heures du matin).

Luberadz, ce 7 juin 1812.

Monsieur l'Adjudant-Commandant,

La revue ordonnée par Son Altesse Impériale le prince Vice-Roi a été tenue par les brigadiers les 4 et 5, et d'après leurs rapports il résulte que les armes se trouvent en bon état et que chaque soldat d'infanterie est muni de 60 cartouches, ainsi que cela est réglé dans les ordonnances du roi, et de trois pierres à fusil; les cartouches se trouvent en bon état; de même l'inspection s'est faite des caissons de l'artillerie, par le lieutenant-colonel de l'artillerie de Lamey, qui a trouvé le tout dans l'état dans lequel cela doit être.

L'ordre qu'aucun ordre du jour ou proclamation ne soit imprimé, ainsi que l'intention de Sa Majesté l'Empereur qu'on ne cesse de tenir un langage pacifique, a été porté à la connaissance des officiers supérieurs et autres; de même, ce qui a été ordonné pour le passage des individus qui se présenteraient aux avant-postes.

Veuillez, Monsieur l'Adjudant-Commandant, porter ceci à la connaissance de M. le Général en chef, et recevoir amicalement l'assurance de la considération la plus distinguée.

DEROY.

P. S. — Le cours d'ordonnance de Ciechanow ici, est : à Niechodzin, Kownackie, Borowe et Lipowiec à Luberadz.

M. Pichot s'occupe activement de la formation des compagnies de transports auxiliaires à créer dans chacune des divisions bavaroises.

Il avise d'Albignac qu'une partie du biscuit de Przasnic est avariée.

Le Commissaire des guerres Pichot à M. l'Adjudant-Commandant d'Albignac, Chef d'État-Major du 6ᵉ corps, Grande Armée, à Ciechanow.

Ciechanow, 8 juin 1812.

Monsieur et cher Colonel,

La nouvelle chute d'un des fours nous oblige absolument d'envoyer aire du pain dans les villages, si l'on ne veut pas que la division n'en manque à son passage ici. Cette mesure ne produira cependant pas grand'chose à cause de la dispersion des communes, de leur éloignement et de la difficulté des moyens de transport déjà requis pour tant d'autres objets. Cependant j'ai invité M. le commissaire Foresti à s'occuper vivement de ces objets et il s'en occupe avec le bourgmestre de ce pays.

Les divisions formeront aisément leur compagnie d'équipages, mais je n'ai encore aucune instruction de M. l'ordonnateur en chef Joubert pour le payement à ce corps des 4 francs par voiture et par jour ou pour le remboursement des avances que les divisions feront à ce sujet.

J'en recevrai sans doute bientôt.

Je m'adresse à M. l'ordonnateur Böhm pour la désignation de l'employé à attacher à cette compagnie et pour la prompte formation de cette compagnie dont les éléments sont déjà en grande partie dans chaque division.

J'ai l'honneur d'être avec une considération très distinguée

Le Chevalier, Commissaire des guerres,
PICHOT.

Le Commissaire des guerres Pichot à M. l'Adjudant-Commandant d'Albignac, Chef d'État-Major du 6ᵉ corps de la Grande Armée, à Opinagora.

Ciechanow, le 9 juin 1812.

J'ai l'honneur de souhaiter le bonjour à M. le colonel d'Albignac.

M. Foresti vient de me dire que partie du biscuit qui était à Przasnic a été distribué aux troupes et que le reste (ce qui était le plus considérable) était avarié.

Ce biscuit n'ayant jamais été porté sur des états de situation que j'aie fournis, je n'en parle pas à M. le général; je n'en connais pas l'origine.

Le Commissaire des guerres.
PICHOT.

Le préfet de Plock devait livrer au 6ᵉ corps 1.700 bœufs: il écrit à d'Albignac que son département étant écrasé par les réquisitions, le Vice-Roi l'a déchargé de la moitié de cette fourniture.

Mais d'Albignac se défie de cette affirmation : il demande aussitôt à l'état-major du prince Eugène s'il est vrai que la réquisition de 1.700 bœufs dans le département de Plock ait été réduite de moitié, et s'il est autorisé à employer la force dans le cas où cette moitié ne serait même pas fournie.

Le surlendemain, Wrède fait savoir au général Gouvion Saint-Cyr que le Vice-Roi n'a nullement réduit la réquisition des 1.700 bœufs à fournir par le préfet de Plock; aussi, les généraux de brigade de la 20ᵉ division viennent-ils d'être prévenus de se faire livrer 500 bœufs dans les vingt-quatre heures.

Au bas de cette lettre de de Wrède, Saint-Cyr écrit de sa propre main l'ordre à d'Albignac d'inviter le général Deroy à requérir des bœufs pour sa division comme l'a fait le général de Wrède.

Le Préfet du département de Plock à M. d'Albignac Chef de l'État-Major Général du 6ᵉ corps.

Plock, le 9 juin 1812.

Monsieur,

En réponse à votre lettre, Monsieur, datée du 8 du mois courant sur la fourniture de 1.700 bœufs destinés pour le 6ᵉ corps, j'ai l'honneur de vous prévenir que M. l'ordonnateur en chef en adressant sur le même objet, il y a quatre jours, sa réquisition au nom de l'intendant général, a demandé en tout une fourniture de 5.800 pièces pour les distribuer parmi les différentes divisions du 4ᵉ corps, et que le même jour, j'ai reçu l'ordre de Son Excellence le Ministre de l'intérieur de fournir incessamment d'après un arrangement passé avec l'intendant général 3.000 autres à Thorn pour sa disposition directe.

Comme le département confié à mon administration ne possédait que des bœufs nécessaires pour l'agriculture, dont une partie est crevée en hiver, et une autre plus considérable est tuée pour la nourriture de 100.000 hommes de troupes qui y cantonnent, outre ceux qui en sont sortis, ou pris par les soldats à l'usage des voitures, j'ai envoyé le même jour d'un côté mes représentations sur l'impossibilité de satisfaire à toutes ces demandes à M. l'intendant général de l'armée, au Ministre du duché, à l'ordonnateur en chef M. Joubert, m'étant mis en chemin moi-même pour Soldau chez Son Altesse Impériale le prince Vice-Roi, qui a voulu bien me promettre d'alléger au delà de moitié la réquisition dont le département a été frappé et de me donner le temps nécessaire pour pouvoir y satisfaire en ordre.

De l'autre côté, j'ai donné le même jour l'ordre à tous mes sous-préfets pour assurer premièrement le service ordinaire dans la distribution de la viande, et de réunir pour la réserve autant qu'ils pourront trouver sans pousser à l'extrémité la rigueur et la dureté envers les habitants qui souffrent sans murmure tous les maux et calamités de la guerre.

En conséquence, j'ai donné ordre au sous-préfet de Przasnic de fournir un quart du nombre total des bœufs destinés pour le 6ᵉ corps à Przasnic, un autre quart à Mlawa, également au sous-préfet de

Wyszogrod de rendre l'autre moitié pour un quart à Plonsk et à Wyszogrod contre des procès-verbaux.

Au cas que le nombre ci-dessus ne fût pas complété, ce n'est que l'impossibilité absolue qui s'oppose à cette fourniture énorme et au delà des forces du pays. Après vous avoir exposé mes raisons, il dépendra de la volonté de Son Excellence le général en chef s'il jugera à propos de procéder militairement pour obtenir le total, dans ce département aggravé depuis six ans de tous les maux et faisant partie d'un pays entièrement dévoué à Sa Majesté l'Empereur.

Du reste, j'espère, Monsieur, que ma façon de vous répondre ne contient point des détours que vous imputez à la question des affaires de ma charge. Je puis vous assurer de bonne foi, Monsieur, que je suis un homme droit et un fonctionnaire loyal et intelligent, guidé par l'amour de ma patrie et de mes compatriotes autant que par l'attachement à la nation française. Tâchant de mériter par ces sentiments l'estime des Français, j'en fais plus de cas que de la politesse dont vous avez au moins la bonté de me juger capable.

Ni mes engagements, ni les services que j'ai tâché de rendre à l'armée ne pouvaient aller au delà de mes moyens, sur la modicité desquels Son Excellence le général en chef et vous, Monsieur le Colonel, étaient prévenus d'avance. Depuis que le reste des moyens m'ont été ôtés et que les procédés des troupes ont croisé partout mes démarches et mes dispositions, il est tout naturel que ma meilleure volonté ne pouvait plus être d'aucune utilité; vous pouvez en juger le mieux par le rapport de l'officier bavarois que Son Excellence le général en chef a envoyé depuis quelques jours à Plock pour soigner l'approvisionnement de son corps; la marche lente et tardive de cette opération suffira à donner à Son Excellence une idée claire sur l'état des choses. Le fait est, que les privations des habitants vont jusqu'au dernier morceau de pain. Tous ces chevaux et chariots se trouvent à l'armée, les prairies et le blé est fauché, les bœufs pris et consommés; pourriez-vous, Monsieur, demander davantage ? Une partie du mécontentement de mes administrés tombe sur moi, car ordinairement les hommes aiment à attribuer la cause du mal qui les frappe à ceux qui les gouvernent; il vous a plu, Monsieur, d'y ajouter encore, au nom de Son Excellence, par des observations bien injustes et des griefs bien amers; j'en suis sûr que ceux qui remplaceront les troupes du 6ᵉ corps, ne trouvant de quoi subsister, en feront autant. Voilà la récompense de mes soins. N'ayant du reste point mérité les reproches que vous venez de me faire, j'ai tout le droit de me plaindre de la manière dont vous m'avez traité, mes procédés ayant dû vous convaincre de l'estime que j'ai portée en particulier à Son Excellence M. le général en chef et du cas que j'ai fait de votre personne.

Agréez, Monsieur le Colonel, l'assurance de ma considération très distinguée.

RUMBIELINSKI,
Préfet.

MINUTE *d'une lettre adressée au Chef d'État-Major du Vice-Roi par d'Albignac.*

Monsieur le Général.

J'ai eu l'honneur de vous écrire que le préfet de Plock devait nous livrer 1.700 bœufs. Aujourd'hui je viens de recevoir sa réponse ; il prétend que Son Altesse Impériale le Vice-Roi l'a déchargé de moitié et qu'il a donné l'ordre à 4 sous-préfets ou maires d'acquitter par égale portion 850 bœufs. Mlawa, Przasnic, Plonsk et Wiszogrod doivent fournir 213 bœufs pour faire ce nombre.

L'avis que M. le commissaire français Pichot a reçu n'était pas un ordre de M. Joubert : M. Pichot lui écrit donc, mon Général, pour savoir : 1° s'il est vrai que le Vice-Roi ait diminué de moitié le nombre de 1.700 bœufs à fournir ; 2° si dans le cas probable où le Préfet de Plock, qui m'a écrit une longue lettre dilatoire, ne fournissait pas même cette moitié, nous serions autorisés à les prendre par réquisition forcée.

Dans tous les cas, mon Général, veuillez bien faire prévenir le sous-préfet de Mlawa de ce qu'il doit vous livrer ; celui de Przasnic en a déjà livré 100 à la 19ᵉ division qui seront tenus en compte à Willenberg dans le partage des deux divisions.

M. Pichot prie M. l'ordonnateur Joubert de vous écrire directement, afin d'éviter les retards et que Votre Excellence sache à quoi s'en tenir ; elle jugera sûrement qu'il est extrêmement important que la lettre adressée à M. Joubert lui parvienne promptement et que nous ayons une prompte réponse.

Je renouvelle à Votre Excellence l'assurance de ma respectueuse considération.

Le Général de Wrède au Général Gouvion Saint-Cyr.

Willenberg, le 11 juin 1812.

Monsieur le Général en chef.

J'ai l'honneur de vous envoyer par le lieutenant prince Oettingen, un de mes officiers d'ordonnance, une lettre du prince Major général que Son Altesse Impériale le prince Vice-Roi vient de me remettre au moment de son départ. Je saisis cette occasion pour rendre compte à Votre Excellence que Son Altesse Impériale le Vice-Roi m'a chargé de lui dire qu'elle ne se rappelle nullement d'avoir réduit à la moitié le nombre de 1.700 bœufs que le département de Plock devait livrer pour le 6ᵉ corps, que par conséquent cette réquisition ordonnée et frappée en règle devait être mise en exécution.

J'ai cru donc bien faire en expédiant l'ordre aux généraux de Vincenti et comte de Beckers pour que le premier se fasse délivrer du cercle de Przasnic 200 bœufs dans les vingt-quatre heures et l'autre 200 du cercle de Mlawa, tandis que le colonel baron de Dalwigk commandant provisoirement ma 3ᵉ brigade est chargé de s'en faire livrer 100 du côté de Mieszeniec, ce qui me ferait 500 bœufs sans ceux que j'ai emmenés de l'autre rive de la Vistule.

Il n'y a rien de nouveau aux avant-postes des généraux comte de Preysing et comte de Seydewitz.

D'après l'intention de Son Altesse Impériale le Vice-Roi, j'ai expédié deux officiers de mon état-major pour reconnaître les frontières le long de la ligne des Russes.

Veuillez agréer, Monsieur le Général en chef, les assurances de ma considération très distinguée.

Le Général,
Comte DE WRÈDE.

(Au bas de cette lettre, et de la main de Saint-Cyr) :

M. l'Adjudant-Commandant d'Albignac donnera des ordres à M. le général Deroy de faire des réquisitions comme a fait M. le général de Wrède.

Le Général,
GOUVION SAINT-CYR.

Le général Deroy demande à d'Albignac de faire parvenir au Vice-Roi une dépêche du Prince Poniatowski commandant le 5ᵉ corps :

Le Général d'infanterie de Deroy à M. l'Adjudant-Commandant d'Albignac, Chef d'État-Major Général du 6ᵉ corps de la Grande Armée.

Luberadz, ce 9 juin 1812.

Monsieur l'Adjudant Commandant,

Le prince Joseph Poniatowski, général commandant du 5ᵉ corps de la Grande Armée, m'ayant fait parvenir la dépêche ci-jointe pour Son Altesse Impériale le prince Vice-Roi d'Italie, contenant des renseignements que Son Altesse Impériale lui a demandés et m'ayant prié de vouloir faire parvenir la dépêche à sa destination, je vous prie, Monsieur l'Adjudant-Commandant, de vouloir l'envoyer à son adresse, remettant à votre disposition si vous voulez employer pour cela un officier des compagnies que vous avez avec vous, ou en demander un au général Sibein, ce qui, cependant, à ce qu'il me semble, serait trop long.

J'ai l'honneur de vous saluer, Monsieur l'Adjudant-Commandant, avec la considération la plus distinguée.

DE DEROY.

P. S. — Les ordres en conséquence de la dépêche de hier au soir sont pour la plupart donnés ; j'aurai l'honneur de vous répondre cet après-dîner.

CHAPITRE IV

EXTRAIT *de la situation de la brigade de cavalerie du général de Seydewitz (19⁰ Division) à la date du 9 juin 1812.*

Quartier général : Johannisburg : 2 officiers, 13 chevaux d'officiers.
1ᵉʳ Chevau-légers : (à la brigade DOMMANGET)
                                  Présents sous les armes :
3ᵉ   —   , Cᵉˡ D'ELBRACHT : 19 of. 481 h. 69 ch. d'of. 478 ch. tr.
6ᵉ   —   , Cᵉˡ DIETZ   20 — 494 — 53   —   489 —
  Non combattants :   8 h. et 7 ch. à l'état-major de la brigade.
                19 — et 29 — au 3ᵉ chevau-légers.
                33 — et 28 — au 6⁰

La brigade a 16 hommes et 17 chevaux au dépôt des chevaux malades de la 19ᵉ division, et 7 hommes aux hôpitaux ; elle compte en ligne 41 officiers et 975 cavaliers.

Depuis le 23 mai, elle a perdu 4 chevaux crevés au 3ᵉ chevau-légers et 5 au 6ᵉ.

Situation de la 20ᵉ Division à l'époque du 9 juin 1812.

Quartier général : Willenberg.
1ʳᵉ Brig., de VINCENTI : Klein Krzynowloga. Présents : 100 of. 3.717 h.
2ᵉ — , de BECKERS : Mlawa.   .—   : 96 — 3.750 —
3ᵉ — , de DALWICK : Krzynowloga.   .—   : 99 — 3.802 —
22ᵉ Brig. de cav., de PREYSING : Ortelsburg. —   : 37 —   850 —
Artillerie   : Neubruzowo   —   : 19 —   404 —
Train   —   :   6 —   444 —
Total des présents : 361 of. 12.987 h. ch. d'of. 196, ch. de tr. 928
                                                          de trait 740

Détachés   :   6 —   268 —
Aux hôpitaux   :   5 —   337 —

Dans l'infanterie : augmentation depuis le 31 mai : 4 officiers, 9 chevaux, 22 hommes composant le corps du génie non encore organisé le 31 mai ; 5 chevaux achetés. Diminution : 25 hommes, dont 2 morts ; les autres passés aux sapeurs ou au dépôt. Dans l'artillerie : 20 hommes passés à la 19ᵉ division, 1 noyé, 1 égaré, 5 passés dans l'infanterie ; 22 chevaux crevés, 7 passés aux sapeurs. Dans la cavalerie : 3 officiers ou sous-officiers changés de régiment par promotion, 2 hommes envoyés en jugement ; 10 chevaux crevés, 2 passés à d'autres corps.

Le général de brigade comte de MINUCCI a quitté l'armée, étant mortellement malade. Le colonel du 11ᵉ régiment de ligne, le comte de DALWICK, commande cette brigade provisoirement.

                                        Le Colonel, Chef d'état-major de la 20ᵉ division
                                                        COMEAU.

GRANDE ARMÉE

6ᵉ CORPS

Place de CIECHANOW

*Situation des magasins de cette place
au soir du 9 juin 1812.*

Froment (mesures de Varsovie)	675	schaffel
Seigle —	7 — 1/2	
Farine de froment (quintaux)	»	
Farine de seigle —	»	
Légumes —	708	
Sel —	51 1/2	
Son —	9	
Pain (rations)	5.864	
Eau-de-vie (garniz)	830	
Bœufs	107	
Paille hachée (rations)	260	

BÖHM,
Commissaire ordonnateur.

GRANDE ARMÉE

6ᵉ CORPS

Place de CIECHANOW

*Situation des magasins de cette place
au soir du 10 juin 1812.*

Froment (mesure de Varsovie)	641	schaffel
Seigle —	7 — 37/128	
Farine de froment (quintaux)	»	
Farine de seigle —	»	
Légumes —	708	
Sel —	51 1/2	
Son —	16 1/2	
Pain (rations)	8.571	
Eau-de-vie (garniz)	830	
Bœufs	107	
Paille hâchée (rations)	157	

BÖHM,
Commissaire ordonnateur.

Bien que la lettre suivante soit étrangère aux papiers de d'Albignac, nous lui faisons place ici, car elle résume toutes les combinaisons de l'Empereur pour ses marches

CHAPITRE IV

et ses manœuvres, en cas d'offensive des Russes; elle contient en outre le programme général des opérations du Corps bavarois jusqu'à son passage du Niémen :

L'Empereur à Eugène Napoléon, Vice-Roi d'Italie, à Willenberg.

Danzig, le 10 juin 1812.

Mon fils, je vois par votre lettre que vous ne serez arrivé que le 18 à Rastenburg. Le 1er corps sera à Insterbourg le 13; le 3e corps sera à Gerdauen; le quartier général sera à Schippenbeil; le grand quartier général de la cavalerie (roi de Naples) à Gumbinnen; le 2e corps de cavalerie à Goldap.

Je pars demain matin pour être à la pointe du jour à Kœnigsberg. J'y resterai le 13, le 14, le 15; je crois que je serai le 16 à Insterburg. Vous vous trouverez dans votre position de Rastenburg à 20 lieues de Kœnigsberg, à 24 lieues de Nowogrod et à une cinquantaine de lieues de Varsovie. Le général Saint-Cyr, qui se réunit à Ortelsburg, sera à moins de 18 lieues de Nowogrod et à 15 lieues de Johannisburg.

Il est nécessaire que vous sachiez ce que fait le prince Poniatowski et les nouvelles qu'il a, afin d'être informé constamment de ce qu'il y a de nouveau sur la droite de l'armée.

Passé le 14, si vous aviez des nouvelles importantes, il faudrait me les envoyer par deux directions : Insterburg et Kœnigsberg. Nous sommes encore en paix avec la Russie; cependant nous voilà au dernier moment. Si l'ennemi prenait l'offensive sur vous, vous vous feriez appuyer par le général Saint-Cyr; le 2e corps, le 3e corps, la Garde qui sera à Schippenbeil le 14, et même le 1er corps qui est sur le Pregel, viendraient facilement à votre secours.

Changez votre ligne d'opérations, ne la prenez plus sur Plock et par Willenberg, mais par Thorn et Ostérode sur Rastenburg; cela ne doit pas vous empêcher de tirer les ressources que vous pourrez avoir de Plock.

Si l'ennemi prenait l'offensive sur le 1er corps, vous recevriez des ordres sur ce que vous auriez à faire. S'il prenait l'offensive sur votre droite, c'est-à-dire sur le 5e corps, qui jusqu'à ce jour, est toujours derrière l'Omulew, vous tomberiez facilement sur le flanc droit de l'ennemi. S'il le fallait même, le 5e corps pourrait faire des marches rétrogrades pour se joindre aux 7e et 8e corps et attirer l'ennemi sur Pultusk. Vous pourriez, si cela était nécessaire, être appuyé par quelques corps de la gauche et tomber sur la droite de l'ennemi. Entendez bien cela avec le roi de Westphalie et le prince Poniatowski.

La marche de l'armée est un mouvement que je fais par ma gauche en refusant constamment ma droite, puisque le 7e corps, qui marche en partie sur Lublin pour faire croire à l'ennemi qu'il va se réunir aux Autrichiens pour marcher en Volhynie, va, le 12, se replier rapidement sur Varsovie, ce qui rendra disponible le 8ᵉ corps qui remplacera le 5ᵉ.

Le 7ᵉ corps lui-même sera bientôt disponible par l'arrivée des Autrichiens sur Praga. De sorte que vers le 20, le 1ᵉʳ, le 2ᵉ et le 3ᵉ corps, la Garde impériale et 2 corps de cavalerie manœuvreront pour passer le Niémen, soit entre Kowno et Grodno, soit entre Kowno et Tilsitt. Le 4ᵉ et le 6ᵉ corps qui sont sous vos ordres, et un corps de cavalerie, formant le centre, manœuvreront ayant leurs lignes d'opérations sur Thorn et la basse Vistule, pour être toujours liés avec magauche. Inquiétez l'ennemi du côté de Grodno et, lorsque le passage sera effectué, venez à marches forcées pour passer au même pont, ou bien passez sur Olitta et Merecz si l'ennemi ne fait pas de résistance. Je donnerai des ordres pour cela. Vers le 18, les 5ᵉ et 8ᵉ corps se placeront à Nowogrod ; quelques jours plus tard, ils seront soutenus par le 7ᵉ corps. Cette droite est destinée à garder Varsovie, à se tenir appuyée à la Narew, en communiquant toujours avec vous par sa gauche, mais gardant sa ligne d'opérations sur Varsovie et, en cas que l'ennemi fût tellement fort sur Nowogrod que le roi de Westphalie crût devoir reculer de quelques marches, il reculerait sur Pultusk, et l'ennemi vous prêterait son flanc droit à vous, qui avez votre ligne d'opérations sur la basse Vistule et qui devez rester réuni avec la gauche. L'armée ayant passé le bas Niémen, toute la droite pourra se porter, selon la circonstance, sur Grodno ou Bialystok, où elle serait jointe par le corps autrichien.

Je vous fais connaître ainsi les diverses combinaisons de ma marche, pour que vous connaissiez bien le rôle que vous avez à remplir et que vous preniez toutes les mesures pour changer votre ligne d'opérations, qui, après avoir reculé sur Thorn, reculerait, s'il le fallait, sur Danzig, c'est-à-dire sur Marienburg.

NAPOLÉON.

Suite d'ordres du jour : de l'Empereur, au sujet de la négligence de certains ordonnateurs ; — du Major général, sur la répression du pillage, la régularité à apporter dans l'envoi des situations, la réunion de tous les petits dépôts de cavalerie à Elbing ; — du Vice-Roi, à propos des excès commis par ses troupes envers les habitants et rappelant que les maraudeurs et les pillards doivent être passés par les armes dans les vingt-quatre heures.

Le Général Charpentier à Son Excellence le Colonel général comte Gouvion Saint-Cyr commandant le Corps bavarois, à Willenberg.

ORDRE DU JOUR.

Thorn, le 4 juin 1812.

Sa Majesté fait mettre à l'ordre de l'armée qu'elle témoigne son mécontentement à l'ordonnateur de la 29e division militaire pour la négligence qu'il a mise dans l'habillement de deux compagnies de sapeurs de l'Isle d'Elbe, pour avoir laissé s'écouler plusieurs mois sans pourvoir à leur habillement et enfin les avoir laissé partir pour l'armée dans cet état de dénuement. Sa Majesté ordonne que le présent ordre sera lu dans toutes les divisions militaires et qu'une enquête sera faite pour connaître les raisons qui ont pu porter l'ordonnateur de la 29e division à tant de négligence.

NAPOLÉON.

Pour ampliation :
Le Prince de Neuchâtel, Major général,
ALEXANDRE.

Son Altesse Impériale le prince Vice-Roi ordonne la mise à l'ordre des dispositions suivantes et en recommande à MM. les généraux la stricte exécution.

« Au quartier général d'*Ebersdorf*, le 4 juin 1809.

« Il est défendu à tout individu de l'armée, sous peine d'être traduit à une commission militaire, d'arrêter et d'enlever les bestiaux, blés, farines et enfin tous convois destinés pour la subsistance de l'armée conduits par un employé de l'administration muni d'une feuille de route ou d'un ordre formel constatant la destination de ces convois ».

Au quartier général de Willenberg, le 10 juin 1812.

Le Général de division, Chef de l'état-major général,
des corps aux ordres de Son Altesse Impériale.

CHARPENTIER.

Pour copie conforme :
L'Adjudant-Commandant sous-chef.
DURRIEU.

Le Général Durrieu au Général Gouvion Saint-Cyr.

Au quartier général de Rastenburg, le 13 juin 1812.

CIRCULAIRE

Monsieur le Général,

J'ai l'honneur de vous transmettre ci-après copie d'une lettre de Son Altesse Impériale le prince Major général. Je vous prie de donner vos ordres pour que les situations me soient exactement envoyées aux époques fixées et qu'elles soient rédigées avec le plus grand soin afin que je puisse remplir les intentions de l'Empereur.

(Copie).
« *A M. le Général de division Dessolle, Chef de l'État-Major de Son Altesse Impériale le Prince Vice-Roi.*

« Kœnigsberg, le 14 juin 1812.

« La campagne va commencer. L'armée est en mouvement; c'est
« le moment, Monsieur le Général, où il y a le plus de difficultés à
« donner les états de situations; c'est cependant celui où il est le plus
« important de les fournir exactement. L'Empereur désire qu'on y
« porte un soin particulier, surtout pour les états des cinq jours
« sur lesquels il faut indiquer avec exactitude les présents sous les
« armes, les malades, les blessés, les tués, les prisonniers de guerre
« et les déserteurs.

« Il faut bien faire sentir aux corps qu'ils doivent regarder comme
« un devoir envers l'Empereur de faire connaître scrupuleusement
« la vérité. Les états de situations sont pour Sa Majesté seule; la con-
« naissance de la situation de ses armées influe essentiellement sur les
« opérations.

« Je vous recommande donc, Monsieur le Général, de mettre le
« plus grand soin à faire suivre les dispositions de cette lettre; il ne
« faut point avoir la fausse honte de laisser ignorer le nombre des déser-
« teurs, etc., etc., parce qu'il est important de savoir de quelle manière
« manquent les hommes.

Le Prince de Neuchâtel, Major général.
ALEXANDRE. »

Je vous adresse également copie d'un ordre donné par l'Empereur pour l'établissement, à Elbing, d'un dépôt général de cavalerie. Le prince Vice-Roi désire que des officiers ou sous-officiers accompagnent de suite à ce dépôt général tout ce que vous aurez à y envoyer en ce moment; et qu'il soit également envoyé sur tous les points où vous auriez laissé des petits dépôts pour les faire diriger sans aucun délai sur Elbing.

« Kœnigsberg, le 12 juin 1812.

« L'intention de l'Empereur est de réunir à Elbing, sous les ordres
« du colonel Farine, tous les petits dépôts de cavalerie qui peuvent
« être restés sur la Vistule, de Plock à Thorn, Marienwerder, Marien-
« burg et Elbing. En conséquence, tous les petits dépôts que la cava-
« lerie aurait laissés en arrière seront dirigés sur Elbing.

« En envoyant tous ces petits dépôts à Elbing, on pourra cependant
« en excepter les chevaux qui, avec cinq à six jours de repos, pour-
« raient être en état de rejoindre leurs corps; mais tous les chevaux
« qui seraient jugés avoir besoin d'un mois de repos pour entrer en
« campagne, ceux destinés pour la réforme, tous les hommes à pied à
« la suite des dépôts, les selles, les équipages, les harnais et les baga-
« ges doivent se rendre de suite au dépôt d'Elbing, où le colonel Farine
« leur fournira ce qui sera nécessaire, soit pour le rétablissement des
« chevaux malades et blessés, soit pour les médicaments, et enfin
« pour les remettre en état de rejoindre leur corps le plus tôt possi-
« ble; il fera également fournir des chevaux aux hommes à pied.

« Tous les petits dépôts de cavalerie laissés en arrière, entre l'Oder
« et la Vistule, doivent également être dirigés sur Elbing, qui reste
« le seul dépôt de cavalerie entre la Prégel et l'Oder.

« Tous les hommes isolés du train d'artillerie, du génie, de l'artille-
« rie à cheval, des équipages militaires, ou chevaux blessés, laissés
« en arrière entre l'Oder et la Vistule, depuis Plock jusqu'à Elbing et
« dans le pays entre la Vistule et la Prégel, doivent se rendre à
« Elbing, pour y être remis en état de rejoindre l'armée, excepté
« cependant les chevaux qui avec quelques jours de repos seraient
« dans le cas d'être rétablis; tous les autres doivent être envoyés à
« Elbing, où le colonel Farine fera fournir des chevaux aux hommes
« à pied.

« Les corps de cavalerie de l'armée qui ont des hommes à pied
« doivent sur-le-champ les diriger avec leurs selles, brides et harnais
« sur Elbing où ils seront remontés.

Le Prince de Neuchâtel, Major général.
ALEXANDRE. »

Un autre ordre de l'Empereur prescrit la formation à *Insterburg* sur la Prégel d'un petit dépôt général de cavalerie, sur lequel doivent être dirigés dorénavant tous les hommes et les chevaux de toutes armes qui ne pourraient pas suivre la marche de leur régiment.

Après l'envoi sur Elbing de tout ce qui ne peut pas incessamment vous suivre, ce sera donc sur Insterburg qu'il faudra diriger ensuite les hommes et les chevaux hors de service.

Le Général de Division Chef de l'état-major
général de Son Altesse Impériale le prince Vice-Roi.

Par son ordre :
L'Adjudant-Commandant sous-chef.
DURRIEU.

4ᵉ CORPS	Le Général Durrieu à Son Excellence
ÉTAT-MAJOR GÉNÉRAL	le Colonel général comte Gouvion Saint-
N° 45	Cyr, commandant le 6ᵉ corps d'armée.

ORDRE DU JOUR.

Au quartier général de Sensburg, le 13 juin 1812.

Son Altesse Impériale le prince Vice-Roi apprend que le désordre commence à pénétrer dans l'armée qu'il commande; que déjà des excès graves ont été commis. Dans la ferme résolution de réprimer de suite de semblables délits et avec la dernière rigueur, elle rappelle à MM. les généraux commandant les divisions les dispositions du décret impérial du 2 février de cette année qui prescrit de faire juger par une commission militaire tout délit commis par les soldats envers les habitants, et de plus l'article 3 du titre 4 du règlement de police qui fait suite au règlement de campagne de 1809. Cet article prescrit de juger et exécuter dans les vingt-quatre heures tout homme qui se livre à la maraude ou au pillage.

Son Altesse Impériale recommande à MM. les généraux de tenir la main à l'exécution de ces mesures de police et les en rend même responsables.

Le Chef d'état-major général des corps aux ordres de Son Altesse Impériale le prince Vice-Roi,
DESSOLLE.

Pour copie conforme :
L'Adjudant-Commandant sous-chef,
DURRIEU.

L'Empereur a envoyé 3.000 quintaux de farine à Rastenbourg pour être mis à la disposition du prince Eugène; 6.000 autres quintaux seront à sa disposition à Wehlau : cela assurera avant le 18 juin 900.000 rations; 2 voitures par compagnie porteraient 10 jours de vivres pour l'armée : c'est la manière la plus sûre de pourvoir aux subsistances (1).

Pendant ce temps, l'actif Pichot a assuré du pain à la division Deroy jusqu'au 16 juin inclus. Il apprend à

---

(1). *L'Empereur au Prince Eugène, commandant les 4ᵉ et 6ᵉ corps, à Sensburg.* Kœnigsberg, 13 juin 1812.

d'Albignac que l'ordonnateur bavarois n'a laissé à Ciechanow qu'un simple comptable pour la levée des 1.700 bœufs et l'expédition des denrées restantes... Il s'étonne que « l'administration bavaroise ne comprenne pas que le comptable ne doit pas être le surveillant »......

GRANDE ARMÉE
6ᵉ CORPS

Le Commissaire des guerres Pichot à M. d'Albignac, Chef d'État-Major du 6ᵉ corps de la Grande Armée.

Ciechanow, le 13 juin 1812.

Monsieur et Cher Colonel,

La division de M. le général Deroy a reçu du pain jusqu'au 16 de ce mois inclusivement, les légumes et le sel jusqu'au 15 et la viande jusqu'au 13.

Voilà l'état du magasin de Ciechanow aujourd'hui matin. Des 8.000 rations de pain restantes, 6.000 partiront ce matin pour Willenberg ou plus loin; il n'y a de voitures que pour cela.

Le restant des diverses denrées sera expédié sur le même point, à mesure qu'on aura le moyen de le faire.

J'avais recommandé à M. l'ordonnateur bavarois de laisser à Ciechanow un commissaire des guerres avec des employés pour régler et diriger les opérations essentielles qui doivent encore avoir lieu de Wiszogrod à Ciechanow et auxquelles le corps d'armée est si intéressé; j'apprends en ce moment avec peine qu'il ne reste que ce que les Bavarois appellent simplement un commissaire, ce qui équivaut à nos préposés comptables.

Cependant, la levée de 1.700 bœufs, ou au moins 1.200, l'expédition des denrées restantes, la rédaction des procès-verbaux que l'on réclamera bientôt, sont des objets de la première importance.

Comment d'ailleurs l'administration bavaroise ne sent-elle pas que le comptable ne doit pas être le surveillant?

Cette disposition a été prise un peu légèrement.

Je désire arriver demain 14 à bonne heure à Willenberg pour avoir l'honneur d'y voir encore Son Excellence ainsi que vous, et pour y voir aussi M. l'ordonnateur en chef Joubert que j'entretiendrai de ces désordres pour y remédier, s'il est possible.

J'ai l'honneur d'être avec considération distinguée et avec dévouement.

Le chevalier PICHOT.
Commissaire des guerres.

P. S. — Mon mal ne fait pas de progrès : mais il ne disparaîtra qu'avec du repos et quelques soins; il me tarde d'être à portée d'en pouvoir prendre.

Le 3e corps de cavalerie, qui a passé la Vistule les 1er et 2 juin, s'est rendu à Neidenburg, et par Ortelsburg sur Lotzen où il va arriver au milieu du mois.

Un ordre de l'Empereur le portera le 17 sur Oletzko, surveillant la direction de Meretch et de Grodno (1). Il sera le 20 à Seyny (2), le 25 à Dobiblen et passera le Niémen le 26, près de Kowno.

EXTRAIT *de la situation de la brigade de cavalerie du général de Seydewitz (19e Don) à la date du 14 juin 1812.*

Quartier général : Johannisburg.
Présents sous les armes :
3e Chevau-légers : 19 off. — 481 h. — 69 ch. d'off. — 478 ch. de tr.
6e   —   20 off. — 488 h. — 52   — 486   —

Non combattants :
    A l'état-major de la brigade : 10 h. 5 ch.
    Au 3e chevau-légers :   19 h. 29 ch.
    Au 6e   —   32 h. 24 ch.
    Au dépôt de chevaux malades: 18 h. 20 ch.
    Aux hôpitaux :   11 h.
En ligne : 41 officiers, 969 cavaliers.
Depuis le 10 juin, 1 cheval crevé au 6e régiment.

La lettre suivante de l'Empereur au prince Eugène donne le tableau du mouvement général de la Grande Armée du milieu de juin jusqu'au moment du passage du Niémen. Le rôle du 6e corps y est tracé, et les conseils, tant militaires qu'administratifs, ne sont pas ménagés au Vice-Roi.

L'Empereur à Eugène Napoléon, à Rastenburg.

Kœnigsberg, 15 juin 1812.

Mon fils, vous recevrez l'ordre de porter votre quartier général le 20 à Oletzko et d'y être avec votre corps d'armée, de placer les Bavarois à Lyk et le 3e corps de cavalerie près de Seyny. Le roi de Westphalie aura le 20 son quartier général à Nowogrod. Le duc

---

(1) *L'Empereur au Major général.* Kœnigsberg, 13 juin 1812.
(2) *Le Major général au roi de Naples.* Kœnigsberg, 15 juin 1812.

d'Elchingen sera à Kalwarya; le prince d'Eckmühl à Wilkowyski ou à Stallupochnen. Le duc de Tarente sera à Tilsit, en position vis-à-vis Georgenburg. Le corps autrichien du prince de Schwarzenberg sera à cette époque à Lublin. Cet ensemble vous sera nécessaire pour juger les événements. Je calcule que le général russe Wittgenstein sera retenu avec ses 3 divisions vis-à-vis Georgenburg, Tilsit et Memel, et un embarquement a lieu par le Haff pour le menacer; que les 4 autres divisions de l'armée de Tolly, avec la Garde Impériale, pourront se trouver sur Kowno et Olitta; que le général Essen, avec ses 4 divisions pourront se trouver entre Grodno et Meretch, le général Bagration sur Brzesc et Bialystok. Dans cette situation, mon intention est de passer entre Kowno et Olitta. Je pourrai jeter 4 ou 5 ponts à la fois et y passer avec les 1er, 2e et 3e corps et la Garde, et même avec les 4e et 6e corps, débouchant rapidement sur Vilna. Dans cette supposition, le roi de Westphalie pousserait rapidement de Nowogrod sur Bialystok pour suivre Bagration. Je compte que les premiers coups seront tirés le 22 ou le 23, du côté de Kowno. Comme je serai à mon quartier général de Gumbinnen le 18 et le 19, je vous ferai passer de là mes ordres pour les mouvements ultérieurs. Je vous dirigerai sur Kalwarya ou Seyny, suivant les circonstances. Il faut que le 6e corps appuie toujours sur vous. Le passage une fois effectué, si l'ennemi abandonnait la rivière, je suppose que vous avez des bateaux avec vous; vous avez des pontons et des marins et vous pourriez facilement jeter un pont d'une soixantaine de toises, ce qui pourrait vous abréger votre route d'une marche et vous dispenserait de venir passer sur les ponts que j'aurai jetés. Vous devez d'ailleurs trouver quelques moyens de passage dans le pays. Combien avez-vous de bateaux? Il est convenable que vous instruisiez le général Saint-Cyr de mes projets; que vous ayez l'œil sur ce que fait l'ennemi du côté de Grodno; que vous soyez en grande, sûre et rapide communication avec le prince Poniatowski et que vous ne vous fiiez pas à la poste pour cela, mais que ce soit par le moyen de piquets de cavalerie dont les chevaux servent aux officiers en dépêche, que la correspondance puisse avoir lieu. Je n'ai pas besoin de vous recommander le secret sur ces dispositions.

Ralliez toutes vos troupes, surtout vos troupes françaises. Si vous avez des cartouches sur vos derrières, faites-les avancer pour servir aux remplacements. Continuez à faire approvisionner Willenberg, si cela est possible, à moins que vos convois ne puissent venir jusqu'à votre camp. Je suppose que vous partirez de Rastenbourg avec vos 20 jours de vivres, puisque j'ai fait mettre 900.000 rations à votre disposition. Toutefois, si ce que je vous ai donné ne suffisait pas, je ne verrai pas d'inconvénient à vous donner encore 10.000 quintaux de farine à Wehlau, pourvu qu'il vous fût possible de les envoyer prendre. En partant de Rastenbourg, formez-y un hôpital; laissez-y un très bon commandant de place et un détachement de cavalerie et de gendarmerie. Veillez à ce que la poste reste organisée. Indépendamment du commandant, laissez-y un officier qui ait votre confiance et qui puisse diriger tous les courriers de Varsovie et de la droite sur les lieux où je serai.

NAPOLÉON.

L'ordre de mouvement dont il est question au commencement de la lettre précédente est adressé le même jour par le Major général au prince Eugène; il est ainsi conçu :

Kœnigsberg, le 15 juin 1812.

Monseigneur, l'Empereur ordonne que Votre Altesse Impériale réunisse tout le 4ᵉ corps d'armée à Oletsko le 20 juin; qu'elle donne également ses ordres pour réunir, le 19, le 6ᵉ corps à Raczki, la cavalerie légère du 6ᵉ corps ayant une tête sur Augustowo et communiquant par sa droite avec la gauche de la cavalerie légère du 5ᵉ corps qui bordera le Bobr.

Je préviens Votre Altesse Impériale que le roi de Westphalie aura, le 20, son quartier général à Nowogrod, où seront réunis le 5ᵉ et le 8ᵉ corps d'armée et le 4ᵉ corps de réserve de cavalerie, la cavalerie légère du roi se portant sur Wizna et se mettant en communication avec la vôtre.

L'intention de l'Empereur est que Votre Altesse Impériale donne des ordres pour que le 3ᵉ corps de réserve de cavalerie soit, le 20 juin, à Seyny.

Le quartier général du duc d'Elchingen sera le 20 juin à Kalwary.

L'Empereur ordonne aussi, Monseigneur, que vous envoyiez des constructeurs de fours à Oletzko et à Seyny pour y construire des fours, ainsi qu'à Augustowo.

Le 15 juin, la 21ᵉ brigade de cavalerie (général de Seydewitz) était à Johannisburg et Bialla, et la 22ᵉ brigade (général de Preysing) à Nicolaïken et Arys.

En adressant de Willenberg, le 15 juin, la situation du 6ᵉ corps au Major général, Gouvion Saint-Cyr écrivait :

EXTRAIT de la situation des troupes composant le
6ᵉ Corps bavarois au 15 juin 1812.

Willenberg, le 15 juin 1812.

. . . .

Le 6ᵉ corps n'a point encore manqué de pain. On espère pouvoir en faire pour trois ou quatre jours avec quelques farines rassemblées à Nicolaïken et Johannisburg. L'ordonnateur en chef Joubert a fait délivrer à Willenberg 60.000 rations de pain. Les chevaux se sont maintenus en bon état, excepté ceux des vivres,

Il y a peu de malades parmi les hommes.

Les officiers sont fort pauvres, n'étant pas payés depuis deux mois. Les soldats ont aussi leur solde fort arriérée.

Le service des commissaires des guerres est tout à fait nul. Les généraux Deroy et Wrède font tout eux-mêmes et les divisions marchent bien sous le rapport de l'administration et de la discipline grâce à leurs soins.

Le Général
GOUVION SAINT-CYR.

L'ordonnateur bavarois Böhm écrit à d'Albignac au sujet de l'eau-de-vie du magasin de Ciechanow :

| ADMINISTRATION
—
6ᵉ CORPS
— | *L'ordonnateur Böhm à M. le Colonel d'Albignac, Adjudant-Commandant Chef d'État-Major Général du 6ᵉ corps, au quartier général de Willenberg.* |

Willenberg, ce 16 juin 1812.

Monsieur le Colonel,

En réponse à votre lettre d'aujourd'hui, par laquelle M. le Colonel me demande l'état de situation et des renseignements sur l'approvisionnement d'eau-de-vie qui se trouvait à Ciechanow, j'ai l'honneur de vous assurer, Monsieur le Colonel, que M. l'ordonnateur de la division Deroy a été invité, depuis ce matin, de ma part, de me faire parvenir encore aujourd'hui un état de mouvements des magasins de sa division; il m'a promis de me l'envoyer, et aussitôt que ça se vérifiera, je ne manquerai pas de satisfaire à vos souhaits; au reste, n'ayant rien entendu dire qu'une distribution d'eau-de-vie ait eu lieu, je crois qu'il n'y a rien à dire à propos de ce liquide.

Au reste j'ai l'honneur, Monsieur le Colonel, de vous saluer avec la considération la plus distinguée.

L'Ordonnateur du 6ᵉ corps d'armée,
BÖHM.

P. S. — J'ai répété les ordres les plus précis qu'aucune distribution d'eau-de-vie n'ait lieu, sinon par des ordres qui seront donnés exprès.

Le prince Eugène adresse à ses corps d'armée, le 17 juin, une série d'ordres faisant connaître : que le roi de Naples a reçu le commandement de toute la cavalerie de la Grande Armée; — que le général Dessolle a pris les fonctions de Chef d'état-major des corps commandés par le Vice-Roi; — que le Major général recommande la plus stricte exactitude dans les états de situation qui lui sont envoyés; — le Prince rappelle les pénalités auxquelles s'exposent les maraudeurs; il donne des ordres de détail pour la réunion à Elbing de tous les petits dépôts de cavalerie, et la formation à Insterbourg sur la Prégel d'un petit dépôt général.

GRANDE ARMÉE
—
4ᵉ CORPS
—
ETAT-MAJOR GÉNÉRAL
—

A Son Excellence M. le Colonel Général comte Gouvion Saint-Cyr, commandant le 6ᵉ Corps bavarois.

Au Quartier général à Rattenberg, le 15 juin 1812.

ORDRE DU JOUR DE LA GRANDE ARMÉE.

Danzig, le 8 juin 1812.

Sa Majesté l'Empereur et Roi a nommé, pour commander en chef toute la cavalerie de la Grande Armée, Sa Majesté le Roi de Naples.

Le Prince DE NEUCHATEL
Major général.

Pour ampliation :
Le Général, Chef d'état-major du Major général,
Comte MONTJON.

Pour ampliation :
Le Général de division, Chef d'état-major de Son Altesse Impériale
le Prince Vice-Roi,
DESSOLLE.

ORDRES DU 17 JUIN 1812.

Sa Majesté l'Empereur et Roi a nommé, pour commander en chef toute la cavalerie de la Grande Armée, Sa Majesté le Roi de Naples.
Son Altesse Impériale le prince Vice-Roi prévient les 4ᵉ, 6ᵉ corps et le 3ᵉ corps de cavalerie de réserve, que le général de division Dessolle

a été désigné par Sa Majesté pour remplir les fonctions de chef d'état-major général des corps sous les ordres de Son Altesse Impériale le prince Vice-Roi.

Lettre de Son Altesse le prince de Neuchâtel à M. le général de division Dessolle, Chef d'état-major de Son Altesse Impériale le prince Vice-Roi.

« La campagne va commencer ; l'armée est en mouvement ; c'est le moment, Monsieur le Général, où il y a le plus de difficultés à donner les états de situation ; c'est cependant celui où il est le plus important de les fournir exactement. L'Empereur désire que l'on y porte un soin particulier, surtout pour les états des cinq jours sur lesquels il faut indiquer avec exactitude les présents sous les armes, les malades, les blessés, les tués, les prisonniers de guerre et les déserteurs. Il faut bien faire sentir aux corps qu'ils doivent regarder comme un devoir envers l'Empereur de faire connaître scrupuleusement la vérité. Les états de situations sont pour Sa Majesté seule ; la connaissance de la situation de ses armées influe essentiellement sur les opérations.

« Je vous reccommande, Monsieur le Général, de mettre le plus grand soin à faire suivre les dispositions de cette lettre ; il ne faut point avoir la fausse honte de laisser ignorer le nombre des déserteurs, etc., etc., parce qu'il est important de savoir de quelle manière manquent les hommes ».

Son Altesse Impériale le prince Vice-Roi apprend que le désordre commence à pénétrer dans l'armée qu'il commande, que déjà des excès graves ont été commis. Dans la ferme résolution de réprimer de suite de semblables délits et avec la dernière rigueur, elle rappelle à MM. les généraux commandant les divisions les dispositions du décret impérial du 2 février de cette année qui prescrit de faire juger par une commission militaire tout délit commis par les soldats envers les habitants, et, en plus, l'article 3 du titre 4 du Règlement de police qui fait suite au Règlement de campagne de 1809. Cet article prescrit de juger et exécuter dans les vingt-quatre heures tout homme qui se livre à la maraude ou au pillage.

Son Altesse Impériale recommande à MM. les généraux de tenir la main à l'exécution de ces mesures de police et les en rend même responsables.

Je vous adresse également copie d'un ordre donné par l'Empereur pour l'établissement, à Elbing, d'un dépôt général de cavalerie ; le prince Vice-Roi désire que des officiers ou sous-officiers accompagnent de suite à ce dépôt général tout ce que vous aurez à y envoyer en ce moment, et qu'il soit également envoyé sur tous les points où vous auriez laissé de petits dépôts pour les faire diriger sans aucun délai sur Elbing.

« L'intention de l'Empereur est de réunir à Elbing, sous les ordres du colonel Farine, tous les petits dépôts de cavalerie qui peuvent être restés sur la Vistule de *Plock* à *Thorn*, *Marienwerder*, *Marienburg* et *Elbing*. En conséquence, tous les petits dépôts que la cavalerie aurait laissés en arrière seront dirigés sur Elbing.

« En envoyant tous ces petits dépôts à Elbing, on pourra cependant en excepter les chevaux qui, avec cinq à dix jours de repos, pourraient être en état de rejoindre leur corps; mais tous les chevaux qui seraient jugés avoir besoin d'un mois de repos pour entrer en campagne, ceux destinés pour la réforme, tous les hommes à pied à la suite des dépôts, les selles, les équipages, les harnais et les bagages doivent se rendre de suite au dépôt d'Elbing où le colonel Farine leur fournira ce qui sera nécessaire soit pour le rétablissement des chevaux malades et blessés, soit pour les médicaments et enfin pour les mettre en état de rejoindre leur corps le plus tôt possible; il fera également fournir des chevaux aux hommes à pied.

« Tous les petits dépôts de cavalerie laissés en arrière entre l'Oder et la Vistule doivent également être dirigés sur Elbing qui reste le seul dépôt de cavalerie entre la Prégel et l'Oder.

« Tous les hommes isolés du train d'artillerie, du génie, de l'artillerie à cheval, des équipages militaires ou chevaux blessés laissés en arrière entre l'Oder et la Vistule, depuis Plock jusqu'à Elbing et dans le pays entre la Vistule et la Prégel, doivent se rendre à Elbing pour y être remis en état de rejoindre l'armée, excepté cependant les chevaux qui avec quelques jours de repos seraient dans le cas d'être rétablis; tous les autres doivent être envoyés à Elbing où le colonel Farine fera fournir des chevaux aux hommes à pied.

« Les corps de cavalerie de l'armée qui ont des hommes à pied doivent sur-le-champ les diriger avec leurs selles, brides et harnais sur Elbing où ils seront remontés ».

Un autre ordre de l'Empereur prescrit la formation à *Insterbury* sur la Prégel d'un petit dépôt général de cavalerie, sur lequel doivent être dirigés dorénavant tous les hommes et les chevaux de toutes armes qui ne pourraient pas suivre la marche de leur régiment; après l'envoi sur Elbing de ce qui ne peut pas en ce moment vous suivre, ce sera donc sur Instersburg qu'il faudra diriger ensuite les hommes et les chevaux hors de service.

GRANDE ARMÉE
6ᵉ CORPS
Place de Willenberg.

Situation des magasins de cette ville au 16 juin 1812.

	Schäffel mesure de Varsovie.		QUINTAUX								
	FROMENT	SEIGLE	FARINE DE FROMENT	FARINE DE SEIGLE	LÉGUMES	RIZ	SEL	SON	RATIONS DE PAIN	EAU-DE-VIE (GARNIZ)	BŒUFS	PAILLE HACHÉE (RATIONS)
Arrivé de Ciechanow	757 ½	»	1768/10	»	80 1/5	»	8 58/100	2164/100	»	850	134	»
— de Wyszogrod	»	»	»	»	»	»	»	»	»	»	»	»
— de Plock	»	»	»	»	»	»	60	»	»	»	»	»
Il se trouve donc ici	757 ½	»	1768/10	»	80 1/5	»	68 58/100	2164/100	»	850	134	»
dans les magasins de Ciechanow	500	»	30	»	»	»	»	»	2300	»	»	»
dans les magasins de Plonsk	91	»	»	»	»	»	3 40/100	»	»	»	»	»
Totaux des approvisionnements de la 19ᵉ division	1348 ½	»	2068/10	»	80 1/5	»	72 8/10	2164/100	2300	850	134	»

Willenberg, ce 16 juin au soir 1812.
L'Ordonnateur en chef du 6ᵉ corps
BÖHM.

Dislocation de la 19ᵉ Division à la date du 17 juin.

PREMIÈRE BRIGADE.

Lippowitz, Liebenberg, Friedrichshof, Willamowen, Wistemp, Zielonen, Suchoross, Bialygrund, Gawrzyalken, Plohsen, Wawrochen.
Neu et Alt Zaycken : la 1ʳᵉ batterie légère.

DEUXIÈME BRIGADE.

3ᵉ bataillon : Gross et Klein Puppen et Bistrz.
4ᵉ régiment : Schwentainen et Lontzig.
10ᵉ régiment : Piassutten, Olschenen, Gross Jerutten.

TROISIÈME BRIGADE.

Brigadier et le 1ᵉʳ bataillon du 8ᵉ régiment à Wawrochen.
Le 2ᵉ bataillon à Prussowborreck.
La 3ᵉ batterie légère à Piassutten.
La 11ᵉ batterie à pied à Lontzig.
La 6ᵉ batterie de 12, à Swentainen.
Le parc, à Radau, Prussowborreck et Wallen.
Le quartier général, à Klein Jerutten, le 17 juin.

M. Pichot informe d'Albignac que le général de Wrède, qui — ne néglige rien, — a fait prendre une partie des grains de Ciechanow. Il compte personnellement envoyer au général Deroy, à qui ils sont nécessaires, les tonneaux de farine en dépôt à Willenberg. Les bœufs de réquisition rentrent trop lentement : on aurait dû les lever militairement...

SERVICE MILITAIRE
—
Très pressé
—

Le Commissaire des guerres Pichot à M. l'Adjudant-Commandant d'Albignac, Chef d'État-Major du 6ᵉ Corps de la Grande Armée, à Ortelsburg ou Johannisburg.

Willenberg, le 17 juin 1812, au soir.

Monsieur et cher Colonel,

Je n'ai pas encore reçu de réponse à la lettre que j'écrivis le 15 au soir à M. l'Ordonnateur en chef pour les tonneaux de farine qui sont en dépôt ici

Je l'attends avec impatience, parce que je regarde ce secours comme nécessaire à la division Deroy : il est arrivé cependant aujourd'hui 70 tonneaux de farine de Plock (environ 340 quintaux), qui prendront demain matin la route de Johannisburg; mais d'un autre côté, il faut défalquer pour elle la partie des grains portée sur l'état de situation qui vous a été remis hier comme étant à Ciechanow, parce que la division de M. le général de Wrède a fait prendre à peu près tout par un convoi de chars qu'elle avait fait passer. Cette division ne néglige rien; il est vrai que cela ne sort pas du 6e corps.

J'ai envoyé ce matin un nouvel exprès à M. l'Ordonnateur en chef pour lui parler encore des tonneaux qui sont ici, s'il l'avait oublié, et pour savoir d'ailleurs d'où nous tirerons d'autres ressources en grains ou farines. Lorsque l'époque prochaine de l'épuisement des quantités qui sont en ce moment avec nous ou en route sera arrivée, j'aurai sans doute des éclaircissements.

Les bœufs de réquisition rentrent trop lentement : il n'en est arrivé aujourd'hui pour la division Deroy que 47; je ne sais pas pourquoi on ne les a pas levés militairement, puisqu'il y en avait l'ordre, en cas de retard des autorités civiles. Je l'ai fait écrire de nouveau aux employés.

Je vous serai obligé d'avoir la bonté de m'informer du mouvement du quartier général et des divisions du 6e corps, lorsqu'il y en aura, et de celui du quartier général du prince Vice-Roi.

J'ai l'honneur d'être avec dévouement et une considération très distinguée,

Le Commissaire des guerres,
PICHOT.

P.S. — Ma santé ne s'améliore pas encore. M. Keller m'a cependant flatté de belles espérances.

18 juin, 3 heures matin.

Je reçois votre lettre du 17. Je vais requérir les tonneaux de farine qui sont ici. Je les ferai diriger d'après les ordres de M. le Général en chef, à proportion des moyens de transport.

Je vous prie de présenter mes devoirs à Son Excellence.

Cinq cents quintaux de farine de Willenberg viennent d'être remis à la division Deroy. Il faut que les divisions envoient des moyens de transport, car on ne trouve plus un cheval... M. Pichot expose que les paysans et les chevaux requis pour le transport des vivres, ne recevant rien à manger, désertent et abandonnent leurs attelages, ce qui compromet l'alimentation de l'armée; il demande à d'Albignac de mettre un frein à ce désordre, de faire des recommandations sévères aux escortes et de les munir de *bons* pour la nourriture des paysans et des attelages requis :

Le Commissaire des guerres Pichot à M. d'Albignac, Chef d'État-Major du 6ᵉ corps de la Grande Armée.

Willenberg, le 18 juin 1812.

Monsieur et Cher Colonel,

Le Commissaire des guerres français en cette place a fait remettre aujourd'hui sur ma demande à l'administration bavaroise (19ᵉ division) 104 tonneaux de farine de près de 5 quintaux chacun.

Il en part 60 demain matin pour Lyck.

Les autres seraient partis aussi pour la même destination s'il n'y avait eu 13.200 rations de pain à porter sur-le-champ à la même division qui en a besoin.

Il restera donc ici 44 tonneaux de farine.

Il y a en outre encore au magasin du 6ᵉ corps, en grains froments, 1.293 quintaux.

Si les divisions n'envoient pas de moyens de transport, il y aura impossibilité de le leur faire passer; on ne trouve plus un cheval de quelque manière qu'on le cherche, non plus que des bœufs d'attelage.

Du reste, la manière dont les paysans et les chevaux sont traités rendront bientôt nuls tous ces moyens.

Les hommes et les bêtes n'ont rien pour leur nourriture, quoiqu'on fasse des *bons* pour eux. Les conducteurs et les escortes sont souvent sans aucune attention pour les uns et les autres. Les hommes désertent quand ils peuvent et abandonnent leurs chars et leurs attelages.

Il serait bien temps qu'on mit un frein à ce désordre qui intéresse si essentiellement l'armée.

J'ai l'honneur d'être avec une considération très distinguée, votre très humble et obéissant serviteur.

PICHOT,
Commissaire des guerres,

P. S. — Je reste à Willenberg, parce que je ne pourrais aller plus avant; je souffre un peu plus qu'auparavant. J'irai ensuite au quartier général où se trouve l'Ordonnateur en chef pour savoir quelle décision prend l'Intendant général à l'égard de l'administration bavaroise.

J'ai eu l'honneur d'en prévenir Son Excellence le général Saint-Cyr.

Je ne reçois aucune nouvelle de M. l'Ordonnateur en chef.

PICHOT.

19 juin, à 4 heures du matin.

Par la réponse de M. Joubert, du 18, que je reçois ce matin par estafette, je suis informé que Son Altesse Impériale le Vice-Roi consent à la remise au 6ᵉ corps des tonneaux de farine et des 200 quintaux de froment qui sont en cette place.

Il faut donc que le corps envoie au plus tôt des voitures, pour enlever le tout au plus tôt; je vais demander sur-le-champ la remise des grains, l'autre étant faite.

M. l'Ordonnateur en chef laisse aussi à la disposition de ce corps d'armée 17 tonneaux de farine qui sont restés à Racionz.

Je vais écrire à l'employé qui est à Ciechanow de les faire prendre, s'ils y sont, et de les diriger sur Lyck, par Willenberg; mais je pense que leur enlèvement sera difficile à cause du défaut de voitures; s'il y a encore à Ciechanow un détachement, je ferai engager le commandant à aider à ce sujet l'employé.

Pichot.

Un ordre du 18 juin du Major général au prince Eugène lui prescrit d'être le 21 à Goldapp et d'envoyer le Corps bavarois le plus tôt possible à Oletzko (1). L'Empereur accélère le mouvement du Vice-Roi vers Suwalki (2) : en conséquence le Major général ordonne à ce dernier d'être arrivé le 23 juin à Kalwary avec le 4ᵉ corps, les Bavarois étant entre Suwalky et Kalwary; la cavalerie légère et le 3ᵉ corps de cavalerie observeront les débouchés de Méretch, Grodno et Olitta (3).

EXTRAIT *de la situation sommaire de la 19ᵉ Division à la date du 19 juin 1812.*

Quartier général : Johannisburg.
1ʳᵉ Brigade — 1ᵉʳ régiment de ligne, Borken et environs.
                9ᵉ   —   Kessel   —
                1ᵉʳ bataillon léger, Sawadden.
2ᵉ Brigade — 4ᵉ régiment de ligne, Bialla et environs.
               10ᵉ   —   —   —
                3ᵉ bataillon léger,   —   —
3ᵉ Brigade — 8ᵉ régiment de ligne, Lupken et Sparken.
               6ᵉ batᵒⁿ léger (tout entier détaché : 2 Cⁱᵉˢ à Ciechanow.
                                        2 — à Plonsk.
                                        2 — à Wyszogrod).

---

(1) *Le Major général au Prince Eugène.* Insterbourg, le 18 juin 1812.
(2) *L'Empereur au Major général.* Gumbinnen, 19 juin, 10 heures soir.
(3) *Le Major général au Prince Eugène.* Gumbinnen, 20 juin 1812.

Cavalerie : 3ᵉ et 6ᵉ chevau-légers : aux environs de Lyck.
Artillerie : Johannisburg.
Train : Maldaneyen.
Effectif des présents : 10.848 hommes ; 1.842 chevaux.
Détachés :   1.300   —   245   —

Les hommes détachés sont au commissariat, boulangers, sapeurs, à la compagnie auxiliaire, au transport des bœufs (167 hommes du 8ᵉ régiment) ; au dépôt des chevaux malades (20 cavaliers), au parc (69 artilleurs) ; 103 hommes et 203 chevaux du train sont détachés près des généraux, des régiments, des bataillons, au dépôt des chevaux malades et à Thorn.

La compagnie auxiliaire est en route avec un transport entre Plock et Willenberg.

François GRAVENREUTH,
Major et Chef d'état-major de la division.

Dislocation de la 19ᵉ Division à l'époque du 19 juin 1812.

Le quartier général de la division, à Johannisburg.
Les soldats de l'artillerie, à Johannisburg.
Les soldats du train, à Maldaneyen, Faulbruch, Kobussen.
Le parc est près de la forêt, non loin de Johannisburg.

PREMIÈRE BRIGADE.

Le brigadier à Borken.
1ᵉʳ bataillon léger,   Sawadden et Masten.
1ᵉʳ régiment de ligne,   Bogumillen, Borken, Wolka, Wilken.
9ᵉ   —   Kessel, Gentken, Ribittwen, Babrosten.

DEUXIÈME BRIGADE.

Le brigadier à Bialla.
La brigade à Kallischken, Orlowen, Symannen et environs, s'ils ne sont pas déjà occupés.

TROISIÈME BRIGADE.

Le brigadier à Lupken.
8ᵉ régiment, 2 compagnies à Johannisburg, Jegödnen, Niedzwedzen, Sparken et derrière Snopken.

Le cours d'ordonnance : de Johannisburg à Ruhden...... 2 milles
                        Ruhden   à Drigallen..... 1   —
                        Drigallen   à Osranken 1   —
                        Osranken   à Mostolten 1   —
                        Mostolten   à Lyck......... 1   —

Le Major,
François GRAVENREUTH.

C'est le 20 juin seulement que l'ordonnateur Böhm constate que les services administratifs du Corps bavarois ne disposent pas du personnel nécessaire, et que les commissaires des guerres et employés manquent d'obéissance !...... Il demande donc à d'Albignac un renforcement de personnel de 2 quartiers-maîtres et 6 fourriers pour le service des bureaux et magasins et de 8 autres fourriers pour accompagner les transports :

En allemand (Traduction.)

Le Commissaire Böhm à M. le Chef d'État-Major Général du 6ᵉ corps de la Grande Armée, Colonel et Adjudant-Commandant d'Albignac.

Johannisburg, le 20 juin 1812.

Pour que les fonctions administratives soient bien ordonnées, il a manqué jusqu'à présent, d'un côté le personnel nécessaire, de l'autre l'obéissance de la part des commissaires des guerres et des employés des deux divisions.

Je prie par conséquent Monsieur le Colonel de vouloir bien faire parvenir un ordre à MM. les généraux de division de Deroy et de Wrède, afin qu'il soit mis à ma disposition pour le service des bureaux, des magasins et tout ce que le service exigera d'ailleurs :

De la 19ᵉ division :

Le quartier-maître *Rauch*, du 6ᵉ bataillon léger ;
Les fourriers *Rieppel*, du 8ᵉ régiment de ligne ;
Dejean, du même régiment ;
Dumbrock, du 1ᵉʳ régiment de ligne ;
Dillman, du 4ᵉ bataillon léger ;
Bhorer, —

De la 20ᵉ division :

Le quartier-maître *Schmoeger*, du 3ᵉ bataillon léger ;
Le fourrier *Pilladi*, du 2ᵉ régiment de ligne.

Puis, de la 19ᵉ division, outre les personnes ci-dessus dénommées, je demande encore ;

1 fourrier du 1ᵉʳ régiment ;
2 — du 4ᵉ ;
2 — du 9ᵉ ;
2 — du 10ᵉ ;
1 — du 1ᵉʳ bataillon léger

qui seront employés à conduire les transports.

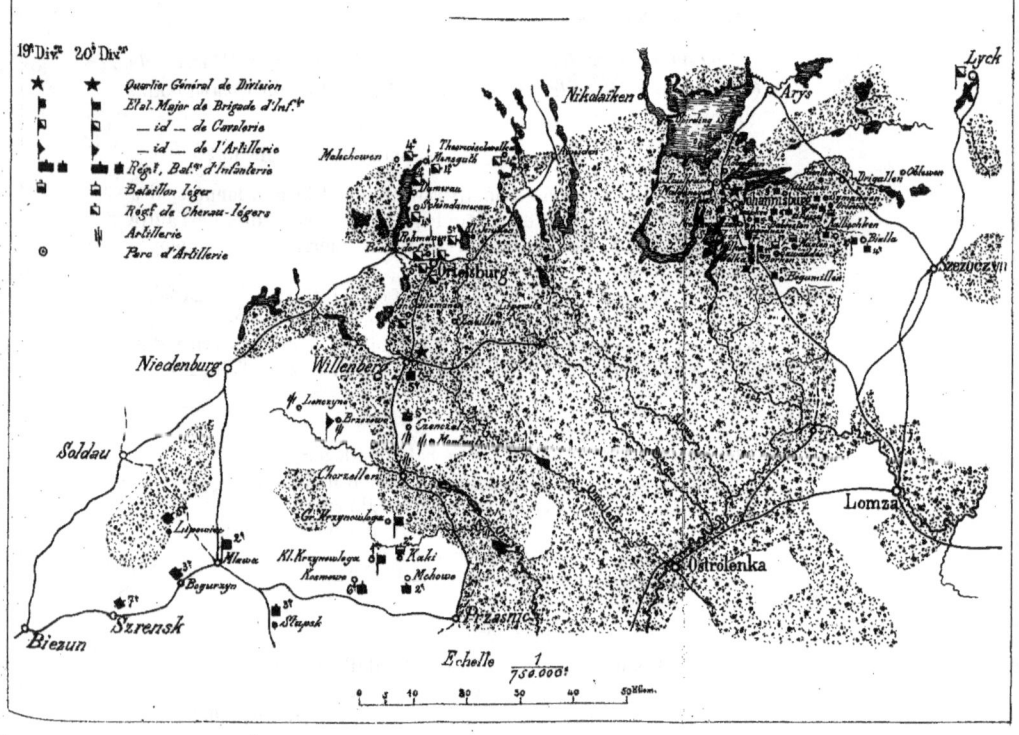

Je prie en outre, Monsieur le Colonel, de vouloir bien faire intimer l'ordre aux commissaires des guerres et autres employés des deux divisions, d'exécuter ponctuellement et sur l'heure ceux qui leur parviendraient de ma part et de m'envoyer sans délai les notes et états que je leur demanderai. Il est surtout essentiel que je sois instruit tous les jours de la force des divisions, de l'état des magasins et provisions de toute espèce.

J'ai l'honneur ..

Böhm,
Chef de l'administration.

La Grande Armée arrive près du Niémen, et l'offensive de Napoléon se prononce sur tout le front immense qui s'étend de Tilsitt — où Macdonald commande le 10e corps et le contingent de la Prusse, — jusqu'en Volhynie où Reynier conduit les Saxons et Schwarzenberg le corps auxiliaire autrichien. Vers le centre de cette ligne, l'Empereur s'approche de Kowno avec sa Garde, les 1er, 2e et 3e corps ; le prince Eugène doit parvenir le 24 juin entre Mariampol et Preny avec les 4e et 6e corps, pour passer sur le pont que le duc d'Elchingen établira (1) ; enfin, le roi Jérôme marche sur Grodno à la tête des corps polonais et westphalien.

Le Major général donne au Vice-Roi les ordres suivants :

Le Major général au Vice-Roi.

Wilkowyski, 22 juin 1812.

Monseigneur,

L'Empereur part à l'instant pour se rendre à Skrance où se trouvent réunis ce soir le 1er et le 2e corps, et où se trouve aussi réunie la cavalerie. Le duc d'Elchingen se porte demain à une lieue en arrière de Piloni. Sa Majesté compte commencer les hostilités le 23 au soir ou le 24 au matin et passer la rivière en même temps à Kowno et à Piloni. Votre Altesse doit la passer dans le même point. L'Empereur espère que vous serez le 24 à Kalwary et vous pourriez vous porter sur Maryampol et Preny. Le général Saint-Cyr doit faire le même mouvement que vous à marches forcées. Vous devez laisser sur vos derrières des piquets, afin de pouvoir correspondre facilement

---

(1) *L'Empereur au Prince Eugène,* 21 juin 1812.

avec le roi de Westphalie qui a l'ordre de marcher le 25 ou le 26 sur Grodno, pour s'emparer de cette place...

La campagne va s'ouvrir. Le Vice-Roi réglemente la police des équipages de ses corps et communique les ordres du jour du Grand Quartier Impérial relatifs aux excès commis par les troupes wurtembergeoises (excès punis par 2 *heures d'arrêts* infligés à deux généraux de brigade); — à l'organisation des Commissions prévôtales à la Grande Armée, — et aux directions à donner aux soldats isolés qui se présenteraient aux ponts sur l'Oder ou sur la Vistule.

Le Général Durrieu à Son Excellence le Colonel général 4ᵉ CORPS *comte Gouvion Saint-Cyr, commandant le 6ᵉ corps, à son* — *quartier général.*

Au quartier général d'Oletzko, le 22 juin 1812.

ORDRE DU JOUR N° 47.

Au moment où l'armée se met en ligne, Son Altesse Impériale le prince Vice-Roi recommande encore une fois de faire marcher les équipages dans le plus grand ordre et selon toute la rigueur des dispositions du Règlement de campagne et des instructions déjà données à cet égard. Le Prince entend que chaque soir le vaguemestre général et les vaguemestres des divisions prennent les ordres supérieurs pour indiquer l'emplacement des équipages qui devront constamment être parqués. Il ne pourra sortir de la colonne des équipages en marche ou de l'emplacement qui leur sera fixé chaque soir que les voitures appartenant aux personnes qui, par le Règlement, ont droit d'en avoir.

Les vaguemestres et les commandants des quartiers généraux tiendront la main à l'exécution de cette disposition particulière.

Le Chef de l'état-major général de Son Altesse
Impériale le Vice-Roi,
DESSOLLE.

Pour copie conforme :
L'Adjudant-Commandant sous-chef,
DURRIEU.

GRANDE ARMÉE

ORDRE DU JOUR.

L'Empereur témoigne son mécontentement aux troupes à cheval wurtembergeoises pour les excès qu'elles commettent là où elles passent.

Sa Majesté ordonne deux heures d'arrêt au général de brigade Subervie pour avoir laissé commettre des désordres aux troupes qu'il commande.

Sa Majesté ordonne également deux heures d'arrêt au général commandant la cavalerie wurtembergeoise pour n'avoir pas maintenu l'ordre dans son corps.

MM. les généraux commandant les troupes de cavalerie et d'infanterie wurtembergeoises feront arrêter les soldats qui se livrent au pillage.

Sa Majesté ordonne de faire sur-le-champ des exemples les plus sévères.

Gumbinen, le 20 juin 1812
Le Prince de Neuchâtel, Major général.
ALEXANDRE.

Pour copie conforme :
L'Adjudant-Commandant, sous-chef de l'état-major
de Son Altesse Impériale,
DURRIEU.

Le Général Durrieu à Son Excellence le Colonel général comte Gouvion Saint-Cyr, commandant le 6ᵉ corps.

ORDRE POUR L'ARMÉE.

Au Quartier impérial de Wilkowyski, le 22 juin 1812.

Titre I.

Sa Majesté ordonne aux maréchaux et généraux commandant les corps d'armée, aux généraux commandant les divisions et les brigades, et aux chefs des corps, de prendre toutes les mesures nécessaires pour maintenir l'armée dans le plus grand ordre et empêcher les désordres qui commencent à désoler le pays. En conséquence :

1° Chaque maréchal ou général commandant un corps d'armée nommera une commission prévôtale composée de cinq officiers, devant laquelle sera traduit tout soldat ou individu à la suite de l'armée qui se sera absenté de son régiment sans cause légitime, tout maraudeur, tout individu qui sera surpris soit pillant, soit molestant les habitants du pays. Cette commission condamnera les coupables à mort et les fera exécuter dans les vingt-quatre heures.

2° Il sera établi à *Mariampol*, pour le département de *Lomza*, une commission prévôtale de cinq officiers auprès de laquelle il sera formé une colonne mobile — composée de 200 habitants du pays (garde nationale), de 10 gendarmes et de 40 hommes de cavalerie française. Cette colonne sera commandée par un officier général ou supérieur français. Elle se subdivisera en dix petites colonnes ou patrouilles fortes chacune de 25 hommes, lesquelles parcourront le pays dans tous les sens et arrêteront tout traîneur ou maraudeur et tout fauteur de désordre. Les individus arrêtés seront traduits devant la commission prévôtale de Mariampol, et, s'ils sont coupables, condamnés conformément à ce qui est dit ci-dessus.

3° Il y aura pour la province de Kœnigsberg une commission prévôtale qui siègera à Kœnigsberg : elle sera composée de cinq officiers et organisée par le gouverneur de Kœnigsberg. Il sera formé auprès de cette commission une colonne mobile composée de 100 hommes de cavalerie prussienne, de 200 hommes d'infanterie prussienne, de 10 gendarmes français et de 40 hommes de cavalerie ou d'infanterie française. Cette colonne mobile se divisera en dix petites colonnes qui parcourront le pays dans tous les sens, arrêteront tous les maraudeurs et traîneurs, tous les individus prévenus de délits et les traduiront à Kœnigsberg devant la commission prévôtale.

4° Une commission prévôtale sera établie à Varsovie sous les ordres du général *Dutaillis*, gouverneur de Varsovie, qui sera chargé de son organisation. 300 hommes de troupes polonaises du grand duché et 10 gendarmes formeront la colonne mobile qui sera partagée en dix petites colonnes chargées de parcourir les départements de Varsovie, de Kalisz, de Cracovie, de Lublin et de Siedlec; la garde nationale leur prêtera main-forte et tout traîneur, maraudeur, etc., sera arrêté et jugé par la commission prévôtale de Varsovie.

5° Il y aura une pareille commission à Posen. 300 hommes de la garde nationale, de la cavalerie polonaise, 10 gendarmes français, et 20 hommes tirés des dépôts formeront la colonne mobile qui sera partagée en dix petites colonnes pour parcourir les départements de Posen et de Bromberg et arrêter tous les maraudeurs.

6° Il y aura une commission prévôtale à Danzig; le gouvernement fournira dix petites colonnes mobiles de 30 hommes chacune pour parcourir la Poméranie jusqu'à *l'Oder*, arrêter tous les traîneurs et maraudeurs et les traduire devant la commission prévôtale.

7° Il y aura une commission prévôtale à *Elbing* pour la province de Marienwerder. 10 gendarmes français et 50 hommes de cavalerie prussienne formeront la colonne mobile qui se partagera en patrouilles ou petites colonnes qui seront constamment en mouvement.

8° Il sera formé à Berlin une pareille commission prévôtale, sous les ordres du gouverneur, qui organisera autant de petites colonnes qu'il sera nécessaire pour mettre la police entre *l'Oder* et *l'Elbe*.

Titre II.

9° Il est expressément défendu aux commandants des différents postes et passages sur *l'Oder* et sur la *Vistule*, notamment à ceux de

Varsovie, de Plock, de Thorn, de Graudenz, de Marienwerder, de Marienburg et d'Elbing, de laisser passer aucun soldat isolé. Les hommes isolés sortant des hôpitaux, convalescents, ou absents de leurs corps sous quelque prétexte que ce soit, seront retenus par les commandants de Glogau, Custrin et Stettin, jusqu'à ce que ces commandants en aient pu réunir *cent* bien armés et bien habillés, pour former une compagnie qu'ils dirigeront sur les places de la Vistule.

10° Les commandants de place sur la Vistule retiendront également tous les hommes isolés jusqu'à ce qu'ils aient pu en réunir *cent*, qu'ils puissent former une compagnie de marche et la diriger sur Kœnigsberg.

11° Les commandants de Kœnigsberg, Vehlau, Insterburg et Gumbinen, empêcheront le mouvement de tous les hommes isolés et retiendront tous les hommes sortant des hôpitaux intermédiaires jusqu'à ce qu'ils puissent en former des compagnies de *cent hommes* bien armés et en état de rejoindre; ils les dirigeront sur Kowno.

12° Les commandants de place, directeurs d'hôpitaux, commissaires des guerres donnant des feuilles de route, et les gardes-magasins fournissant des vivres aux hommes isolés, seront responsables de l'inexécution de la présente mesure. Les commissaires des guerres, directeurs d'hôpitaux et gardes-magasins recevront à cet égard des instructions de l'Intendant général.

13° Les colonnes mobiles arrêteront tous les individus en contravention au présent ordre et les dirigeront sur la place la plus voisine.

14° Le présent ordre sera imprimé, lu à l'ordre de tous les corps, mis à l'ordre de toutes les places et affiché à la porte de tous les hôpitaux, de tous les baillifs et de tous les hôtels de ville des communes.

Signé : NAPOLÉON.
Pour ampliation,
Le Prince de Neuchâtel, Major général,
Signé : ALEXANDRE.

Son Altesse Impériale le prince Vice-Roi ordonne que le présent ordre du jour soit transmis aux différents corps d'armée sous son commandement, pour que les dispositions qui y sont contenues soient strictement exécutées dans chacun d'eux, en ce qui pourra les concerner. La commission prévôtale à former pour le 4° corps, d'après l'art. 1er du titre Ier du présent ordre, va être établie et sera mise à l'ordre.

Au quartier général de Kalvary, le 24 juin 1812.
Le Général de division, Chef d'état-major général
de Son Altesse Impériale le Prince Vice-Roi,
Signé : DESSOLLE.
Pour copie conforme :
L'Adjudant-Commandant, sous-chef,
DURRIEU.

L'état-major du Vice-Roi réclame les situations des cinq jours, et le Chef d'état-major de la 20ᵉ division fait connaître à d'Albignac les mutations survenues entre le 20 et le 24 juin.

Le Général Durrieu à M. l'Adjudant-Commandant d'Albignac, Chef d'État-Major du 6ᵉ corps.

Kalvary, 24 juin 1812.

Monsieur le Chef d'état-major,

Les situations de quinzaine du 6ᵉ corps parviennent à l'état-major général, mais on ne reçoit pas les situations sommaires des cinq jours. M. le Chef de l'état-major général du prince Vice-Roi ne peut donc soumettre ces dernières à Son Altesse Impériale, ni remplir les intentions du prince Major général qui vient de recommander de la manière la plus positive l'envoi aux époques fixées de toutes les situations tant des cinq jours que de quinzaine. M. le Chef de l'état-major général me charge de vous prier de mettre la plus grande exactitude dans cette partie du service qui acquiert dans ce moment un plus grand intérêt.

L'Adjudant-Commandant Sous-Chef d'etat-major général
de Son Altesse Impériale le Vice-Roi,

DURRIEU.

Le Colonel de Comeau à M. l'Adjudant-Commandant d'Albignac Chef d'État-Major Général du 6ᵉ corps.

A Kzarnokowizna, le 24 juin 1812.

Monsieur l'Adjudant-Commandant,

J'ai l'honneur de vous prévenir que, depuis le dernier état de situation à l'époque du 20, il n'est survenu dans la 20ᵉ division d'autres mutations que les suivantes :

En moins :
4ᵉ bataillon léger....... 1 homme noyé.
5ᵉ régiment de chevau-légers............ 1 cheval crevé.
Parc.............................. .... 3 chevaux crevés.

En plus :
4ᵉ régiment de chevau-légers : 3 hommes et 3 chevaux arrivés du dépôt.

J'ai cru plus essentiel de vous donner ce détail, tout succinct qu'il est, que d'attendre les états des différents régiments pour former la situation dans la forme prescrite, à cause des retards que les marches continuelles doivent nécessairement occasionner. Vous pouvez compter sur l'exactitude de ces changements, puisque je les tiens des chefs des régiments auxquels je les ais demandés pendant la marche.

Je vous prie d'agréer, Monsieur l'Adjudant-Commandant, l'assurance de ma considération la plus distinguée avec laquelle j'ai l'honneur d'être votre très humble serviteur

Le Colonel,
De Comeau.

Dans le Corps bavarois, la 19ᵉ division s'était portée depuis le 15 juin de Chorzellen sur Ortelsburg, et la 20ᵉ de Villenberg sur Nicolaïken : le 21 juin, le corps entier se trouvait dans la région Lyck, Arys, Drigallen, et le 25 entre Suwalki et Kalwary. Le quartier général de Gouvion Saint-Cyr avait passé de Willenberg (15 juin) à Ortelsburg (17 juin), Drigallen (21 juin), Lyck (22 juin), Czimochen (22 juin), pour s'établir le 25 à Seyny ; il sera le 30 à Preny.

La guerre est déclarée : le Vice-Roi adresse la proclamation de l'Empereur qui ouvre la campagne, et la fait suivre des mots d'ordre et de ralliement pour la période du 25 au 30 juin.

ÉTAT-MAJOR GÉNÉRAL.

Au quartier général de Kalwary, le 25 juin 1812.

ORDRE DU JOUR.

Son Altesse Impériale le prince Vice-Roi ordonne la mise à l'ordre de la proclamation de Sa Majesté ci-après transcrite :

« Soldats !

La seconde guerre de Pologne est commencée ; la première s'est terminée à Friedland et à Tilsit. A Tilsit, la Russie a juré éternelle alliance à la France et guerre à l'Angleterre : elle viole aujourd'hui ses serments. Elle ne veut donner aucune explication de son étrange conduite, que les aigles françaises n'aient repassé le Rhin, laissant par là nos alliés à sa discrétion. La Russie est entraînée par la fatalité ! Ses destinées doivent s'accomplir. Nous croirait-elle donc dégénérés ? Ne serions-nous donc plus les soldats d'*Austerlitz ?* Elle nous place entre le déshonneur et la guerre ! Le choix ne saurait être douteux ; marchons donc en avant ! Passons le *Niémen*. Portons la guerre sur son territoire ; la seconde guerre de Pologne sera glorieuse aux armes françaises comme la première ; mais la paix que nous concluerons portera avec elle sa garantie, et mettra un terme à la funeste influence que la Russie a exercée depuis cinquante ans sur les affaires de l'Europe.

De notre Quartier impérial de Wilkowyski, le 22 juin 1812.

Signé : NAPOLÉON. »

Pour ampliation :
Le Prince de Neuchâtel, Major général,
Signé : ALEXANDRE.

Pour copie conforme :
Le Général de division, Chef de l'état-major général
de Son Altesse Impériale le Prince Vice-Roi
Par son ordre
L'Adjudant-Commandant, sous-chef,
DURRIEU.

DATES	MOTS D'ORDRE		MOT DE RALLIEMENT
25 Juin	César	Cracovie	Canon
26 —	Varrus	Vilna	Vigueur
27 —	Brennus	Bialystock	Bonheur
28 —	Pierre	Pétersburg	Poterne
29 —	Régulus	Riga	Redoute
30 —	Gaston	Grodno	Grandeur

L'Adjudant-Commandant, sous-chef d'état-major-général
de Son Altesse Impériale le prince Vice-Roi,
DURRIEU.

La réclamation de M. Pichot à d'Albignac a porté ses fruits : les sommes nécessaires au paiement des voitures de réquisition sont enfin ordonnancées par l'Intendant général de la Grande Armée :

ÉTAT-MAJOR GÉNÉRAL.

N° 50.

Au Quartier général de Kalwary, le 25 juin 1812.

ORDRE DU JOUR.

M. l'Intendant Général de la Grande Armée vient d'ouvrir un crédit de la somme de 18.000 francs à M. l'Ordonnateur en chef Joubert, pour le payement du loyer des voitures de réquisition (pendant un mois) qui sont à la suite des divisions et qui sont organisées en compagnies de transports auxiliaires à la suite des régiments d'après l'arrêté de Son Altesse Impériale le prince Vice-Roi en date du 16 juin.

M. l'Ordonnateur en chef fera acquitter cette dépense aussitôt que les commissaires des guerres lui auront adressé les pièces qu'il leur a demandées relativement à ces voitures.

Le Général de division, Chef de l'état-major de Son Altesse
Impériale le prince Vice-Roi,
Signé : Dessolle.

Pour copie conforme :
L'Adjudant-Commandant sous-chef,
Durrieu.

Une lettre du Major général à d'Albignac annonce l'envoi de deux registres, l'un pour les mutations qui auront lieu dans le Corps bavarois pendant la campagne, et l'autre pour les emplacements journaliers des troupes : ces registres doivent servir plus tard à rédiger l'histoire de la campagne.

Le Major général à M. le Chef d'État-Major
du 6e corps de la Grande Armée.

Kowno, le 25 juin 1812.

Monsieur le Chef d'état-major, je vous envoie deux modèles de registres. Le premier, sous le n° 1, fera connaître la composition du 6e corps de la Grande Armée, avec les mutations qui auront lieu pendant la campagne ; le second, sous le n° 2, indique jour par jour l'emplacement des troupes. Ces deux registres certifiés par vous et devant m'être envoyés à la fin de la campagne doivent servir à la rédaction de cette campagne ; vous devez sentir, Monsieur le Chef d'état-major, combien il est important que ce travail soit fait avec la plus grande exactitude.

Le Prince de Wagram et de Neuchâtel, Major général.
Alexandre.

Craignant qu'un ordre qu'il a adressé à Gouvion Saint-Cyr ne lui soit pas parvenu, le prince Eugène envoie directement au général de Wrède l'avis d'arrêter sa division où elle se trouvera pour qu'elle ne se mêle pas aux troupes du 4e corps. De Wrède informe aussitôt Saint-Cyr de ce changement, par deux officiers qui prennent des itinéraires différents. Cet ordre arrête le mouvement des Bavarois prévu pour le lendemain.

*Le Général Dessolle à M. le Général comte de Wrède,
commandant la 20ᵉ division d'infanterie.*

N° 1094

Kalvary, 25 juin 1812.

Monsieur le Général,

D'après les instructions de Son Altesse Impériale le prince Vice-Roi que j'ai transmises ce matin à Son Excellence M. le général Gouvion Saint-Cyr, la tête du 6ᵉ corps doit s'arrêter à Punsk et la queue à Suwalky. Cet ordre ne vous est pas sans doute parvenu; mais le prince Vice-Roi me charge de vous le faire connaître directement et de vous dire que vous devez arrêter votre division sur le point où vous vous trouverez au reçu de ma lettre, et dont vous donnerez connaissance à M. le général Saint-Cyr qui, je pense, doit avoir son quartier général à Punsk. Si votre division avançait davantage, elle se mêlerait avec les troupes du 4ᵉ corps.

J'ai l'honneur de vous saluer avec une considération très distinguée.

Le Général de division, Chef de l'état-major général
du prince Vice-Roi,

DESSOLLE.

Le Général de Wrède au Général Gouvion Saint-Cyr.

Rykacey, le 25 juin 1812, à 9 heures du soir.

Monsieur le Général en chef,

L'officier porteur de la présente m'a remis l'ordre qui prescrit d'arrêter le mouvement qui devait avoir lieu demain. Il y a deux heures que j'ai expédié deux officiers sur deux routes différentes pour porter à Votre Excellence, sur l'une une dépêche de Son Altesse Impériale le prince Vice-Roi, et sur l'autre la lettre que le général Dessolle m'avait écrite directement pour me prévenir que le mouvement de demain devait être suspendu.

Le capitaine baron de Gumpenberg qui a pris la route par Jelinewo avait en même temps l'ordre de prévenir mon camarade Deroy de la suspension du mouvement de demain.

Son Altesse Impériale le prince Vice-Roi m'ayant fait prévenir par le capitaine baron de Gumpenberg qu'elle vous laisserait quelques ressources à Kalwary, j'y ai envoyé sur-le-champ le capitaine de mon état-major baron de Horn pour prendre possession de ce que l'on veut bien nous laisser et j'ai expédié en même temps une estafette à Suwalki pour diriger un certain nombre de boulangers sur Kalwary.

J'ai reçu dans la journée une estafette de Lyck par laquelle on m'annonce que hier matin on avait fait partir 10.000 rations de pain pour mon camarade Deroy et qui doivent lui arriver cette nuit. En attendant ma 2ᵉ brigade d'infanterie lui a donné 10.000 rations aujourd'hui.

L'orage d'hier a causé un tel dommage à nos fours à Lyck que l'on a été obligé de suspendre pendant six heures la manutention. Nonobstant qu'il en est parti ce matin 27.000 rations pour le 6ᵉ corps qui pourront arriver demain dans la journée à Suwalki, les 30.000 rations qui me suivent de Nikolaïken doivent également arriver demain dans la nuit. Enfin je pense que, d'après les mesures prises, notre affaire est en règle et que nous passerons le Niémen avec une petite provision de pain.

J'ai envoyé dans la journée l'ordre au général comte de Preysing d'évacuer le magasin de Seyny sur Kalwary et je prie Son Excellence de permettre que le général comte de Preysing reste dans la position de Punsk pour terminer cette affaire, parce qu'en l'éloignant demain de Punsk il ne serait plus à portée d'exécuter cet ordre. Après demain il pourra se rapprocher de Kalwary.

Veuillez agréer, Monsieur le Général en chef, l'assurance de ma considération très distinguée.

Le Général.
Comte DE WRÈDE.

P. S. — Dans ce moment, sont arrivés ici douze boulangers qui partiront de suite pour Kalwary. Si vous manquez de pain pour votre quartier général, je prie Votre Excellence d'ordonner qu'on vienne le prendre demain ici.

EXTRAIT *du rapport des 5 jours de la 19ᵉ Division à l'époque du 25 juin 1812.*

Quartier général : Suwalky.
Présents sous les armes : 10.371 hommes 1.805 chevaux.
Malades   261   —
Détachés   1.616   —   224 chevaux

La compagnie auxiliaire doit être aujourd'hui à Lyck.
Le 6ᵉ bataillon léger (777 hommes, 8 chevaux) est détaché au transport des vivres.

Le Major et Chef provisoire de l'état-major-général de la division,
François GRAVENREUTH.

Emplacement de la 20ᵉ Division à l'époque du 25 juin 1812.

Quartier général..................	Rykacey.
Brigade de cavalerie...............	Radzicki. Neu-Olxniany. Alt-Olxniany. Krewiany. Punsk.
1ʳᵉ Brigade d'infanterie............	Floyriszki. Czyrwin. Szypliski. Szlobodka.
2ᵉ Brigade	Tollusz. Rutka. Pobondzie. Baranswa. Wierbieski. Postovelli.
3ᵉ Brigade......................	Sidory.
Artillerie.......................	Galbiniszki.

Le 26 juin, l'Empereur a écrit au prince Eugène, par l'intermédiaire du Major général, pour l'inviter à envoyer ses marins et ses sapeurs jeter le pont de bateaux qui se rend à Piloni; il le prévient que le 4ᵉ corps, les Bavarois et sa cavalerie passeront le Niémen sur ce pont là.

Ce même jour, le Vice-Roi prescrit la plus grande sévérité dans l'application des mesures destinées à réprimer la maraude; il invite aussi les généraux à s'assurer que les moyens de transport à la suite des corps n'augmentent pas indéfiniment et à faire brûler sans pitié toutes les voitures qui dépassent le nombre réglementaire :

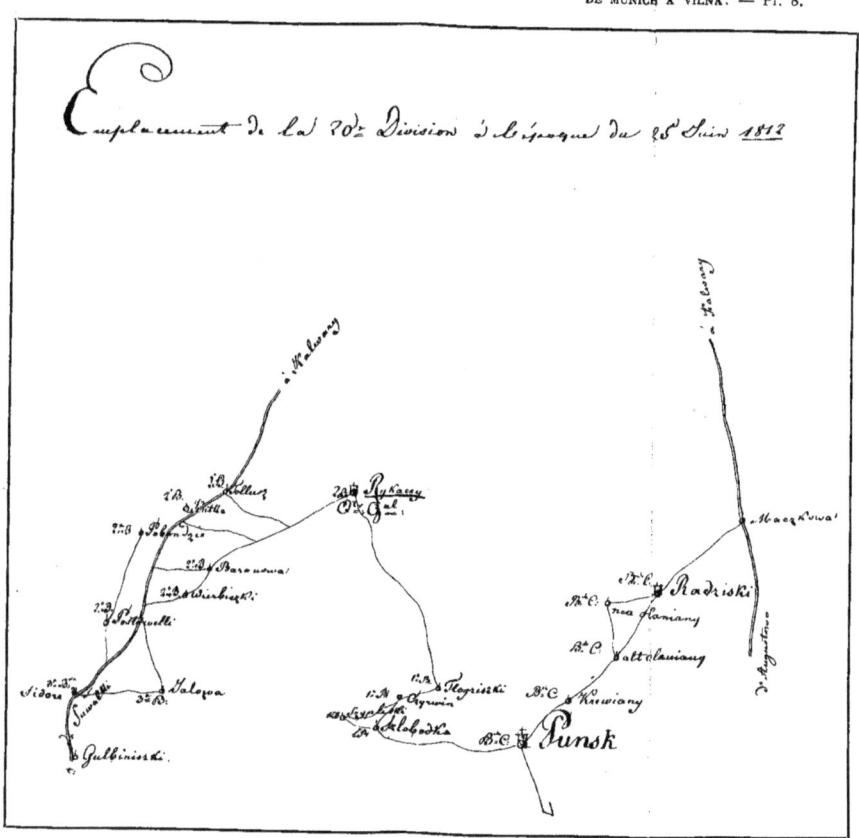

FAC SIMILE DU CROQUIS

joint à la « *Situation des troupes de la 20me Division* » à la date du 25 Juin 1812.

| ÉTAT-MAJOR GÉNÉRAL. | *Le Général Dessolle à Son Excellence le comte Gouvion Saint-Cyr, commandant le 6ᵉ corps, à son quartier général.* |

Kalwary, le 26 juin 1812.

ORDRE DU JOUR N° 51.

Son Altesse Impériale le prince Vice-Roi, par son ordre du 13 juin, a déjà témoigné son mécontentement aux corps d'armée des désordres qui commençaient à se commettre sur les flancs et sur les derrières de sa marche. Il a recommandé aux généraux et aux chefs de corps de tenir une main sévère à la discipline et de donner toute leur attention à réprimer les excès. Malgré cela, le désordre augmente, les délits deviennent plus graves. Son Altesse renouvelle aux généraux ses intentions formelles pour que l'ordre soit rétabli ; c'est à eux à rendre les chefs des corps et les officiers responsables de l'ordre que doivent observer dans leur marche les corps et les troupes immédiatement sous leurs ordres ; qu'il soit formé des détachements à l'arrière-garde et sur les flancs des colonnes, commandés par des officiers fermes et intelligents, pour forcer les traîneurs à rejoindre leurs colonnes et à saisir les maraudeurs qui s'éloignent des grandes routes pour s'introduire dans les maisons et les piller ; qu'il soit fait des appels fréquents pour connaître les soldats qui se sont écartés et que tous ceux qui, sans aucun motif légitime, se seront trouvés absents et coupables, soient traités comme maraudeurs et qu'il leur soit appliqué les dispositions de l'ordre de l'Empereur du 24 juin.

Son Altesse recommande aux généraux la plus grande sévérité ; ils tiendront la main à ce que les ordres du jour soient lus avec exactitude et proclamés aux soldats.

Les généraux doivent s'occuper de faire passer souvent des revues des voitures qui sont à la suite de leurs troupes, pour que les moyens de transport ne s'augmentent pas indéfiniment. Toutes les voitures qui seront au-dessus du nombre fixé par le règlement et par l'arrêté du prince Vice-Roi du 16 de ce mois seront brûlées et les chevaux remis à l'artillerie. Ils assureront l'exécution des articles 10, 11, 12 et 14 de l'arrêté du 16 juin.

Le Général de division, Chef de l'état-major général
de Son Altesse Impériale le Vice-Roi.
Signé : DESSOLLE.

Pour copie conforme :
L'Adjudant-Commandant sous-chef.
DURRIEU.

Le général Deroy s'excuse auprès de d'Albignac d'avoir gardé dans sa poche une dépêche à son adresse : « Voilà ce que c'est d'être vieux, — écrit-il, — la mémoire vous quitte.... ». Il pense que les Bavarois suivront bientôt les corps qui ont franchi le Niémen ; toutefois, il n'espère guère être de la première bataille...

Le Général Deroy à M. l'Adjudant-Commandant Chef de l'État-Major du 6ᵉ corps de la Grande Armée.

Jelinewo, ce 26 juin 1812.

J'ai de très grandes excuses à vous faire ; sur la route de Lyck à Drygallen me sont parvenues plusieurs dépêches, entre autre la ci-jointe, à votre adresse ; ayant lu les miennes, j'ai fourré celle-ci en poche, et l'ayant perdue de vue, elle fut oubliée jusqu'aujourd'hui ; mais voilà ce que c'est que d'être vieux, la mémoire vous quitte. Toutefois je vous fais mes excuses de cette inadvertance, et vous prie d'être convaincu que cela s'est uniment fait par oubli.

Voilà donc la guerre déclarée, et l'Empereur au-delà du Niémen. Je pense que nous suivrons bientôt ; cependant nous pourrions bien ne pas être de la première bataille, car je ne doute que ce sera le début de la campagne.

En vous réitérant mes excuses, j'ai l'honneur, Monsieur l'Adjudant-Commandant, de vous saluer avec la considération la plus distinguée.

DE DEROY.

De Wrède rend compte à Saint-Cyr que le commissaire prussien de Lyck ayant protesté contre tout envoi de pain de son magasin dans le Grand Duché de Varsovie, il lui a répondu « avec la plus grande politesse » que le magasin de Lyck devait lui remplacer les subsistances apportées du Grand Duché par la 20ᵉ division :

Le Général de Wrède au Général Gouvion Saint-Cyr.

Rykacey, le 26 juin 1812.

Monsieur le Général en chef,

Je viens de recevoir la lettre ci-jointe que je m'empresse de faire parvenir à Votre Excellence. M. le capitaine baron de Gumpenberg venant de Jelinewo a passé cette nuit par votre quartier général ; mais ayant appris que le lieutenant baron d'Esbeck que j'avais envoyé par la route directe avec la lettre de Son Altesse Impériale le prince Vice-Roi y était arrivé, il n'a pas voulu vous faire éveiller et est revenu ici.

Je n'ai pas encore de rapport du capitaine de baron Horn et quels vivres on a bien voulu accorder à Kalwary pour le 6ᵉ corps.

Mes boulangers n'ont pas pu également s'établir à Kalwary, vu qu'on y fait encore du pain pour le 4ᵉ corps ; mais ils sont occupés à en faire un peu ici.

J'ai reçu ce matin une estafette de M. Schulze, commissaire prussien à Lyck, par laquelle il proteste au nom de son gouvernement contre tout envoi de pain du magasin de Lyck dans le Grand Duché de Varsovie : je lui ai répondu avec la plus grande politesse que comme à dater du 29 mai où j'étais arrivé avec la 20ᵉ division à Willenberg, je n'avais presque vécu jusqu'au 22 de ce mois qu'avec les subsistances que j'avais emmenées du Grand Duché de Varsovie et que, par conséquent, il devait lui paraître juste que le magasin de Lyck me remplace ce que j'avais avancé à Willenberg et Nikolaïken.

Je prie Votre Excellence de vouloir agréer l'assurance de ma considération très distinguée.

Le Général,
Comte DE WRÈDE.

P. S. — Comme dans la lettre que j'ai reçue hier du général Dessolle pour suspendre mon mouvement il n'est pas question du départ pour demain, j'attends là-dessus les ordres de Votre Excellence.

Le capitaine de Horn envoyé par général de Wrède à Kalwary, a eu toutes les peines du monde à se faire donner par le 4ᵉ corps la promesse de toucher du seigle et du froment pour la 20ᵉ division bavaroise... Le général de Preysing évacue une partie des magasins de Seyny ; en somme, le 6ᵉ corps sera aligné le 28 juin au matin à 8 demi-rations de pain ; il arrive journellement 25.000 rations de Lyck, malgré les protestations du commissaire prussien...

Le Général de Wrède au Général Gouvion Saint-Cyr.

Rykacey, le 27 juin 1812.

Monsieur le Général en chef,

Ce n'est qu'après un nombre infini de courses que le capitaine de mon état-major baron de Horn a fait à Kalwary et après avoir été envoyé de Ponce à Pilate, qu'on lui a enfin assigné 300 schaeffel de seigle et 150 de froment, mais à l'heure qu'il est, il n'en a encore rien touché. Mais ce qui est plus fort encore, c'est qu'on a refusé de lui donner du pain et de la viande pour sa personne et le détachement que j'avais mis à sa disposition. Vous ne désapprouverez pas, Monsieur le Général en chef, que me rappelant encore très bien ce que j'avais fait à Willenberg pour le 4ᵉ corps, de trouver ce procédé peu aimable.

J'ai l'honneur de vous envoyer ci-joint l'état de ce que le détachement du général comte de Preysing a trouvé dans le magasin de Seyny. Le vice sous-préfet ayant protesté contre l'exportation entière, vu que pour les troupes qui pourraient encore passer par la ville de Seyny, il devait garder quelque chose, en conséquence de cela, j'ai chargé le comte de Preysing de ne faire enlever que

    60 schaeffel de froment,
  250 — de seigle,
     9 — de pois,
  806 garnices d'eau-de-vie,

de les emmener ici ou à Kalwary et de distribuer à sa brigade les 1.178 rations qui s'y trouvent. A dater de demain matin, tout le 6ᵉ corps sera pourvu de 8 jours de pain à demi-ration. Comme il en arrive tous les jours 25 à 27.000 rations de Lyck, vu que je n'ai pas écouté les protestations de M. le conseiller Schulze, j'aime à croire que notre subsistance en pain sera assurée pour quelque temps.

Je m'occupe dans ce moment-ci à faire établir une manutention à Kalwary.

J'ai l'honneur d'être, Monsieur le Général en chef, avec une considération très distinguée.

Le Général,
Comte DE WRÈDE.

État du magasin de Seyny.

    80 schaeffel de froment.
  370 — de seigle.
     9 — de pois.
    16 — d'orge.
1.612 garnices d'eau-de-vie.
1.178 rations de pain.

Le vieux général Deroy a oublié encore « par une distraction pardonnable à son âge » de prévenir de Wrède du lieu où se trouvait le quartier général du corps d'armée… Le général de Wrède se plaint à d'Albignac du commissaire Foresti qui a commis « dilapidation ou déprédation »; le général assure avoir constaté d'affreux excès au 4ᵉ corps et déplore les suites fâcheuses que ce désordre peut entraîner.

Le Général de Wrède au Colonel d'Albignac.

Rykacey, le 27 juin 1812.

Monsieur le Chef d'état-major,

J'ai reçu de M. le lieutenant du génie Schmaus votre lettre datée d'hier. En effet, mon cher d'Albignac, il s'est trouvé depuis, que mon cher camarade de Deroy par une distraction pardonnable à son âge, avait oublié avant-hier de me prévenir où Son Excellence M. le Général en chef avait établi son quartier général. J'ai l'honneur de vous prévenir que je ne suis pas du tout content de M. Foresti.

Le jour de notre départ de Lyck, je lui avais assigné du pain pour quatre jours, à ration complète, pour le quartier général du Général en chef. Hier, il a écrit qu'il manquait de pain et il en demande de nouveau pour quatre jours.

Comme il est convenu que tous les soldats du 6e corps, dans les circonstances présentes, doivent se contenter de la demi-ration, je lui ai fait envoyer 250 rations entières et aujourd'hui 1.000 rations également entières et 12 pains blancs pour le Général en chef.

Dans l'entre-temps, le général de Deroy m'écrit qu'il lui avait fait remettre avant-hier 400 rations. Vous voyez, Monsieur le Chef d'état-major, qu'il y a dilapidation ou déprédation; aussi persuadé que vous pouvez l'être, que toutefois je commencerai par faire faire la première distribution pour le quartier général du Général en chef; toutefois je suis convaincu que Son Excellence ne veut pas de dilapidation.

Je vous prie donc de faire rendre compte à M. Foresti de la recette et de la distribution du pain qu'il a reçu.

Si le 4e corps a fait des excès sur la route de Willenberg à Nikolaïken, ce n'est qu'une miniature de ce qu'il a fait dans ce pays-ci; quel désordre! quel mauvais exemple et quelles fâcheuses suites cela peut avoir!

Je vous remercie bien de votre aimable attention de vouloir prendre part à ma santé : mon pied allait mieux hier qu'aujourd'hui; cependant je passerai le Niémen avec une bonne et une mauvaise jambe.

Veuillez bien, Monsieur le Chef d'état-major, agréer l'assurance de ma parfaite considération.

Le Général,
Comte DE WRÈDE.

EXTRAIT *de la situation de la 19e Division à l'époque du 27 juin 1812.*

Quartier général : Jelinéwo.

Les 3 brigades d'infanterie sont aux environs de Jelinéwo; elles comptent :

	officiers	hommes
Présents sous les armes :	227	8.536
Détachés	32	1.394
Aux hôpitaux	5	236

Dans les détachés, 4 officiers et 273 hommes sont au transport des vivres, 1 officier et 34 hommes à la compagnie auxiliaire ; les autres comptent comme sapeurs, boulangers, aux magasins.

Brigade de cavalerie de Seydewitz, à Punsk et environs :
Présents   39 off.   975 cav.   118 ch. d'off.   967 de tr.
Au dépôt de ch. malades   16 —   17 —
A l'hôpital   7 —
En jugement   2 —

Artillerie : aux environs de Jelinéwo : Présents : 11 off. 313 h. 20 ch.
Train   —   —   —   5 — 372 — 653 —

Un capitaine d'artillerie est détaché à Glogau, un lieutenant à Thorn.

Total des présents de la division : 282 off. 10.196 h. 224 ch. d'off.
                                                          1.006 — de tr.
                                                            609 — de trait.

Augmentation depuis le 15 juin : 53 hommes arrivés de la réserve et 46 chevaux dont 2 achetés par des officiers.

Diminution : 25 hommes dont 3 morts, 1 déserteur, 18 renvoyés à la réserve, 3 au commissariat ; 4 chevaux crevés au 3ᵉ chevau-légers et 5 au train.

Le Major,
GRAVENREUTH.

EXTRAIT *de la situation de la 20ᵉ Division à l'époque du 28 juin 1812.*

Quartier général : Rykacey.
1ʳᵉ Brigade, Général VINCENTI : Czyrmon.
2ᵉ   —   —   Comte DE BECKERS   : Paronowa.
3ᵉ   —   —   Comte DE DALWIGK : Kleszczewna.

Présents sous les armes : 282 officiers, 10.964 hommes, 105 chevaux d'officiers, 30 chevaux de trait.

Corps des sapeurs, capitaine HAZZI : 4 officiers, 22 hommes, 9 chevaux d'officiers, 1 de troupe, 4 de trait.

Détachés :   2ᵉ Rég. de ligne : 6 h. à la boulangerie, 4 aux sapeurs.
             6ᵉ   —   : 7 h. à Lyck, 10 à Arys.
             2ᵉ Bataillon léger : 5 h. au Commissariat, 4 aux vivres.
             3ᵉ Rég. de ligne : 20 h. sapeurs, gardes-mal., commis.
             7ᵉ   —   : 14 h.   —   —   —
             4ᵉ Bataillon léger : 5 h.   —   —   —
             5ᵉ Rég. de ligne : 15 h.   —   —   —
             11ᵉ   —   : 14 h.   —   —   —

5ᵉ Bataillon léger : 8 officiers et 300 hommes (1 major et 2 compagnies pour convoyer les farines de la division).

Aux hôpitaux : 6 officiers, 318 hommes.
Cavalerie. Prés. : 38 off. 903 cav. 98 ch. d'off. 888 de troupe.
Artillerie.   — : 18 — 397 —   9 —   44 —
Train.   — : 5 — 465 —   9 —   27 — 513 de trait

Total des présents de la division : 347 officiers, 12.751 hommes.

Augmentation depuis le 15 juin : 11 hommes d'infanterie et 5 chevau-légers venus du dépôt ; 2 chevaux du train arrivés du dépôt.
Diminution : 4 hommes morts, 1 noyé, 2 envoyés aux Invalides ; 3 chevaux crevés au train et 4 aux chevau-légers.

Le Colonel COMEAU,
Chef de l'état-major de la 20ᵉ Division.

A la tête des trois premiers corps d'armée et de la Garde, l'Empereur est en marche sur Vilna : le Vice-Roi reçoit le 28 juin l'ordre de passer à son tour le Niémen le plus tôt possible et de s'approcher de Vilna en se jetant un peu sur la droite.

NOTE *pour les emplacements des 19ᵉ et 20ᵉ Divisions, les 28, 29, 30 juin 1812.* (De la main de d'Albignac).

Le 28, le comte de Wrède à Stroswisdi.
— de Deroy, à Kalvari et en arrière, Zouhlik.
Le 29, de Wrède à Sinno.
— de Deroy à Stroswisdi.
Le 30, de Wrède, en arrière de Prenn.
— de Deroy, en arrière de Sinno.

(*Sur le dos d'une lettre de de Wrède du 27 juin*)
(Notes de d'Albignac) :

Le général Saint-Cyr, le 28 à Oembell, en avant de Lodray ; le 29 juin, à Krakopol ; le 30 juin, à Prenn.
Le général en chef marche entre sa cavalerie et son infanterie. Les généraux de brigade adresseront tous les soirs un officier et le rapport.
Le 30, le comte Seydewitz, la tête à Oudria, la queue vers Miroslaw.
La brigade de Preysing, le 30, en avant de Prenn sur la route de Piloni, gardant sa droite : Krakopol et Sinno.

Seydewitz en avant de Seyny, à la droite du corps d'armée (observant) les mouvements que (l'ennemi) pourrait faire tant de..... que d'Olita et autres points.

Le prince Eugène communique les instructions de l'Empereur pour la cavalerie, qui va être aux prises avec les Russes si riches en cavalerie légère ; il faut faire soutenir les reconnaissances et les patrouilles, ne pas disperser la cavalerie, la faire marcher échelonnée en terrains découverts, des compagnies de voltigeurs lui servant de soutien dans les pays coupés.

Le Vice-Roi recommande la plus grande vigilance aux postes avancés, et à l'infanterie de se tenir en garde contre les surprises de la cavalerie ennemie. Il donne ensuite les instructions les plus minutieuses pour le passage du Niémen par les équipages des divisions, les troupeaux de bœufs, les voitures des transports auxiliaires, la garde et la police du pont de Piloni et l'établissement aux parcs des bagages de chaque division.

INSTRUCTIONS POUR LA CAVALERIE.

L'armée russe ayant une grande quantité de cavalerie légère, il faut bien se garder de faire les reconnaissances et de s'éclairer par des petites patrouilles de 50 hommes; si elles ne sont pas soutenues par échelons, ces patrouilles seraient enlevées, cela diminuerait la confiance de nos troupes et en donnerait à l'ennemi.

Si le pays est plaine — rase et découverte, il faut au moins une brigade ou environ 1.500 hommes de cavalerie : une pareille colonne en mouvement ne craint rien, elle éclaire sans danger et tient un grand espace de pays; les troupes bien échelonnées se replient les unes sur les autres.

Si le pays est coupé, il faut que la cavalerie soit soutenue par des compagnies de voltigeurs : notre cavalerie légère a trop d'ardeur; il faut la retenir et lui prescrire de marcher prudemment.

L'Empereur a été surpris que dans la plupart des pays qu'il a parcourus, des patrouilles de troupes légères aient eu l'imprudence de s'avancer sans être soutenues : il n'est pas encore arrivé de malheur, mais ces malheurs se succèderaient bientôt de tous les côtés, si on oubliait les principes exposés ci-dessus. On ne peut pas faire battre l'estrade par la cavalerie légère dans un pays coupé et le système de faire battre la campagne par de petits postes donne occasion au pillage et ne peut être d'aucun résultat. Contre un ennemi qui a une aussi grande quantité de cavalerie légère, une reconnaissance de cavalerie a un but : on veut s'éclairer en avant et sur les flancs; mais il faut le faire en envoyant de fortes colonnes. Si les cosaques ne s'aperçoivent pas qu'une trentaine d'hommes est soutenue par 150, par 300 et ensuite par un millier d'hommes, ils tomberont dans des pièges et notre cavalerie leur inspirera bientôt la terreur; si on a de petits détachements, ils les enlèveront.

Kowno, le 25 juin 1812.

Le Prince de Neuchâtel, Major général,
Signé : ALEXANDRE.

D'après ces mêmes motifs, Son Altesse Impériale le prince Vice-Roi recommande aux troupes d'infanterie la plus grande attention dans le placement des gardes avancées. Les petits postes doivent être généralement placés de nuit et ne pas être éloignés des postes principaux qui, ordinairement, ne doivent pas être moindres de 50 hommes; les gardes doivent autant qu'il est possible s'appuyer à des bois, à des haies ou palissades, à des fossés ou marais; elles ajouteront à ces obstacles tout ce que l'expérience et les lieux pourront leur fournir pour défendre les approches de leurs positions, comme coupures, redans, abatis, blockhaus, chaîne de charrettes. Enfin l'infanterie ne saurait prendre assez de précautions pour éviter les surprises de la cavalerie ennemie qui, par son nombre plus que par son audace, ne manquera pas de la harceler dans ses petits postes ou détachements.

D'après les ordres de Son Altesse Impériale le prince Vice-Roi, M. l'Adjudant-Commandant Forestier sera chargé du commandement et de la police du pont de Piloni jusqu'à ce que les corps aux ordres de Son Altesse Impériale aient passé de Niémen. Il sera mis à sa disposition un détachement de 100 hommes d'infanterie de la 13ᵉ division pour assurer l'exécution des dispositions suivantes prescrites par le prince Vice-Roi.

Chaque division passant le Niémen dans l'ordre qui lui sera indiqué se fera suivre immédiatement par son artillerie et par les équipages reconnus par les lois et règlements militaires, c'est-à-dire par les caissons de vivres, d'ambulance et de transports militaires et par les voitures ou fourgons des personnes qui ont le droit d'en avoir; et pour qu'il n'y ait aucun doute sur ces personnes, leurs voitures ou fourgons devront être munis d'une attestation du général commandant la division. Un officier de l'état-major général sera spécialement chargé de faire reconnaître les voitures ou fourgons qui auront le droit de passer à la suite du quartier général.

Toutes les autres voitures seront arrêtées et parquées par division sur la rive gauche du Niémen. Une voiture seule de cantinier ou vivandière par régiment pourra suivre son régiment et cette voiture sera munie, pour être reconnue, d'une autorisation du général commandant la division.

Les divisions se feront suivre aussi de la quantité de bœufs nécessaires pour cinq jours; les autres bœufs resteront au parc de la division; bien entendu que les divisions, avant de laisser les voitures qui ne doivent pas les suivre, y prendront tout ce que les soldats pourront emporter en pain ou en farine.

Ainsi les voitures des transports auxiliaires qui sont à la suite de chaque régiment et toute autre voiture du pays, les voitures des cantiniers et vivandières au delà du nombre fixé ci-dessus et enfin toute voiture, fourgon ou charrette appartenant à des personnes qui n'y ont pas droit ou excédant le nombre accordé resteront sur la rive gauche du Niémen. Les petites escortes qui accompagnent les compagnies régimentaires des transports auxiliaires seront réunies dans chaque division et ne formeront qu'une escorte qui servira à la garde de tout ce qui appartiendra à la division et qui doit rester momentanément en deçà du Niémen. Toutes ces petites escortes ainsi réunies devront ensemble être fortes de 100 hommes au moins.

Les chevaux et les hommes éclopés de la cavalerie et de toutes les armes à cheval seront aussi laissés sur la rive gauche du Niémen pour être, lorsque l'armée sera passée, dirigés sur Insterburg où l'on a établi un petit dépôt général de cavalerie, comme cela a été annoncé à MM. les généraux par la circulaire du 15 de ce mois. M. l'Adjudant-Commandant Forestier fera un seul convoi de tous ces hommes et les dirigera sur Insterburg. Il en adressera la note numérique par corps à l'état-major général, comme il remettra aussi la note numérique par division des voitures qui, en vertu des dispositions ci-dessus, seront restées sur la rive gauche du Niémen avec indication du chargement ou de la destination de ces voitures.

M. l'Adjudant-Commandant Forestier fera parquer séparément et sur des points choisis à cet effet les bagages de chaque division qui ne doivent pas passer le Niémen; il les fera garder soigneusement et y maintiendra le plus grand ordre.

L'Adjudant-Commandant Forestier établira sur le pont des sentinelles et donnera les consignes nécessaires pour maintenir l'ordre sur le pont pendant le passage des troupes, pour empêcher tout encombrement à l'entrée et à la sortie, pour faire filer surtout les voitures dans leurs rangs, pour éviter enfin tout retard dans la marche des colonnes.

Après le passage de l'armée, l'Adjudant-Commandant Forestier recevra des ordres pour la rejoindre avec tous les bagages qui seront restés sur la rive gauche du Niémen et qui se mettront en marche dans l'ordre que les divisions auront tenu pour le passage du pont.

Son Altesse Impériale le prince Vice-Roi entend que les présentes dispositions soient exécutées avec la dernière rigueur et que tous les ordres donnés à cet égard par l'Adjudant-Commandant Forestier soient reconnus et ne souffrent aucune opposition de la part de qui que ce soit.

Pour le Général de division, Chef de l'état-major
de Son Altesse Impériale le Prince Vice-Roi.
L'Adjudant-Commandant sous-chef,
DURRIEU.

A Jachimiszky, le 29 juin 1812.

Ouisbi, le 29 juin 1812.

Tous les commandants de quel corps que ce soit sont priés d'avoir soin et œil sur les deux individus attrapés sur les frontières du duché de Varsovie, qui probablement avaient envie de déserter; tous les deux sont du 17e régiment d'infanterie de ligne; l'un est nommé Denis Paulin, et l'autre Louis-Pierre Lesien.

Le Comte DE CROUCHET,
Chef de Bataillon.

Il a bien fallu constater que la mission donnée à M. Pichot pour mettre de l'ordre dans les services administratifs du Corps bavarois n'a pu être menée à bien par cet excellent fonctionnaire : aussi, l'ordonnateur en chef du 4ᵉ corps rappelle-t-il M. Pichot, en regrettant de n'avoir pu lui donner les moyens de composer une administration qui aurait été d'une si précieuse utilité pour le 6ᵉ corps.

L'Ordonnateur en chef Joubert à M. Pichot, Commissaire des guerres au 6ᵉ corps d'armée, au quartier général, à Prenn.

Piloni, le 30 juin 1812.

Je n'ai reçu, mon cher Camarade, aucune réponse de M. l'Intendant général à qui j'avais rendu compte de la mission dont je vous avais chargé auprès du 6ᵉ corps. D'un autre côté, je n'ai pu trouver les moyens de composer une administration qui seule aurait pu, étant placée sous vos ordres, donner à vos soins toute l'utilité que le Corps bavarois pouvait retirer de votre résidence au quartier général. D'après ces considérations et le grand vide que laisse votre absence dans l'administration du 4ᵉ corps, les circonstances étant en outre devenues bien plus urgentes par l'augmentation et la difficulté du service, je me trouve obligé de vous rappeler au quartier général pour y reprendre le service dont vous étiez chargé auparavant. J'ai pris les ordres de Son Altesse Impériale à cet égard et Elle a daigné approuver ma détermination. Je vous prie, avant de quitter Son Excellence M. le général Saint-Cyr, de lui témoigner tous les regrets que j'éprouve de cette disposition qui est contraire à celle qu'il avait désirée, mais vous l'assurerez en même temps que j'y suis contraint par la nécessité d'assurer mon service et que cette seule raison a pu m'y décider.

Si Son Excellence jugeait absolument indispensable la présence au quartier général d'un Commissaire des guerres français, je ne doute pas que sur la demande qui lui en serait faite, M. l'Intendant général n'en envoyât un et n'y ajoutât même des moyens d'administration qu'il n'est pas en mon pouvoir de vous procurer.

Je vous prie de rejoindre le quartier général le plus promptement qu'il vous sera possible.

Agréez, mon cher Camarade, l'assurance de mon sincère attachement.

L'Ordonnateur en chef du 4ᵉ corps.
JOUBERT.

RAPPORT DU GÉNÉRAL DE SEYDEWITZ, A LA DATE DU 30 JUIN, SUR LES POSITIONS ET LES MOUVEMENTS DES RUSSES DU COTÉ D'OLITTA.

A M. l'Adjudant-Commandant d'Albignac, Chef de l'État-Major du 6° corps, au quartier général, à Prenn.

21ᵉ Brigade de Cavalerie légère.
Station du 30 juin
Quartier général : Udrija.

J'ai côtoyé dans la marche d'aujourd'hui le Niémen jusqu'à Olitta, où il y avait encore hier un piquet de cosaques de 18 hommes, qui après avoir brûlé le restant du magasin dont on avait transporté la plus grande partie à Vilna, s'est retiré la nuit passée ; j'ai laissé un escadron à Butrimiszki qui observe Olitta d'où d'ailleurs il n'y a rien à craindre, le pont étant déjà enlevé depuis plus de 15 jours.

La queue de la brigade est à Miroslaw, le centre à Onyszki et la tête à Udrija.

Olitta était occupé, il y a 4 jours, par un régiment d'hussards de 1.000 hommes qui étaient tellement sur leur garde qu'en menant à l'abreuvage leurs chevaux, ils s'armaient de carabines ; cette troupe avait l'air très décontenancé, et en quittant Olitta avait assuré les habitants, « qu'ils étaient sûrement les dernières troupes russes qu'ils verraient chez eux ».

Je me mettrais en route demain matin, à 7 heures, et vous prie de vouloir remettre à M. le Premier-Lieutenant de Weber, porteur de la présente, mes ordres pour demain et désigner le lieu où je dois bivouaquer, ou si cela serait possible, d'avoir assigné un ou deux villages pour mettre à l'abri hommes et chevaux qui souffrent beaucoup par le mauvais temps.

J'ai l'honneur d'être avec la plus haute considération.

Le Général,
Comte DE SEYDEWITZ.

Dans une autre lettre à d'Albignac, Seydewitz réclame au Chef d'état-major du 6ᵉ corps de lui prêter une carte pour la partie de la Russie où va se dérouler la guerre, ou bien de laisser copier la carte nécessaire par un officier qu'il lui envoie : « Moyennant quoi, — écrit-il, — il lui garantira toutes les nuits un sommeil doux et paisible »...

*Le Général de Seydewitz à M. l'Adjudant-Commandant d'Albignac,
Chef d'État-Major du 6ᵉ corps.*

(Avec 600 rations de pain).

Krakopol.

Mon cher Colonel, en vous envoyant 600 rations de pain, je fais tout ce que je puis faire, et je suis seulement fâché de ne pouvoir faire davantage. Le caporal et les 2 chevau-légers que je fais escorter ce transport attendront l'arrivée de l'officier que j'aurai l'honneur de vous envoyer ce soir avec le rapport du jour; ils pourront se joindre à lui demain matin et partir de Krakopol pour Udrija où une partie de la brigade arrivera demain.

Comme vous êtes, mon cher Colonel, à la source de toutes les bonnes cartes et que vous possédez avec superfluité ce que je commencerai à manquer totalement une fois que j'aurai passé le Niémen, je vous prie de vouloir bien me prêter la feuille de votre carte générale d'Europe, qui contient la partie de la Russie où nous allons porter le théâtre de la guerre; si cela ne serait pas possible, alors je vous prierai de garder le lieutenant baron de Hornstein que je vous envoie ce soir et de lui laisser copier cette partie de votre grande carte de la Russie, laquelle vous jugerez que nous pouvons avoir le plus de besoin pour le moment. J'avoue que si ma première demande pourrait être acquiescée, je serai on ne peut plus heureux, et que je pourrai vous garantir toutes les nuits un sommeil doux et paisible, ce que je vous souhaite pour aujourd'hui.

Mes respects à Son Excellence, et l'assurance de la haute considération que vous me connaissez.

Le Général,
Comte DE SEYDEWITZ.

MINUTE D'UN ÉTAT DE SOLDE POUR LES OFFICIERS (FRANÇAIS)
DE L'ÉTAT-MAJOR DU 6ᵉ CORPS.

ETAT de MM. les officiers généraux et officiers sans troupe composant l'état-major du 6ᵉ corps d'armée pour servir au payement de la solde et traitement du mois de juin.

SAVOIR

NOMS, PRÉNOMS	GRADES	MUTATIONS SURVENUES PENDANT LE MOIS
MM. Gouvion Saint-Cyr	Général en chef.	Pour son traitement extraordinaire accordé par décret du 1ᵉʳ mars à raison de 4.000. Touche le surplus de son traitement à Paris.
Maurice d'Albignac	Adjudant-commandant, Chef d'État-Major du 6ᵉ corps.	Parti de Paris le 11 mars; passe le Rhin le 15 dudit; à payer du 11 mars, sous déduction du mois de mai acquitté par le payeur de l'armée d'Italie.
M...	Capitaine adjudant à l'Etat-Major.	Présent sans mutation.

Effectif du 6ᵉ corps à la date du 30 juin.
(Minute de la main de d'Albignac)

```
                          30 Juin.
                   Présents sous les armes   Malades   Détachés
1ʳᵉ division
Cavalerie Infanterie        10.478            261      1.616
2ᵉ division
Cavalerie Infanterie        13.098            350        564

Total général :             23.576            611      2.180
```

Détail de la Cavalerie :
Brigade Seydewitz
3ᵉ Rég. 500 hommes, compris 19 officiers.
6ᵉ —   514 hommes, compris 20 officiers.

1.014 hommes, compris 39 officiers.

Brigade PREYSING
4ᵉ Rég. 461 hommes, compris 19 officiers.
5ᵉ — 480 hommes, compris 19 officiers.
941 hommes, compris 38 officiers.

Voilà donc les Bavarois arrivés à pied d'œuvre : ils vont franchir le Niémen, puis se diriger en marches forcées sur Vilna ; arrêtés pendant 6 jours avant d'atteindre cette ville, ce stationnement leur permet de rallier les nombreux traînards laissés en arrière pendant les marches précédentes, ainsi que les voitures à vivres et à bagages qui n'ont pu suivre depuis l'entrée du 6ᵉ corps sur le territoire ennemi.

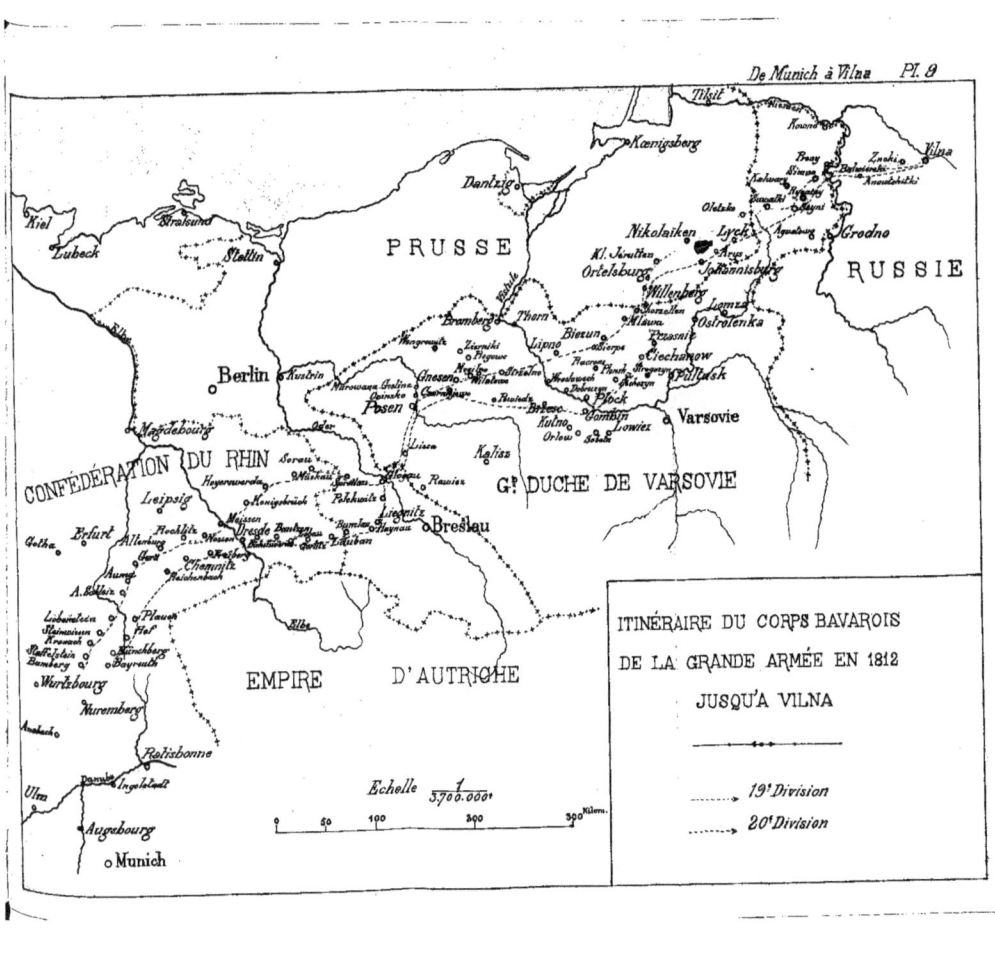

CHAPITRE V

DU PASSAGE DU NIÉMEN A LA REVUE DE L'EMPEREUR DEVANT VILNA

(Du 2 au 14 Juillet 1812).

Le mouvement de retraite des Russes étant très nettement prononcé, l'Empereur se décide enfin à faire avan-

Le Général Dessolle, Chef d'Etat-Major du Prince Eugène en 1812.

cer les 4e et 6e corps laissés jusque-là sur la rive gauche du Niémen.

Le Vice-Roi fait prévenir Saint-Cyr que les Bavarois suivront le 4e corps sur Stocklichki.

Le Général Dessolle à Son Excellence le Colonel général comte Gouvion Saint-Cyr, à Piloni.

Kroni, le 1er juillet 1812.

N° 1156

D'après les intentions de Son Altesse Impériale le prince Vice-Roi, M. le général comte Gouvion Saint-Cyr est prévenu que le 4e corps se dirige sur Stoklichki, seul débouché qui existe pour sortir du rentrant que fait le Niémen à Piloni, et se porte sur sa droite tout en se rapprochant de Vilna, direction qui lui a été prescrite par le prince Major général; le 6e corps devra forcément suivre la même route.

M. le général Gouvion Saint-Cyr devra faire connaître chaque jour à Son Altesse Impériale les progrès de son mouvement.

Le quartier général du prince Vice-Roi sera demain un peu en arrière de Stoklichki : le lieu n'est pas encore connu.

Le Général de division, Chef de l'état-major général
de Son Altesse Impériale le prince Vice-Roi.

DESSOLLE.

Le Général Durrieu à M. l'Adjudant Commandant d'Albignac, Chef de l'État-Major Général du 6e corps de la Grande Armée.

Kroni, 1er juillet 1812.

N° 1159

Monsieur l'Adjudant-Commandant,

J'ai l'honneur de vous adresser des modèles de situation de la situation de quinzaine et de la situation de cinq jours, et je vous prie de les faire suivre désormais dans les situations que vous m'adresserez. Ces modèles sont ceux envoyés par le prince Major général.

Je désirerais que la situation détaillée du 1er juillet fut établie d'après ce modèle.

Le Général de division, Chef de l'état-major général
de Son Altesse Impériale le Prince Vice-Roi.
Par son ordre.
L'Adjudant-Commandant, sous-chef,

DURRIEU.

Arrivé le 1er juillet à Balwierzyski, le vieux Deroy semble un peu essoufflé de l'allure rapide imposée à sa division, et il exprime à d'Albignac ses craintes de ne pouvoir rejoindre l'Empereur « dans sa marche victorieuse au pas accéléré » :

Le Général d'infanterie de Deroy à M. l'Adjudant-Commandant d'Albignac, Chef de l'État-Major Général du 6e corps de la Grande Armée, à Prenn.

Balwierzyski, ce 1er juillet 1812, à 5 heures du soir.

Monsieur l'Adjudant-Commandant,

Je me suis établi ici et la 19e division cantonne ainsi que vous me l'avez indiqué ; je vous prie d'en faire part à M. le Général en chef et de vouloir me faire savoir ce qui doit avoir lieu demain, pour donner les ordres en conséquence.

Agréez, Monsieur l'Adjudant-Commandant, l'assurance de la considération la plus distinguée.

DEROY.

P. S. — Si Sa Majesté l'Empereur continue ainsi sa marche victorieuse au pas accéléré, il n'y aura pas moyen de le joindre et de contribuer à ses conquêtes.

Le général Dessolle, Chef d'état-major du prince Eugène, transmet aux Bavarois l'avis que le 4e corps, au lieu de se porter sur Stoklichki, a l'ordre de marcher par Jijmorouï sur Vilna, « par des marches un peu vives » et que le comte Saint-Cyr tâchera de suivre le 4e corps aussi rapidement que possible.

Le Général Dessolle au Général Gouvion Saint-Cyr.

Kroni, le 2 juillet 1812.

D'après les ordres de Son Altesse Impériale, M. le général comte Saint-Cyr est prévenu que de nouveaux ordres transmis par le Major général changent la direction des 4e et 6e corps, qui au lieu de se porter sur Stoklichki, doivent marcher par Jijmorouï et de là, par la grande route, sur Vilna, où Son Altesse Impériale compte arriver par des marches un peu vives. M. le comte Saint-Cyr tâchera de suivre aussi rapidement que possible la marche du 4e corps. Le prince a ordonné à ses divisions de distribuer au soldat de la farine pour 4 ou 5 jours, de choisir dans leur artillerie les pièces et les caissons les mieux attelés pour être en état de les suivre ; le reste, avec les équipages, marchant aussi vite que possible pour les rejoindre, sous l'escorte au moins d'un bataillon. Son Altesse Impériale désire aussi que M. le comte Saint-Cyr fasse relever l'Adjudant-Commandant Forestier avec son détachement, lequel avait été laissé pour la police du pont à Piloni. M. Forestier est prévenu qu'il doit transmettre au Commandant supérieur qui le relèvera tous les ordres et instructions qu'il avait reçus, afin que toutes les dispositions qu'ils contiennent soient exécutées jusqu'à la levée du pont.

Le Général, Chef d'état-major de Son Altesse Impériale,
DESSOLLE.

P. S. — M. le général Saint-Cyr est prévenu qu'il y a une route qui conduit par Waighéwé à Jijmorouï, sans passer par Kroni.

Communication au 6ᵉ corps de divers ordres du jour du Vice-Roi relatifs au service des prisonniers de guerre, à l'établissement près de Vilna d'un nouveau dépôt de chevaux éclopés, à la gratification accordée pour l'arrestation des déserteurs, enfin à l'envoi au Major général des noms des hommes tués, pris ou blessés depuis le commencement de la campagne.

Au Quartier général de Rouikontoui, le 3 juillet 1812.

ORDRE DU JOUR DE LA GRANDE ARMÉE

N° 54

M. l'Adjudant-Commandant Théry est chargé du service des prisonniers de guerre. MM. les Chefs d'état-major sont invités à correspondre avec lui pour tout ce qui a rapport à ce service.

Au Quartier général de Vilna, le 30 juin 1812.
Le Prince de Neuchâtel, Major général,
Signé : ALEXANDRE.

Pour copie conforme :
L'Adjudant-Commandant, sous-chef de l'état-major
du prince Vice-Roi,
DURRIEU.

ORDRE DU JOUR DU PRINCE VICE-ROI

N° 55

L'armée est prévenue qu'il va être établi à Neutroki, près Vilna, un dépôt de cavalerie sur lequel devront être dirigés tous les chevaux éclopés de la cavalerie et de toutes les armes à cheval qui ne peuvent suivre la marche de l'armée.

L'Adjudant-Commandant, sous-chef de l'état-major général
de Son Altesse Impériale le prince Vice-Roi,
DURRIEU.

ORDRE DU JOUR
De l'Armée de Son Altesse Impériale le prince Vice-Roi.

N° 56

Le prince Vice-Roi ordonne la mise à l'ordre du jour des dispositions suivantes extraites d'une circulaire du Directeur général de la conscription militaire, en date du 25 mai 1812.

La gratification accordée pour l'arrestation, en pays étranger, d'un déserteur ou d'un réfractaire remis à un corps français, est de 25 francs.

L'Intendant général est chargé de faire l'avance de cette gratification.

Les chefs de corps auxquels il serait remis un déserteur ou un réfractaire arrêté dans l'étranger, en donneront récépissé et enverront de suite au Directeur de la conscription militaire son signalement, afin que les poursuites ordonnées contre lui et sa famille cessent.

L'Adjudant-Commandant, sous-chef de l'état-major général de Son Altesse Impériale le prince Vice-Roi,
DURRIEU.

ORDRE DU JOUR DE LA GRANDE ARMÉE.

N° 57.

Il est ordonné à tous les colonels commandant les régiments de l'armée de faire parvenir de suite à Son Altesse Sérénissime le Major général l'état nominatif des hommes de leurs régiments qui auraient été tués, pris ou blessés depuis le commencement de la campagne. Il devra être pris des mesures pour que ces états soient exactement envoyés au Major général, surtout pour toutes les petites affaires et rencontres. MM. les colonels auront soin de les faire établir avec beaucoup d'exactitude et de les adresser directement au Major général.

Vilna, le 29 juin 1812.

Le Prince de Neuchâtel, Major général,
Signé : ALEXANDRE.

Pour copie conforme :
L'Adjudant-Commandant, sous-chef de l'état-major général,
de Son Altesse Impériale le prince Vice-Roi,
DURRIEU.

Gouvion Saint-Cyr fait remarquer dans ses *Mémoires* que malgré ses réclamations on voulut faire passer le Niémen par le 6ᵉ corps à Piloni, derrière le 4ᵉ corps et au milieu des bagages et des traînards de ce dernier, tandis qu'on aurait pu éviter six marches aux Bavarois harassés en leur faisant franchir le fleuve à Olitta.

La division Deroy fut dirigée rapidement par Nowékietovichki sur Gudakemie, et la division de Wrède sur Anouchichki : elles y arrivèrent le 6 juillet.

> NOTE *sur les mouvements des 4, 5, 6 juillet.*
>
> ... Nowe-Kietowichki, le 4.
> Le 5, la tête à Sokilniki; la queue, un mille en arrière comme le jour précédent.
> Le 6, l'infanterie se dirigera à Nowi-Troki; le général en chef qui s'y trouvera, désignera la position.
> Le comte Seydewitz prendra une autre direction, ira le 4 par le chemin le plus direct prendre une position en avant de Stoklichki.
> Le 5, en avant de Vouïsokoïdvor.
> Le 6, à Doustianoui, à Anouchichki ; aura un poste à Grandova sur sa gauche qui en aura un à Routchiski pour communiquer avec le comte Preysing, et occupant par sa droite celui de Daoughi destiné à pousser des partis sur Olitta et Meretsch pour communiquer avec le roi de Westphalie qui doit aussi y pousser les siens.
> ... Oloka et Douki constituent sur cette position la droite du 6ᵉ corps; pousser des reconnaissances sur les routes d'Olitta et de Meretsch; occuper le village de Routchiski et communiquer par sa droite avec le comte Seydewitz qui occupera Anouchichki et qui aura un poste à Grandova.
> Le 5, le comte de Wrède prendra position, sa droite vers Novi-Troki, son centre à Stara-Troki et sa gauche dans la direction de Vilna; le terrain décidera de l'appui que l'on lui donnera. Le quartier général du comte de Wrède à Stara-Troki.

EXTRAIT *de l'état sommaire de la 19ᵉ Division à l'époque du 4 juillet 1812.*

Quartier général : Nowe-Kietovichki.
Total des présents sous les armes : 10.425 hommes, 1.790 chevaux
Malades 325 — 65 —
Détachés 1.596 — 153 —

Parmi les détachés, une compagnie du 1ᵉʳ bataillon léger est à Willenberg (199 hommes), une compagnie du 1ᵉʳ régiment de ligne à Johannisburg (176 hommes), tout le 6ᵉ bataillon léger (769 hommes et 8 chevaux) est en route avec un transport de vivres ainsi que la compagnie auxiliaire.

François GRAVENREUTH
Major et Chef provisoire de l'état-major de la Division

Minute (écrite par d'Albignac) *d'une lettre adressée par Gouvion Saint-Cyr au Prince Eugène.*

Monseigneur,

Je viens de recevoir à 4 h. et demie du soir l'ordre de Votre Altesse de me porter sur Stoklichki, mais la marche d'aujourd'hui étant terminée, je n'ai pu aussitôt me remettre en route. Au malheur que Votre Altesse connait de manque de pain se joint celui de ne plus trouver un habitant; je vais m'occuper d'en faire chercher quelques-uns pour tâcher de découvrir un chemin qui me conduise sur les communications de Stoklichki à Vouisokoïdvor, sans faire un mouvement rétrograde qui, dans tous les cas, produirait un mauvais effet.

J'aurai l'honneur de donner mon itinéraire à Votre Altesse Impériale par l'officier qu'elle m'annonce ce soir.

J'ai l'honneur de prévenir Votre Altesse, qu'à cause de la difficulté des chemins, je me porte demain avec la 20ᵉ division à Anouchichki, la 19ᵉ reste à Boghdanantsouï.

Je compte occuper la ligne de Anouchichki, Doustianouï, Daoughi; si Votre Altesse n'approuve pas cette position, je la prie de me faire savoir ses ordres, afin que la 19ᵉ division puisse se porter sans trop faire de chemin sur la droite.

Deroy, « mal éveillé » quand un officier vint lui apporter un ordre, adresse à d'Albignac la traduction d'un rapport du général de Seydewitz qui déplore de n'avoir pas eu une compagnie d'infanterie avec ses escadrons, ce qui lui aurait permis de « faire un joli coup » sur les Russes...

Le Général d'infanterie de Deroy à M. l'Adjudant-Commandant d'Albignac, Chef d'État-Major Général du 6ᵉ corps de la Grande Armée, à Anouchichki.

Gudakemie, ce 6 juillet 1812.

Monsieur l'Adjudant-Commandant,

Le capitaine de Voelderndorff prétend m'avoir dit, dès son arrivée, que je devais envoyer un officier à M. le Général en chef pour être envoyé à M. le Général comte de Seydewitz; je dois le croire d'autant plus que je ne puis disconvenir que je fus mal éveillé quand il me parla: toutefois, je ne m'en souviens pas, ce qui est la cause que cet officier vient si tard et, comme entre temps, il m'en est venu un du Général comte de Seydewitz avec un rapport, ainsi j'envoie celui-ci qui pourra prendre la dépêche pour le général de Seydewitz; en même temps, j'ajoute la traduction du rapport du dit général, vous priant, M. l'Adjudant-Commandant, de le faire parvenir à M. le Général en chef.

J'ai l'honneur de vous saluer avec la considération la plus distinguée. DEROY.

P. S. — Le capitaine de Voelderndorff m'a aussi dit que vous aviez 30.000 rations d'eau-de-vie pour ma division, qu'on devait faire chercher, mais comme j'ai très peu de voitures et que si, entre temps, une marche avait lieu, l'absence de ces voitures incommoderait beaucoup les bataillons, ainsi je vous prie, Monsieur, de vouloir faire garder cette eau-de-vie jusqu'à notre arrivée, vu que nous n'avons aussi trouvé que peu de choses ici.

EXTRAIT *d'un rapport du Brigadier comte de Seydewitz, envoyé du bivouac de Vouisokoüdvor, le 5 juillet 1812.*

La brigade est arrivée ici à midi et les régiments ont été obligés de rester en bivouacs parce que, en partie, il n'y avait point de place pour les loger (les Russes ayant brûlé la petite ville) et parce que aussi le terrain est tel qu'un cantonnement ne serait pas à préférer.

Pendant la marche d'aujourd'hui de ma brigade, on a remarqué plusieurs hussards et cosaques ennemis, qui pourtant ne semblent d'être que des dispersés. Comme la forêt est très longue et épaisse et forme ainsi un terrain impénétrable pour notre cavalerie, il m'était impossible de faire des entreprises, mais, si par hasard j'avais eu une compagnie d'infanterie, on aurait peut-être pu faire un joli coup, qui, par la raison mentionnée, ne pouvait avoir lieu.

M. le Général Gilaoumie, Adjudant de Sa Majesté l'Empereur, a passé aujourd'hui avec une petite escorte et se rend en arrière pour faire bâtir des ponts et des têtes de pont sur le Niémen.

Le général Deroy rend compte que son parc ne peut arriver avant vingt-quatre heures et « la partie traînante » un jour plus tard ; l'artillerie de la 19ᵉ division a perdu 20 chevaux depuis 10 jours.

Le Général d'infanterie de Deroy à M. l'Adjudant-Commandant d'Albignac Chef d'État-Major Général du 6ᵉ corps de la Grande Armée, à Anouchichki.

Gudakemie, ce 6 juillet 1812, à 4 heures de l'après-midi.

Monsieur l'Adjudant-Commandant,

Il est certain que par la méprise de hier, la journée a été un peu fatigante, mais pas plus que cela n'arrive plusieurs fois dans chaque campagne, et le repos d'aujourd'hui a sûrement tout réparé.

Quant au motif de l'erreur, il se peut qu'il y ait une faute de construction dans l'ordre, mais comme aussi il se peut que je ne l'aie pas bien saisi ; ainsi il me semble que le mieux est de laisser la chose en suspens.

Comme vous m'avez fait dire par le Major de Gravenreuth que la troupe pouvait rester là où elle se trouvait, ainsi j'ai fait bivouaquer les 2ᵉ et 3ᵉ brigades avec les deux batteries qui marchent avec elles, au bord du bois, à environ 2 lieues et demie d'Anouchichki.

La 1ʳᵉ brigade, exclusivement le second bataillon du 9ᵉ qui escorte la batterie de 12 et le parc, arriveront dans quelques heures et se placeront dans un bois un peu plus avancé.

Quant au parc, la grande partie ne pourra guère arriver dans ces contrées avant demain soir, et la partie traînante un jour plus tard ; au reste, mon artillerie a perdu depuis dix jours 20 chevaux.

Le porteur de celle-ci est chargé de recevoir l'eau-de-vie que vous nous avez procurée et dont je vous ai bien de l'obligation.

J'ai l'honneur, Monsieur l'Adjudant-Commandant, de vous saluer avec la considération la plus distinguée.

DEROY.

P. S. — La brigade de cavalerie du comte Seydewitz vient d'arriver et couchera ici.

Le Corps bavarois demeure au repos dans sa position d'Anouchichki, du 6 au 12 juillet. Les bagages et les caissons restés en arrière parce qu'ils n'avaient pu suivre le mouvement précipité exécuté pour s'approcher du Niémen, le rejoignirent lorsqu'il fût en station. Cette marche, par suite du mauvais temps qui avait rendu les chemins très difficiles, coûta 200 chevaux à l'artillerie bavaroise et encore Saint-Cyr estime-t-il que son corps d'armée fut un de ceux qui perdirent le moins d'attelages à ce moment, « sans doute à cause du soin que les Allemands prennent de leurs chevaux. »

Mais si les Bavarois ne marchent plus, ils recommencent, sans tarder, à se montrer incorrigibles pillards ; voilà d'abord le commissaire Foresti qui écrit au général de Wrède pour lui notifier l'interdiction du général Saint-Cyr de laisser toucher à la 20ᵉ division une nouvelle réquisition de 600 garnices de vin, — car le commandement sait que cette division en a touché déjà autant que la 19ᵉ division.....

CHAPITRE V

(Traduit de l'allemand)

Le Commissaire Foresti à Son Excellence le Comte de Wrède, général de cavalerie de l'armée royale bavaroise, en son quartier général, à Anasistzky.

Le 7 juillet 1812.

Votre Excellence,

Au sujet de l'ordre de Votre Excellence qui vient de m'être remis à l'instant d'avoir à faire délivrer au corps commandé par elle 600 garnices tirés de la cave du domaine de ce lieu, aurai-je l'honneur de répondre très respectucusement que son Excellence le Commandant en chef m'a exprimé sa volonté là-dessus. Elle croit que la 20e division se trouverait toucher ainsi beaucoup trop, car elle aurait tiré de la cave d'un domaine voisin autant qu'il était nécessaire pour se trouver sur le même pied que la 19e division.

Qu'aussitôt cette information, la clef de la cave qui déjà avait été enlevée, a été rendue en mains propres au propriétaire; Votre Excellence voudra bien le croire.

Je demeure avec le plus profond respect, de Votre Excellence, le très obéissant et très humble.

FORESTI,
Commissaire.

Puis, c'est l'histoire d'une corvée de réquisition qui est maltraitée et rossée par un détachement du 8ᵉ régiment bavarois, détachement où tout le monde était ivre, y compris le lieutenant Liebeskind qui le commandait.

SPECIES FACTI *sur les excès commis dans la forêt voisine.*

Anouchichki, le 8 juillet 1812.

Sur l'ordre de M. l'Adjudant-Commandant Chef de l'état-major général du 6ᵉ corps, plusieurs voitures avec des hommes de corvée furent envoyées aujourd'hui à midi afin de ramener au quartier général sur lesdites voitures les effets et les provisions qui ont été découverts dans la forêt voisine.

A 1 heure et demie, le canonnier de 3ᵉ classe Görl revint et fit la communication suivante :

Lorsque la corvée arriva à l'endroit désigné, il y avait 1 officier, 3 sous-officiers et 50 simples soldats du 8ᵉ régiment et tout ce détachement, y compris l'officier, était ivre.

La corvée voulut charger sur les voitures l'eau-de-vie, le blé et tout ce qui était là; mais les soldats, et surtout les sous-officiers du 8ᵉ régiment commencèrent à insulter et déclarèrent que tout ce qu'il y avait leur appartenait comme l'ayant trouvé et que personne autre qu'eux n'y avait de droits.

Lorsqu'on leur dit que nous étions envoyés par le quartier général, que nous avions reçu l'ordre d'y rapporter sur nos voitures l'eau-de-vie, le blé, etc., ils n'en écoutèrent pas davantage et frappèrent celui qui leur faisait des objections.

Enfin, ils laissèrent cependant charger les voitures, mais ils voulaient qu'on les conduisît avec eux au 8ᵉ régiment. Comme nous ne voulions pas faire cela, nous préférions vider nos voitures que d'aller au régiment. L'officier (les soldats l'appelaient lieutenant Liebeskind) tomba sur le canonnier Görl qui voulait décharger; il l'insulta, le traitant d'imbécile et de cochon.

Görl répondit qu'il n'était pas un imbécile et que le Roi n'avait pas de cochon dans ses armées. Là-dessus, le lieutenant Liebeskind excité par l'ivresse et ne se connaissant plus, tira son épée et frappa Görl sur les deux épaules de coups si violents qu'il dut être conduit au médecin-directeur, le docteur Kochler, pour être soigné.

Le chevau-léger Jean Bauer, le simple soldat Baier, de la 1ʳᵉ compagnie du 6ᵉ régiment confirment le récit de Görl et ajoutent cette remarque que ce dernier, c'est-à-dire Baier, se précipita au secours de Görl pour détourner l'épée de l'officier.

Le simple soldat Hakl, de la même compagnie, fut aussi frappé sur la tête, sans raison, par ce même lieutenant.

Les autres hommes commandés pour la corvée : les simples soldats Goepl, Geschupf, Rittmann, Kraus et Mozer, tous du 6ᵉ régiment, donnent à ce récit, par leur assertion, une complète croyance et ont signé ci-dessous pour la confirmation du *species facti*.

Suivent les signatures des soldats Baier, Rittmann, Geschupf, Mozer et les « croix » remplaçant les signatures de Goepl et de Kraus « qui ne savent pas écrire ».

Cette affaire fut solutionnée par le général Deroy avec la plus grande indulgence : vingt-quatre heures d'arrêts au lieutenant Liebeskind...

Le Général d'infanterie de Deroy à M. l'Adjudant-Commandant d'Albignac, Chef d'État-Major Général du 6ᵉ corps de la Grande Armée.

Gudakemie, ce 11 juillet 1812.

Monsieur l'Adjudant-Commandant,

J'ai l'honneur de vous envoyer l'examen qui a été tenu avec le lieutenant Liebeskind touchant la saisie des grains et eau-de-vie appartenant à un habitant d'Anouchichki; il soutient que la presse des soldats et vivandiers qui ont voulu participer fut si forte, qu'il n'a pu maintenir l'ordre avec le peu de soldats qu'il avait avec lui; quant au canonnier qu'il doit avoir blessé, il convient de lui avoir donné quelques coups du plat de son épée, et s'il a été blessé, cela ne s'est fait que par hasard, mais que cet homme avait été on ne peut plus insolent, surtout il n'a jamais voulu dire son nom, soutenant que cela ne le regardait pas, et qu'il n'était pas obligé de le lui dire ; au reste, cet homme n'avait aucun habillement qui indiqua qu'il était canonnier.

Quant au caporal Blödl, il soutient que le chevau-léger qui avait été envoyé du quartier général de M. le Général en chef avait vendu de l'eau-de-vie et lui avait donné quelque argent de ce qu'il a obtenu puisqu'il lui avait aidé à retenir la presse des soldats du 11ᵉ régiment.

D'après ceci, j'ai ordonné que le lieutenant Liebeskind soit mis aux arrêts pendant 24 heures, et le caporal Blödl pendant deux fois 24 heures, ce dont je vous prie de vouloir faire part à M. le Général en chef.

J'ai l'honneur, Monsieur l'Adjudant-Commandant, de vous donner l'assurance de la considération la plus distinguée.

Deroy.

EXTRAIT *de l'état sommaire de la 19ᵉ Division à l'époque du 9 juillet 1812.*

Quartier Général à Gudakemie.
Les 3 brigades d'infanterie au bivouac près de Gudakemie.
La brigade de cavalerie Seydewitz à Olkeniki, à 3 milles d'ici.
Artillerie et train au bivouac près de Gudakemie.
Total des présents sous les armes : officiers, 281 ; soldats 10.080 ; chevaux d'officiers, 224 ; chevaux de troupe 1.009 ; chevaux de trait, 589.
Détachés : 39 off., 1.592 h., 2 ch. d'off., 26 de troupe, 169 de trait.
Aux hôpitaux : 4 off., 356 h.
Près de chaque bataillon et de chaque régiment de cavalerie se trouve un caisson de munitions rempli, de manière que chaque soldat a, avec 60 en poche, 120 coups.
11 voitures du parc et des batteries sont à Thorn pour prendre des munitions, avec un caporal et 24 soldats du train et 50 chevaux, commandés par un lieutenant de la 11ᵉ batterie.
Ce matin est arrivé le Lieutenant-Colonel de La Roche avec 3 compagnies de son bataillon formant 325 hommes ; il avait avec lui 660 bœufs pour la division. Les 3 autres compagnies du même bataillon, une compagnie du 1ᵉʳ bataillon léger, une du 1ᵉʳ régiment de ligne et la compagnie auxiliaire sont au transport des vivres pour les deux divisions.

François Gravenreuth.

Ce ne sont pas les Bavarois seulement qui commettent des excès : Deroy envoie à d'Albignac le rapport du capitaine de Voelderndorff au sujet de l'arrestation par cet officier de plusieurs pillards appartenant au régiment d'Illyrie, du 4ᵉ corps.

Le Général d'infanterie de Deroy à M. l'Adjudant-Commandant d'Albignac, Chef d'État-Major Général du 6ᵉ corps de la Grande Armée, à Anouchichki.

Gudakemie, ce 10 juillet 1812.

Monsieur l'Adjudant-Commandant,

J'ai l'honneur de vous envoyer, ci-joignant, le rapport du capitaine de Voelderndorff touchant l'arrestation de plusieurs soldats illyriens qui ont commis des excès à Balwierzyszki; ces soldats vont être transportés à Nowo-Troki et le double de ce rapport sera envoyé au commandant de la place.

J'ai l'honneur, Monsieur l'Adjudant-Commandant, de vous donner l'assurance de la considération la plus distinguée.

Deroy.

Rapport *du capitaine de l'état-major général de l'armée bavaroise baron de Voelderndorff, concernant les excès commis de douze soldats des troupes illyriennes appartenant au 4ᵉ corps dans les environs de Balvierzyski.*

Gudakemie, le 10 de juillet 1812.

En arrivant le 3 de ce mois à Balwierzyski, petite ville appartenant au général polonais comte Dieskowitz, les habitants me demandaient secours à hauts cris contre douze Italiens qui depuis huit jours se tenaient cachés dans les bois, en sortaient pendant la nuit, avaient incendié une maison, pillaient partout, et en donnant feu sur tous ceux qui voulaient s'opposer à ces crimes, faisaient la terreur de ces contrées déjà si malheureuses par un passage continuel de troupes. Que ces mêmes soldats venaient de passer par la dite ville, accompagnés d'une voiture chargée de toutes sortes d'effets appartenant aux habitants et avec les derniers chevaux de la ville. En courant après eux, je les attrapais encore dans la ville et les arrêtais, en les désarmant moi-même. Après les avoir interrogés, il se trouvait que c'étaient douze soldats de troupes illyriennes. Ils m'avouaient en même temps d'avoir resté pendant six à huit jours dans les bois de Balwierzyski; et comme les effets trouvés sur eux, composés même de lits, etc., me prouvaient assez que c'étaient des traineurs qui méritaient d'être punis, j'ai cru devoir remettre ces soldats, dont cependant un m'était échappé, à l'escorte de l'artillerie de réserve de la 19ᵉ division, qui me suivait immédiatement, et de faire le rapport ci-dessus.

Le baron de Voelderndorff,
Capitaine à l'état-major général de la 20ᵉ division
de l'armée bavaroise.

EXTRAIT *de la situation sommaire de la 20ᵉ Division
à l'époque du 10 juillet 1812.*

Toute la division est réunie à Anouchichki.
Etat-major de la division : Son Excellence M. le comte de Wrède, général de cavalerie, commandant en chef la 20ᵉ division.

De Palm	Lt-Colonel	Aide de camp.
De Besserer	Capitaine	—
Prince Taxis	—	Off. d'ordonn. auprès de S. E.
Baron de Gumpenberg	—	— — —
Prince d'Aettingen	Lieutenant	— — —
Baron de Menzing	—	— —
Baron de Comeau	Colonel	Chef d'état-major.
Baron de Deux-Ponts	Lt-Colonel	Adjoint à l'état-major.
Baron de Horn	Capitaine	— —
De Zoller	Lt-Colonel	Commandant l'artillerie..
De Hazzi	Capitaine	Commandant le génie.
Böhm		Commissaire-ordonnateur.

Présents sous les armes :

Infant.	270 off.	10.495 h.	99 ch. d'off.				30 de trait.
Caval.	38 —	907 —	97 —	885 de troupe.	
Artil.	18 —	397 —	9 —	44 —
Train	4 —	463 —	10 —	28 —	698 de trait.
Génie	4 —	22 —	9 —	1 —	4 —
Tot. de la div.	334 off.	12.284 h.	224 ch. d'off.	958 de troupe	732 de trait

Détachés : 24 officiers, 790 hommes, 15 chevaux d'officiers, 69 de troupe, 42 de trait du 2ᵉ bataillon léger ; 8 officiers et 252 hommes sont en route pour rejoindre, venant de Lyck ; du 5ᵉ bataillon léger, 7 officiers et 256 hommes (2 compagnies) sont à Nicolaïken. 1 officier et 8 cavaliers du 5ᵉ chevau-légers sont à l'escorte de Son Excellence le Général en chef.

Aux hôpitaux : 6 officiers, 559 hommes.

Diminution. — Augmentation.

Au 2ᵉ rég. de ligne, 1 homme est mort en marche, 1 autre a déserté.
Au 6ᵉ — — 3 traineurs pendant la marche.
Au 2ᵉ bataillon léger, 2 — — —
Au 3ᵉ rég. de ligne, 1 homme envoyé au dépôt.
Au 7ᵉ — — 2 déserteurs, 3 traineurs.
Au 4ᵉ bataillon léger, 2 traineurs.
Au 5ᵉ rég. de ligne, le lieutenant Zwilling mort.
Au 5ᵉ chevau-légers, 3 hommes revenus du dépôt.

La différence des quantités de munitions avec le dernier état provient des distributions qui ont été faites aux troupes lors du passage du Niémen.

Le Colonel
DE COMEAU.

Décidément, le séjour du Corps bavarois à Anouchichki favorise ses instincts de maraude : la plainte et le procès-verbal qui suivent ne sont pas à l'honneur du chevau-léger Hoffmann :

(En allemand dans l'original).

Rapport du Lieutenant-Adjudant d'artillerie Elgershausen sur les mauvais traitements infligés au gentilhomme Odynic par le chevau-léger Hoffmann.

Je peux rapporter ce qui suit, au sujet de la plainte formée par le gentilhomme Odynic et relative aux mauvais traitements infligés par un chevau-léger.

Au cours de la marche de Postravia à Anouchichki, ayant été envoyé à l'avance pour faire le logement, j'arrivais à Troki chez un gentilhomme, et comme je savais qu'on manquait de pain, je le chargeais moi-même de cuire 100 livres de pain pour le quartier général, ce qu'il promit sans réplique.

A la suite d'un compte-rendu fait à M. l'Adjudant-Commandant Chef de l'état-major du 6ᵉ corps, je reçus l'ordre d'aller chercher le pain, chez le gentilhomme, avec deux chevau-légers.

A mon arrivée chez lui, je rencontrai un autre gentilhomme du nom de Odynic qui se plaignit à moi que les Français lui avaient pris trois chevaux et me pria de lui donner une sauvegarde.

Je lui répondis que cela n'était pas en mon pouvoir et je l'adressai à M. le Chef de l'état-major général, et Odynic s'éloigna.

Après deux heures d'absence, ce gentilhomme revint, mais sans sauvegarde; je ne saurais dire pourquoi, parce que je ne connais pas le polonais.

Odynic se préparait à retourner chez lui, lorsqu'il me donna à comprendre par gestes et par quelques mots d'allemand, qu'il craignait d'être maltraité en chemin par les soldats.

Je pensai que je pouvais y remédier, et je lui donnai un chevau-léger, Hoffmann, du régiment, comme escorte de sécurité, parce que sa résidence n'était éloignée que d'une demi-lieue.

Ce qui s'est passé, par la suite, entre le gentilhomme et le chevau-léger, je ne le sais pas; tout ce que dit le chevau-léger à son retour c'est qu'il avait reçu de l'argent et une chemise, donnés de bonne volonté par le gentilhomme.

Anouchichki, le 11 juillet 1812.

ELGERSHAUSEN,
Premier-lieutenant.

(En polonais dans l'original).

Traduction conforme à l'original.

Odyniec Podkomory Srocki déclare que le soldat auquel M. le lieutenant Elgershausen avait donné l'ordre, le 5 juillet, de le conduire, lui, sa femme et ses enfants jusque dans sa maison, le força, lorsqu'ils furent arrivés à la métairie de Krynkou, et par des menaces de le frapper d'un fouet que ce soldat tenait à la main, et en le tirant par le bras, de lui donner la chemise qu'il avait sur le corps, et d'ajouter à vingt groschen qu'il lui avait donnés volontairement, vingt et quelques autres qui lui restaient encore.

Anouchichki, le 11 juillet 1812.
Signé : Odyniec Podkomory.

Le 11 juillet, Saint-Cyr reçut du Major général l'ordre de se mettre en route le lendemain pour Vilna; il cessait dès ce moment d'être sous les ordres du prince Eugène. La cavalerie bavaroise quitta donc Olkeniki, et les deux divisions d'infanterie se dirigèrent sur le point assigné, la 19e par Stare-Troki, la 20e par Nowo-Troki. Le Corps bavarois bivouaqua le 12, près de Nowo-Troki et le 13 près de Vilna.

Un officier d'ordonnance de Gouvion Saint-Cyr lui adressa, dans la matinée du 13, le curieux rapport suivant : ce rapport montre d'une façon saisissante la bousculade et le désordre qui devaient régner dans la capitale lithuanienne pendant cette période de la campagne.

A Son Excellence le Général de division comte de Gouvion Saint-Cyr, Colonel général des cuirassiers et commandant en chef le 6e Corps.

Vilna, le 13 juillet 1812.

Mon Général,

Aussitôt à mon arrivée, à 1 heure après minuit, j'ai remis les dépêches de Votre Excellence à Son Altesse Sérénissime le Major général; je n'ai pu depuis être admis que dans ce moment à 9 heures du matin, et recevoir d'autres réponses, si ce n'est que Son Altesse attend Votre Excellence. M. le capitaine Wœlderndorff a dit que vous ne viendriez pas jusqu'à Vilna, mon Général, et le Général Joméni a gardé le billet de logement destiné pour Votre Excellence. La ville est entièrement encombrée; je n'ai encore pu parvenir à faire un logement pour M. d'Albignac; je n'en ai pu avoir cette nuit ni pour moi ni pour mon cheval, et il m'a été volé à la tête du chevau-léger qui dormait. Le Général Joméni n'a pu me dire si le corps de Votre Excellence recevrait du pain; on en confectionne à la vérité, mais Sa Majesté seule, m'a dit le général, décidera à qui il sera distribué. Les grenadiers à pied qui avaient l'ordre de partir aujourd'hui ont reçu contre-ordre; on croit que Sa Majesté passera le 6ᵉ corps en revue.

J'ai l'honneur d'être, mon Général, avec un profond respect, de Votre Excellence, le très obéissant serviteur.

Saint-Belin.

Cette lettre est la dernière des « Papiers de d'Albignac » relatifs à la marche du Corps bavarois en 1812: nous nous arrêtons donc avec elle, — en rappelant toutefois que le lendemain, 14 juillet, les Bavarois approchaient de Vilna quand tout à coup Napoléon parut à l'improviste au milieu de leurs colonnes; il les passa en revue, les complimenta de leur belle attitude et félicita le général Deroy d'avoir tenu, malgré son grand âge, à faire cette campagne pour l'honneur de son Prince et des armes de la Bavière : le brave Deroy tombait un mois après blessé à mort sur le champ de victoire de Polotsk, emportant l'estime et les regrets de toute l'armée....

Ce même jour, l'Empereur dirige le Corps bavarois sur la Duna, avoir lui avoir enlevé ses quatre derniers régiments de chevau-légers « qu'il avait trouvés fort beaux » :

« La perte de cette cavalerie fut très sensible au 6ᵉ corps, d'abord parce qu'il n'était nullement question de la remplacer par d'autre, ensuite parce que c'est paralyser les opérations d'un corps d'armée que de ne pas lui en donner dans une proportion convenable(1). »

Nous abandonnerons donc ici le Corps bavarois, le laissant se diriger sur Polotzk par des marches forcées dans lesquelles il laissera chaque jour en arrière la

---

(1) Gouvion Saint-Cyr, *Campagne de 1812*, p. 45.

valeur d'un bataillon; il y écrira une des plus belles pages de l'histoire militaire de la Bavière, et y disparaîtra ensuite peu à peu par suite de ses fatigues, des maladies et des pertes subies devant l'ennemi. Réduit à une poignée d'hommes après la deuxième bataille de Polotsk, isolé sous les ordres de de Wrède entre Vilna et la Grande Armée en retraite, il fera l'arrière-garde avec Ney, et ses débris seront les derniers à repasser le Niémen à Kowno, après le drame affreux qui s'était déroulé dans les plaines glacées de la Russie.

CONCLUSION

Comme d'une série de clichés mettant en relief les mille détails de la vie du Corps bavarois pendant ses marches vers la Russie, il se dégage de toute cette correspondance une suite d'impressions qui semblent pouvoir se résumer et se préciser avec netteté.

I. — Exécution des marches.

Les longues marches demandées au Corps bavarois, pendant lesquelles il traverse toute l'Europe centrale, s'exécutent normalement; elles ont été préparées avec soin; aussi leur durée de 4 mois consécutifs ne fait pas fléchir les effectifs : les 30.000 hommes du 6ᵉ corps passent le Niémen en bon état, et la cavalerie bavaroise fait une si bonne impression à l'Empereur, lorsqu'il la voit à Vilna, qu'il l'enlève à Gouvion Saint-Cyr pour la donner à Murat.

Comment des troupes modernes exécuteraient-elles un déplacement pareil? Et quel déchet auraient-elles subi au bout d'un pareil voyage de 4 mois?... La comparaison serait vraisemblablement à l'avantage du Corps bavarois de 1812.

Il faut cependant signaler un fait dont l'importance peut paraître insignifiante au premier abord, mais dont des rapports ultérieurs firent ressortir toute la gravité. Les convois du 6ᵉ corps quittèrent la Bavière quelque temps après les colonnes des combattants, et ils éprouvèrent dans leurs marches des difficultés et des retards dus à un oubli fâcheux : les chevaux d'attelage étaient partis sans fers, ni clous de réserve, et les conducteurs n'avaient reçu aucune indemnité pour le ferrage de leurs chevaux en cours de route... Là encore, l'administration bavaroise se montra insuffisamment prévoyante.

II. — Alimentation pendant les marches.

L'Empereur avait ordonné la constitution de grands dépôts de vivres, dont les approvisionnements étaient à sa seule disposition ; il ne voulait user de ces magasins de réserve qu'en cas de nécessité absolue. En dehors de ces grands dépôts, il y avait des magasins secondaires formés, pour les différents corps de l'armée, par les autorités civiles locales : les troupes, à leur passage, vivaient sur ces magasins que des réquisitions successives alimentaient et renouvelaient suivant les besoins. Enfin, des réquisitions directes furent souvent exercées par le commandement, lorsque la mauvaise volonté des autorités civiles ou la pauvreté réelle des habitants n'avaient pas permis de remplir les magasins prévus : des réquisitions ou des perquisitions devenaient alors indispensables pour assurer l'alimentation immédiate des troupes.

Depuis les opérations de 1807 autour de Varsovie et depuis la " Manœuvre de Pultusk ", Napoléon était fixé sur le rendement de cette région en vivres et en fourrages, et il savait qu'elle ne présentait normalement que peu de ressources. Aussi, en présence des déficits constatés de l'année agricole de 1811 en Pologne, eut-il soin « de bonder ses grands magasins en blés, farines, biscuits, eau-de-vie ; les bœufs du pays devaient fournir toute la viande nécessaire ; quant aux fourrages, l'herbe naissante et les blés verts assureraient toujours l'alimentation des chevaux à partir du printemps...»

La question des fourrages pour nourrir la nombreuse cavalerie de la Grande Armée fut très difficilement solutionnée : il fallut cantonner la cavalerie dans les régions les moins pauvres du Grand Duché de Varsovie, puis réduire les rations, puis, — faute d'autres ressources, — faire manger aux chevaux les chaumes des toitures... Enfin, l'arrivée du printemps permit de fourrager plus largement : mais l'épreuve avait été dure pour la santé et pour la vigueur des chevaux.

Dans l'exploitation méthodique du pays polonais, il se présenta des difficultés sérieuses suivies de graves mécomptes : on n'arrivait pas à assurer régulièrement l'approvisionnement des magasins, ni le convoyage des denrées qu'il fallait pousser vers l'avant à mesure que l'armée exécutait son mouvement. D'où provenaient ces difficultés? Et pourquoi, à l'encontre des prévisions, les rouages du système fonctionnaient-ils mal? La correspondance des préfets et sous-préfets du Grand Duché de Varsovie, ainsi que les lettres des ordonnateurs et commissaires des guerres, répondent à cette question et font très clairement ressortir que les moyens de transport ont manqué pour exécuter tous ces mouvements de denrées : ils manquaient, parce que les différents corps de troupe gardaient souvent avec eux les voitures requises pour transporter leurs rations indispensables, faute de moyens propres suffisants, — et faute aussi, trop souvent, de trouver à leurs gîtes d'arrivée des attelages nouveaux.... Pendant des périodes de marches où ils se trouvaient loin de tous centres d'approvisionnement, les corps étaient dans l'obligation absolue d'entraîner avec eux les voitures requises qu'ils auraient dû renvoyer en arrière, car ces voitures portaient les vivres qu'ils allaient consommer jusqu'au moment de leur arrivée dans une zone possédant un magasin.

L'organisation des compagnies de transports auxiliaires remédia — au moins en grande partie — aux vices constatés du système des transports ; peut-être cette organisation eût-elle pu être mise un peu plus tôt en pratique : en tous cas, le fonctionnement des transports auxiliaires régularisa considérablement les ravitaillements des magasins et ceux des corps.

Il y eut des jours où l'on vécut bien juste, au Corps bavarois ; il fallut parfois marcher sans trêve, pour trouver chaque soir un pays encore approvisionné et qu'on vidait en passant : mais on vécut tous les jours, sans lacunes, sans accrocs. L'Empereur, dans ces régions de grande pauvreté, recommandait l'emploi de deux voitures de réquisition par compagnie, ce qui assurait 20 jours de vivres à toute l'armée.

Napoléon tient la main à l'exploitation méthodique de la Pologne pendant la concentration de la Grande Armée dont les corps s'étendent de Tilsitt jusqu'au sud de Varsovie. Quand le pays est mangé, au moment de passer sur le territoire ennemi, il ouvre ses grands magasins bien gonflés qu'il n'a pas laissé toucher jusque là, — et offre des rations par centaines de mille à chacun de ses corps d'armée : mais encore faut-il que ces derniers viennent les prendre, et Gouvion Saint-Cyr nous dit qu'au moment du départ il lui fut impossible, faute de temps et de moyens de transport, d'aller chercher à Wyszogrod et de transformer en farine les 5.000 quintaux de grains que l'Intendant général de l'armée mettait à sa disposition.

En somme, le Corps bavarois, grâce à l'activité de ses chefs et malgré les vices de son système administratif, vécut, sans trop souffrir, depuis le départ de Bavière jusqu'au passage du Niémen. Un mois après, sous

Polotsk, il commencera à se ressentir des lourdes fatigues qui lui auront été imposées depuis la revue de Vilna : alors, la surabondance de la viande dans l'alimentation, jointe à une disette presque complète des légumes auxquels les Allemands sont si habitués, entraînera de nombreuses maladies au 6e corps et beaucoup de morts. Mais, au 14 juillet, l'état sanitaire est encore excellent ; les quelques centaines de malades signalés sur les situations des divisions ne sont ni bien loin, ni perdus : ce sont eux qui vont constituer les premiers renforts, en rejoignant bientôt leurs régiments respectifs.

III. — Administration du Corps bavarois.

Le personnel des services administratifs du 6e corps, ordonnateurs, commissaires des guerres, sous-commissaires et employés, était en entier bavarois : tous ces agents avaient malheureusement conservé en campagne le formalisme étroit des bons fonctionnaires allemands, et la marche des affaires ne s'en ressentait que trop. « L'administration est nulle », écrivait brutalement Gouvion Saint-Cyr ; et nous avons vu d'Albignac, Chef d'état-major du corps d'armée, obligé d'intervenir fréquemment pour parer à l'insuffisance des agents bavarois et secouer leur apathie ou leur lenteur. Elle est peut-être bien de d'Albignac, l'idée de faire venir un commissaire français pour mettre au point l'administration bavaroise du 6e corps : le très intelligent M. Pichot, envoyé à Gouvion Saint-Cyr par l'ordonnateur en chef du 4e corps avec l'assentiment du prince Eugène, prit à cœur cette mission ardue et tenta de réformer les procédés des fonctionnaires bavarois en apportant plus d'ordre dans la direction administrative, plus de rapidité dans l'exécution, et surtout un peu de contrôle ; seul, en face d'un personnel gourmé et insuffisant, — au milieu duquel son arrivée avait produit l'effet d'un pavé dans une mare aux grenouilles, — M. Pichot dut finalement renoncer à la tâche qu'il s'était proposé de remplir et se fit rappeler au 4ᵉ corps. C'est grâce au dévouement et au zèle des généraux commandant les deux divisions bavaroises que le service de l'alimentation put fonctionner d'une manière suffisante pour éviter des catastrophes... Mais ces officiers généraux, — de leur propre aveu, — n'obtinrent qu'une aide très relative de leurs agents administratifs, malgré le renforcement de personnel qui leur fut accordé au moment de l'organisation des compagnies de transports auxiliaires.

IV. — L'esprit militaire.

Napoléon avait fait de l'Électeur Maximilien-Joseph le chef le plus puissant des États secondaires de l'Allemagne, et de la Bavière elle-même un royaume compact aux frontières pleinement élargies et assurées par de bonnes places de guerre.

Dans les campagnes précédentes, les troupes bavaroises s'étaient peu à peu entraînées sous la conduite des officiers de choix que l'Empereur plaçait à leur tête et au contact des troupes françaises avec lesquelles elles voulurent bientôt essayer de rivaliser.

Le manque d'instruction et d'esprit militaire des Bavarois, dont se plaignent tout d'abord les généraux qui les commandent, est compensé par une ardeur et un entrain dont les Français leur donnent l'exemple : dès 1806, on voit les Bavarois « enragés contre les Prussiens qui ne cachaient pas leur mépris pour eux »...; en Silésie, la cavalerie bavaroise, dragons et chevau-légers, conduite par Lefèbvre-Desnouettes, attaque sans les compter les escadrons ennemis, et l'infanterie aborde les retranchements de Glatz à la baïonnette, sans tirer un seul coup de fusil.

Mais c'est dans la guerre de 1809 avec l'Autriche que

les Bavarois donnent toute leur mesure : Deroy conquiert le Tyrol, qu'une insurrection habilement ourdie sous les yeux des fonctionnaires bavarois a fait tomber en 3 jours aux mains des paysans d'André Hofer... Puis, c'est Eckmühl, c'est la reprise de Munich, c'est l'enlèvement de Salzburg ; c'est — pour la division de Wrède, — la participation aux lauriers de Wagram et à ceux de Znaïm plus sanglants encore.

V. — L'indiscipline et le pillage.

De tous temps, les Bavarois marquèrent une tendance particulière au pillage et aux levées de contributions aussi abusives qu'illégales. Déjà, en 1806, pendant que sa division traverse la Saxe, le général Mezanelli fait enlever les caisses des petites villes par lesquelles il passe, exige à Dresde — pays ami et allié cependant — 50 bouteilles de vin de Bourgogne à chaque repas pour le service de sa table, vend les rations de pain distribuées à ses troupes et enlève même 4 chevaux des écuries de l'Électeur de Saxe..... Le chef d'escadrons français de Thiard, commandant la place de Dresde, en rendant compte des déprédations de tous genres auxquelles se livrent les colonnes bavaroises en Saxe, écrit « que cet esprit de désordre est dans la tête des Bavarois », et que les convois qu'il a charge d'expédier arriveront à destination « à moins que les Bavarois ne les pillent en route »...

Pendant l'insurrection du Tyrol, en 1809, les cruautés exercées par les paysans sur les prisonniers bavarois attirèrent d'horribles représailles : on parle encore dans les vallées tyroliennes des villages incendiés par les Bavarois, des habitants pendus, des vieillards et des enfants égorgés, des femmes enceintes éventrées, des langues et des mains coupées aux paysans prisonniers. Le pillage qui accompagnait ces atrocités devint si général, que de Wrède dût faire paraître à Elmau, le 12 mai, un ordre du jour pour essayer d'arrêter les excès de ses soldats, leur reprochant leurs cruautés, leurs incendies, leurs massacres d'hommes désarmés... ; et le maréchal Lefèbvre, mis au courant des abominations qui s'étaient produites, faisait savoir aux Bavarois « qu'il avait honte de les commander, et que Napoléon avait des soldats dans son armée et non des brigands! ». Cette lutte entre les envahisseurs bavarois et les patriotes tyroliens rappelle les mauvais jours de la guerre d'Espagne avec les conséquences fatales d'une guerre sans pitié : mais jamais, en Espagne, les troupes françaises ne se laissèrent entraîner à des représailles aussi sauvages.

En 1812, pendant les marches, nos alliés bavarois ont moins de facilité pour marauder et se livrer au pillage : mais dès qu'on s'arrête, leur naturel reprend ses droits; et ce sont alors des réquisitions plus ou moins arbitraires, plus ou moins brutales : les innombrables doléances des fonctionnaires polonais nous édifient largement sur ce point ; le haut commandement ne put demeurer indifférent devant des abus trop criants et qui compromettaient l'alimentation générale de l'armée : aussi fallut-il régler des lignes de démarcation entre les différents corps, et rappeler à l'ordre les généraux bavarois qui abusaient du droit de requérir: la division Deroy est souvent et directement visée à ce sujet; elle paraît s'être comportée moins régulièrement que celle du général de Wrède, peut-être parce que son chef, alourdi par l'âge, « laissait faire » plus que de Wrède : ce dernier, d'une grande activité, voyait davantage par lui-même, et, de sa propre initiative, prévenait bien des abus.

Durant leur séjour d'une semaine à Anouchichki, après le passage du Niémen, les soldats du vieux Deroy recommencent sans tarder à se livrer à leurs habituels exploits : les enquêtes prescrites par le commandement mettent toujours en scène des pillards de cette division...

Décidément, comme l'écrivait le commandant de Thiard, ces procédés de pillage étaient bien dans l'esprit de l'armée bavaroise : ils semblent y être demeurés, car les campagnes modernes ne nous ont pas révélé à cet égard de grands changements dans les mœurs de nos anciens alliés allemands.

VI. — Les généraux ; les officiers.

Les généraux qui partent en 1812 pour cette guerre nouvelle ont déjà tous combattu sous les yeux de Napoléon. Deroy est grand dignitaire de la Légion d'Honneur ; Wrède, bien en cour, adroit à se faire valoir, aspire à des titres et à des honneurs nouveaux : très brave au feu, très suivi par ses troupes, il est un auxiliaire précieux — à condition d'être toujours tenu par la main —; à Iglau, en Bohême; à Neumarck, en Bavière, il a voulu « faire seul » et a éprouvé de graves échecs ; tant que Saint-Cyr sera là, il rendra de bons services : une fois le général français parti, il s'isolera et restera indépendant en dépit des ordres les plus formels, jusqu'au retour des débris de la Grande Armée.

Le général de Seydewitz — un beau type de cavalier de l'épopée — a commandé, en 1806, le 2ᵉ régiment de dragons bavarois « Taxis » ; il s'est distingué comme colonel pendant cette campagne et comme général de brigade pendant celle de 1809.

Raglowich, Sibein sont déjà en 1806 à la tête d'une brigade d'infanterie; le brave Beckers, lui, n'est encore que colonel à cette époque où il fait capituler la forteresse de Plassenbourg.

En 1809, Rechberg, Raglowich, Beckers, Preysing, Vincenti ont commandé des brigades avec distinction. Toutes ces campagnes les ont formés ; ils ont pris l'expérience de la guerre et la « manière » des généraux français ; ils ont déjà donné leur mesure : ce sont des chefs sur lesquels le commandement peut hautement compter.

Dans la troupe, les officiers ne sont pas gâtés encore par les prédications intéressées du « Tugendbund » prussien qui ne séduisirent que plus tard nos alliés allemands, sans leur laisser comprendre qu'on leur proposait seulement de changer de maître.

L'infanterie est bien trempée ; les troupes qui ont combattu en Tyrol, où elles ont été peu ménagées, sont solides, entraînées et ont acquis la pratique que donne une guerre dure et sanglante.

La cavalerie, bien montée, a belle allure et ses chefs la commandent avec entrain : les escadrons bavarois confiés à Murat vont se couvrir de gloire à la Moskowa.

Enfin, l'artillerie dirigée par des officiers français de l'armée de Condé à qui la Bavière a offert une patrie, est bien attelée, bien approvisionnée, légère, manœuvrière et passe à juste titre pour l'une des meilleures de l'Europe.

VII. — Le soldat.

Les soldats bavarois de 1812 ! — Mais ils se proclament eux-mêmes « les soldats de Napoléon » ; et, comme l'écrit avec tristesse Bernays, l'historien gallophobe du Grand-Duché de Francfort, « ils vivent enfermés dans le cercle magique du Napoléonisme » et se disent grandement fiers d'avoir vaincu à nos côtés à Breslau, à Pultusk, à Eckmühl et à Wagram.

La matière première est donc excellente et donne toute confiance.

Cette confiance de l'Empereur, qui laisse ses alliés bavarois formés en corps spécial sous les ordres de généraux de leur nation, — et dirigés seulement de très haut par un chef que leur prête la France et qui n'intervient nullement dans le commandement intérieur des divisions, — cette confiance n'était pas sans les flatter et les attacher mieux encore à nos aigles. Aussi, chacun brûle d'arriver et de combattre : le brave Deroy craint « de n'être pas à la première bataille qui va sûrement suivre le passage du Niémen »; et un peu plus tard, il se plaint que « du pas accéléré dont marche l'Empereur, il n'y aura pas moyen de le joindre et de contribuer à ses victoires... »

Tout cela n'est-il pas bien typique, et n'est-ce pas l'expression — dans toute sa sincérité — de l'état d'âme général des troupes bavaroises?

En résumé, c'est avec deux belles divisions, solides, bien encadrées, bien commandées, que l'armée bavaroise de 1812 entre en ligne à Vilna.

Avec une administration mieux dirigée, bien des abus ou bien des excès auraient pu être évités ; mais, dans les circonstances de l'époque, les Bavarois n'ont pas fait pis que bien des corps voisins.

Ils sont arrivés devant l'ennemi avec de gros effectifs ; après leur victoire du 18 août à Polotsk, le stationnement dans une région insalubre et une alimentation défectueuse amèneront progressivement leur presque entière destruction. Les survivants lutteront encore avec le maréchal Ney à l'arrière-garde de la Grande Armée et livreront, au pont de Kowno, le dernier combat de 1812.

Saluons nos alliés bavarois! — La campagne contre la Russie a couronné de glorieux lauriers aussi bien le Lion de Bavière que les Aigles de l'Empire!

TABLE DES ILLUSTRATIONS

pages

Maurice d'Albignac, Chef d'État-Major du 6ᵉ corps de la Grande Armée en 1812. VIII

Le Général Gouvion-Saint-Cyr, Commandant le 6ᵉ corps de la Grande Armée (Armée Bavaroise) en 1812. XI

Le Général Deroy, Commandant la 19ᵉ Division du 6ᵉ corps en 1812 . XIII

Le Général de Wrède, Commandant la 20ᵉ Division du 6ᵉ corps en 1812.. XV

Fac-simile des signatures :

du Major Gravenreuth, Chef provisoire de l'État-Major de la 19ᵉ Division.

du Lieutenant-Colonel Hertling, Chef d'État-Major de la 19ᵉ Division.

du Général Raglowich, Commandant la 2ᵉ Brigade de la 19ᵉ Division.

du Général Rechberg, Commandant la 3ᵉ Brigade de la 19ᵉ Division.

du Colonel de Stroehl, Commandant le Régiment du Roi (1ʳᵉ Brigade, 19ᵉ Division).

du Général de Seydewitz, Commandant la 21ᵉ Brigade de cavalerie (19ᵉ Division). 9

Fac-simile des signatures :

du Major Palm, 1ᵉʳ Aide de Camp du Général de Wrède, faisant fonctions de Chef d'État-Major de la 20ᵉ Division.

du Colonel de Comeau, Chef d'État-Major de la 20ᵉ Division.

du Général Beckers, Commandant la 3ᵉ Brigade de la 20ᵉ Division.

du Lieutenant-Colonel de Zoller, Commandant l'artillerie de la 20ᵉ Division.

du Capitaine de Voelderndorff, de l'État-Major de la 20ᵉ Division . . . 11

Le Maréchal Berthier, Major Général de la Grande-Armée en 1812. 20

Le Maréchal Davout, Commandant le 1ᵉʳ corps de la Grande Armée en 1812. 42

Le Général Mathieu-Dumas, Intendant Général de la Grande Armée en 1812. 64

Le Prince Eugène, Vice-Roi d'Italie. 136

Le Général Dessolle, Chef d'État-Major du Prince Eugène. 209

TABLE DES CROQUIS HORS-TEXTE

pages

1. Emplacement du Corps bavarois, à la date des 26-27 mars 1812 . . 18
2. Emplacement du Corps bavarois, à la date du 15 avril 1812. . . . 32
3. Emplacement du Corps bavarois, à la date des 25-26 avril 1812 . . 46
4. Emplacement du Corps bavarois, à la date des 13-21 mai 1812 . . 66
5. Dislocation de la 20ᵉ Division du 6ᵉ Corps, à l'époque du 31 mai 1812 130
6. Dislocation de la 19ᵉ Division du 6ᵉ Corps, à l'époque du 31 mai 1812. 130
7. Emplacement du Corps bavarois, à la date des 9-19 juin 1812. . . 180
8. Fac-simile de l'emplacement de la 20ᵉ Division à l'époque du 25 juin 1812. 192
9. Itinéraire du Corps bavarois de la Grande Armée en 1812, de Munich à Vilna. 208

TABLE DES MATIÈRES

AVANT-PROPOS. — Les acteurs : d'Albignac, Chef d'état-major du 6ᵉ corps; Gouvion Saint-Cyr, commandant le Corps bavarois; les généraux Deroy et de Wrède. — La tâche à remplir. Les moyens... v

CHAPITRE I. — Les deux divisions du 6ᵉ corps quittent la Bavière. Ordre de bataille du Corps bavarois. Marche vers l'Elbe, et de l'Elbe vers l'Oder (Février-Mars 1812)............................. 1

CHAPITRE II. — De l'Oder à la Vistule (Avril 1812)............ 25

CHAPITRE III. — Les cantonnements sur la Vistule et le départ vers le Niémen (Mai 1812)................. 49

CHAPITRE IV. — La marche au Niémen (Juin 1812)............ 131

CHAPITRE V. — Du passage du Niémen à la revue de l'Empereur devant Vilna (2 au 14 Juillet 1812)..........

CONCLUSION. — Exécution des marches. Alimentation pendant les marches. Administration du Corps bavarois. L'esprit militaire. L'indiscipline et le pillage. Les généraux. Les officiers. Le soldat......... 227

COULOMMIERS

Imprimerie Dessaint et Cie

A LA MÊME LIBRAIRIE

Du même auteur :

Les Allemands sous les aigles françaises. Essai sur les troupes de la Confédération du Rhin (1806-1814), par le L¹-Colonel **Sauzey**, de « La Sabretache ».

I. *Le Régiment de Francfort*; avec une préface d'Henri Houssaye, de l'Académie française. 1902, un vol. in-8, planche d'uniformes, vues et portraits. . . 6 fr.

II. *Le Contingent badois*, avec une préface de M. Margerand. 1904, in-8 avec planches et figures en noir et en couleurs. . . . . 6 fr.

III. *Les Saxons dans nos rangs*. 1907, in-8 avec 1 planche et figures en noir et en couleurs . . . . 8 fr. 50

IV. *Le Régiment des Duchés de Saxe*, préface de M. Arthur Chuquet, membre de l'Institut. 1908, un vol. in-8 illustré de nombreuses gravures en noir, planches et cartes en couleurs . . . . 10 fr.

V. *Nos alliés les Bavarois*, avec une préface de M. Arthur Chuquet, membre de l'Institut 1910. Un vol. in-8 avec 11 planches hors-texte en noir et en couleurs et 55 portraits, croquis ou fac-simile. . . . . 18 fr.

La campagne de 1812 en Russie; par Clausewitz. Traduit de l'allemand par M. Begouen, capitaine commandant au 31ᵉ dragons, breveté d'état-major. Paris, 1900, un vol. in-8 avec carte . . . . 4 fr.

L'Esprit de la guerre moderne. — **La manœuvre de Vilna**, étude sommaire sur la stratégie de Napoléon et sa psychologie militaire (de janvier 1811 à juillet 1812); par le général H. **Bonnal**. Paris, 1905, un vol. in-8 avec cartes . . . . . . 3 fr.

Mémoires pour servir à l'histoire de la campagne de 1812 en Russie, suivis des lettres de Napoléon au roi de Vestphalie pendant la campagne de 1813; par M. Albert **Du Casse**, capitaine d'état-major. Paris, 1852, un vol. in-8 avec une carte. . . . . 7 fr.

Cet ouvrage comprend particulièrement les opérations de l'aile droite de la Grande Armée.

Campagne de 1812 en Russie. Observations sur la retraite du prince Bagration, commandant en chef de la deuxième armée russe; par le colonel **Chapuis**. Paris, 1856, un vol. in-8. . . . . 3 fr. 50

Campagne de Russie (1812); par le lieutenant **Fabry**, de la Section historique de l'état-major de l'armée.

Tome Iᵉʳ. *Opérations militaires du 24 juin au 17 juillet*. Un vol. gr. in-8 12 fr.

Tome II. *Vitebsk*. 20-31 juillet. Un vol. gr. in-8 . . . . 10 fr.

Tome III. *Smolensk*. 1ᵉʳ au 10 août. Un vol. gr. in-8 . . . . 18 fr.

Tome IV. *Gorodetschna, Polotsk, Valoutina*. 11 au 19 août. Un vol. gr. in-8. 25 fr.

Tome V. *Supplément aux tomes I, II, III*. 24 juin au 10 août. Un vol. gr. in-8.
. . . . 20 fr.

Journal des campagnes du prince de Würtemberg, 1812-1814, avec une introduction, des notes et des pièces justificatives; par C. G. F. 1907, in-8 avec cartes. . . . . 15 fr.

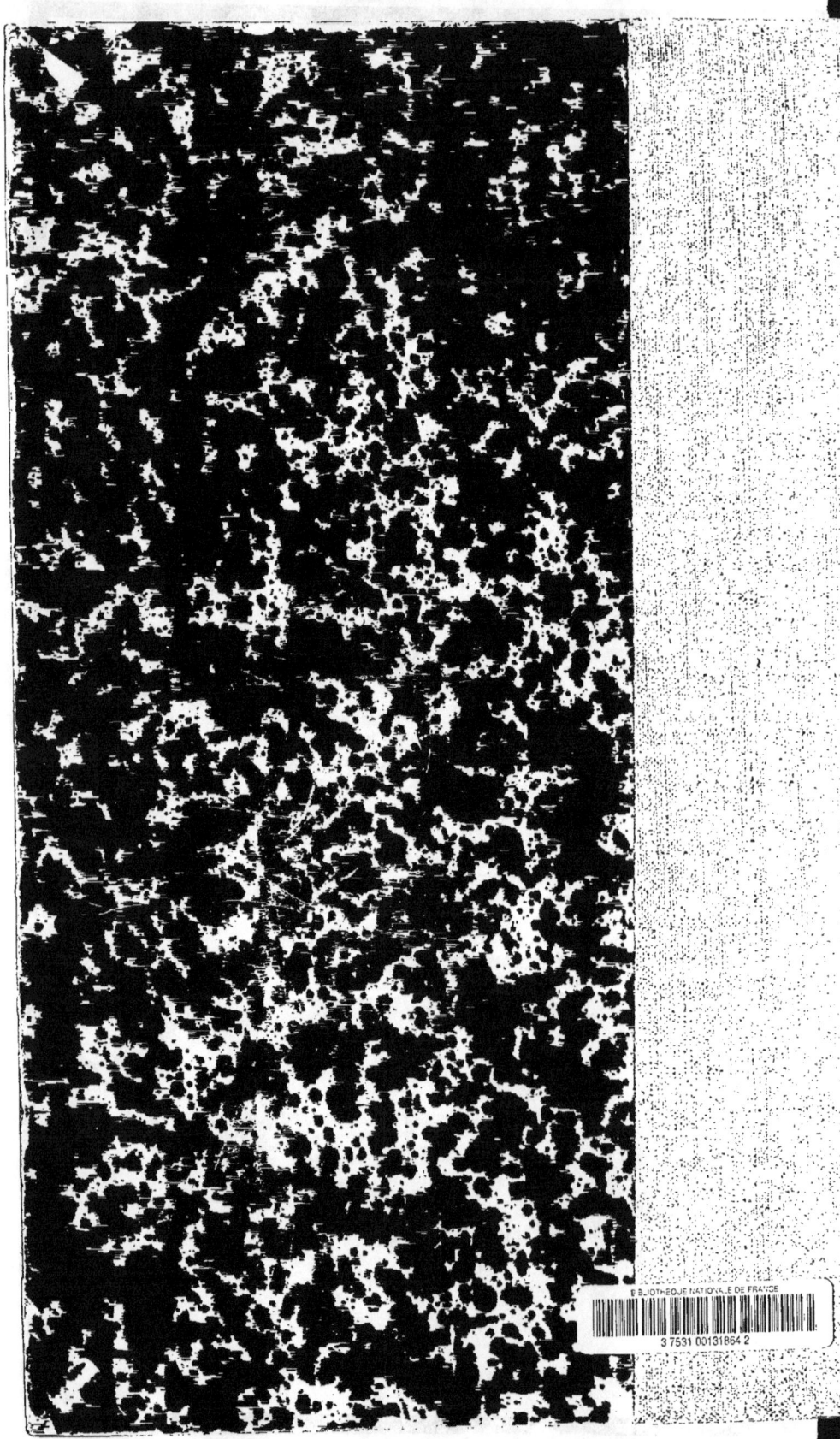

www.ingramcontent.com/pod-product-compliance
Lightning Source LLC
Chambersburg PA
CBHW071420150426
43191CB00008B/985